Authors

Nina Zimmer is director of the Kunstmuseum Bern and the Zentrum Paul Klee. She holds a doctorate in art history from the University of Göttingen and has worked in artist-run spaces, community centres and museums in Hamburg, Munich, Seoul, New York, Chicago, Sofia and Karaganda. Her latest exhibition, on Swiss artist Meret Oppenheim, premiered at the Kunstmuseum Bern and will be travelling to the Menil Collection in Houston and the Museum of Modern Art in New York. From 2005 to 2016 Nina served as curator of modern and nineteenth-century art at the Kunstmuseum Basel. Among the exhibitions she organized were 'Chaim Soutine', 'Vincent van Gogh – Between Earth and Heaven: The Landscapes' and 'Andy Warhol: The Early Sixties'. While living in Basel she dedicated much of her spare time to the Rhine Board of Basel.

For biographies of Hans Focketyn and Miquel del Río Sanín see the inside of the back cover.

In Conversation

Nina Zimmer: Let's start at the beginning. When did you start your own office?

Hans Focketyn: I think it was when Miquel came back to Basel indefinitely. We did five competitions in a row. I was teaching at ETH, and for a while I was still running my own office. Then somehow we started doing a competition together. Another was with Josep Ferrando.

Miquel del Río Sanín: In the beginning the office was more 'informal' – we often collaborated with other people.

N So what do you have to do to set up an architectural practice?

H If you want to participate in competitions, you have to be on the architects' register, and for that you either need to show that you have a diploma, or that you have an equivalent qualification from another country, or, if you're in Switzerland, you need to have done a bit of work already – you need to be able to point to the projects you've worked on. So that's the minimum. Once that's in place you can start entering competitions.

M But in fact it's just about having an office in a space. When I moved to Basel with my partner Jasmin I squatted at Hans's place. He was working part time at ETH, so it was actually quite convenient. Even the competitions I was doing with other offices – like Matheson Whiteley's – were done from that office and then became part of FDRS.

N And when was this?

H We did the first competition in the summer of 2012. Then in June 2013 we started this series of five competitions, one of which was the Barracks.

N What happened next?

M Well, then we won the Barracks competition, which nobody was expecting – least of all us. I remember the award ceremony being quite a strange experience in that sense. Everyone was curious to meet Miquel and Hans, these new guys in town; now we're totally part of the scene, but back then we were just newcomers.

H Well, first, we were lucky. That's just a fact. We were working on five competitions in parallel, with deadlines every month, and I was still teaching. It was intense, but there was also a lot of freedom. It was good fun.

N How was it even possible that a young, recently established practice like yours could win a major competition like this?

M I don't think the competition system works particularly well in most countries. Often the people commissioning the buildings are afraid of losing control and will try to come up with alternative forms of control. That often means corruption in one way or another. But in Switzerland the competitions are completely open because the commissioners know that there are several control stages that follow the initial competition. So once you win the competition, they make sure you do the first two phases of project development. Then, if they don't feel you're up to it, they remove you from the process and give the job to someone else. On top of that, they also know they can rely on an extra level of control – a 'popular' control. If the people don't understand or believe in the project, they can force a referendum and vote against it. So that's how I see the system in Switzerland. It's a system that regulates itself and can allow offices like ours to win major competitions in the City of Basel. Some people would call this a form of social control, but to me it's clear that there's no other country with such a clean, open competition process.

H People also say that architectural education in Switzerland is organized so that young architects are able to do this sort of thing as soon as they get out of school. If you look at how the diploma works, it's like a competition. Students are trained so that they come out of school and can go and do a competition and build a building straight away. It's not just that they've got this legal system behind them; the education system also means they can go on the market and participate. I mean, maybe we're a bit outside the system, and I wouldn't say that I completely followed that standard architectural education, but we do show that this sort of thing is still possible.

N And then you found yourselves at the centre of a very public process. There was a political debate about the Barracks in Basel. How did that go?

M There were many layers to the political side of the project. For instance, on a personal level it was difficult for me because I was living in a kind of legal grey area in Basel at that point. That became a funny part of the story. Like Hans says, we were this informal office that was collaborating with other people. On top of that we were also in contact with other people from the local scene, for instance with Nord Architekten, who were my flatmates at one point. I remember having to do my citizenship permit, which was really trying my nerves. So we were biking home, and then Markus Walser from Nord Architekten called me. He was like: 'Miquel, did you hear the news?' And I was like: 'No, what news?' – 'Congratulations!' – 'What?' – 'Yeah yeah, you won the Barracks competition.' Of course, I thought we'd come second or third, like in all the other competitions. And I was like: 'What about you? What did you get?' And he said: 'Second prize.' And I was like: 'And us? What did we get?' – 'First prize!' And then I was like: 'Jasmin! Jasmin!' But of course she could barely hear what I was saying. So I stopped and said: 'Jasmin, we won the Barracks.' Then Jasmin started crying and I was holding her. We turned around and saw the building right there. It was quite an emotional scene. Then I called Hans, who was in the middle of final crits with some guest tutors like Shadi Rahbaran. She later told me the story from her side: Hans picked up the phone, went all white and then left the classroom. He came back in and whispered something to Manuel Herz. Of course, Manuel knows what to do in these situations. He basically stopped the class and said: Guys, Hans has won a massive competition in Basel. Everybody clapped and they brought in the champagne. Anyway, sorry for the detour! That was the very beginning of the whole process, and we've been working on this crazy project ever since. I always say that if you take a cold, hard look at the numbers, it's a dead project. It's the third competition in the area, with strong political opposition, no clear programme and a young office that won the competition out of nowhere. When you look at it like that, it should never have happened. And I think that was the thing: navigating all these issues at all the different stages.

H Exactly. It has a long history of complicated processes and failure. And I think that's why a lot of local offices didn't want to participate. The brief was very unclear. I think some offices just thought it wasn't worth it.

M And at some point in this process we came together and started using our skills. We'd been working together for a very long time and I think that gave us the tools we needed to manage the process. But it was never very clear.

und flüsterte Manuel Herz etwas zu. Manuel weiss natürlich, wie er in so einer Situation zu handeln hat. Er hat die Sitzung praktisch beendet und gesagt: «Leute, der Hans hat einen grossen Wettbewerb in Basel gewonnen.» Alle haben geklatscht, und dann wurde der Sekt gebracht. So viel dazu – Pardon für die Abschweifung! So ist die ganze Geschichte losgegangen, und seither arbeiten wir an diesem verrückten Projekt. Ich sage immer, dass es ein totes Projekt ist, wenn man einen kalten, harten Blick auf die Zahlen wirft. Es ist der dritte Wettbewerb für das Areal, mit starker politischer Opposition, ohne klares Programm und von einem jungen Büro aus dem Nichts heraus gewonnen. Wenn man es so betrachtet, hätte es nie passieren dürfen. Und ich denke, darum ging es schliesslich: durch all diese Probleme in allen Stadien hindurch zu navigieren.

H Genau. Es gab da eine lange Geschichte von komplizierten Vorgängen und Misserfolg. Ich denke, das war der Grund, warum viele hiesige Büros gar nicht teilnehmen wollten. Die Ausschreibung war sehr unklar. Ich glaube, einige Büros meinten einfach, es lohne sich nicht.

M Und irgendwann in diesem Prozess sind wir dann zusammengekommen und haben angefangen, unsere Fähigkeiten zum Einsatz zu bringen. Wir hatten schon eine ziemlich lange Zeit zusammengearbeitet, und ich denke, das gab uns die Mittel in die Hand, die wir brauchten, um diesen Prozess zu managen. Aber besonders klar lagen die Dinge nie.

N Und worin besteht das Geheimnis zwischen euch beiden? Wer bringt was auf den Tisch? Habt ihr unterschiedliche Herangehensweisen an Architektur? Geht ihr mit unterschiedlichen Sichtweisen daran, eine Arbeit zu durchdenken?

H Wir haben ziemlich rasch und natürlich zusammengefunden, denn wir hatten schon diese gemeinsame Vergangenheit und ein gemeinsames System von Referenzen. Wir sind daher sehr schnell im Austausch von Ideen und Konzepten.

M Jeder von uns versteht die Konsequenzen dessen, was der andere tut. Unsere gemeinsame Erfahrung bei Herzog & de Meuron hat uns diese superstarke Methode vermittelt, die sie dort anwenden. Wenn du eine Weile dort warst, wird sie dir zur zweiten Natur. Insofern war die gemeinsame Sprache da, und wir waren in der Lage, zu verstehen, worüber wir sprachen und in welche Richtung wir uns bewegten.

N Und was waren die ersten Herausforderungen, auf die ihr gestossen seid?

H Die erste Herausforderung bestand darin, ein Vertrauensverhältnis zu den Auftraggebern aufzubauen.

M Zuerst mit dem Hochbauamt, dann mit der Vielzahl der einzelnen Nutzer. Ich kann mich erinnern, wie wir uns oft in deren Position zu versetzen suchten und Fragen gestellt haben wie:

N And what's the secret between the two of you? Who brings what to the table? Do you have different approaches to architecture? Do you have different attitudes when you start thinking about your work?

H We came together quite quickly and naturally because we already had this common past and a common system of references. So we're very quick at exchanging ideas and concepts.

M Each of us understands the consequences of what the other one's doing. Our common experience at Herzog & de Meuron gave us this super strong method that they use. It becomes second nature once you've been there for a while. So the common language was there, and we were able to understand what we were talking about and where we were going.

N And what were the first challenges you encountered?

H The first challenge was to establish trust with the clients.

M First with the Hochbauamt (the surveyor's office), then with the myriad of clients. I remember we often tried to put ourselves in their shoes, asking things like: 'You have seven bars in this thing. Are you sure you want to do this?' I also remember feeling quite lost at first. I mean, I barely spoke German at the time. But very soon we said: 'Okay, what we'll do is partner with another company as the general contractor.' And that helped with the trust-building process. In Switzerland the scope of the architect includes costs, schedules and contracts. We were concerned we wouldn't be able to manage all that, so we decided to partner with an office that specialized in that from the beginning, and we involved the clients in the decision. I think that gives you a sense of how the process panned out: it was a strong collaboration between us and the client. The client changed, we all had different roles and statuses, we changed, we also had different moments. It was clear that this was going to be one of those projects that only happen if the client and the architects are all on board. Everybody knew we had to be on the same boat, pulling together. Looking back, it was a really good decision to bring Caretta Weidmann on board as the building manager. FDRS also had an arrangement with Schnetzer Puskas engineers, who were part of the joint venture. With our different profiles, all three companies contributed to the success of the project.

H I think the client had reservations because it was unclear what we were supposed to be building. That had to do with the internal process, but at some point it came around to what we wanted. The process was very complex, not least because it was also a political process. At the same time we had to define things that were undefined. We had to plan and define things that were open. The planning was very diverse and complex because it had to take the political process into account. This called for a lot of understanding on the part of the other clients – because there were effectively three parts to the client. The more political part was the Präsidialdepartement (Presidential Department of the Canton of the City of Basel). This department had a very difficult task. It had to define things and convince people both internally and externally that the project would be a good thing. We were in the middle of all this, trying to help as much as we could at every step because the boat was always a little bit unsteady at first. It was like we were manning all the stations, trying to keep hold of the sails as we went into the storm, but also trying to keep everyone on board. We were saying, 'Hey, come

Kasernenareal im Umbau / Barracks complex under construction

Im Gespräch / In Conversation

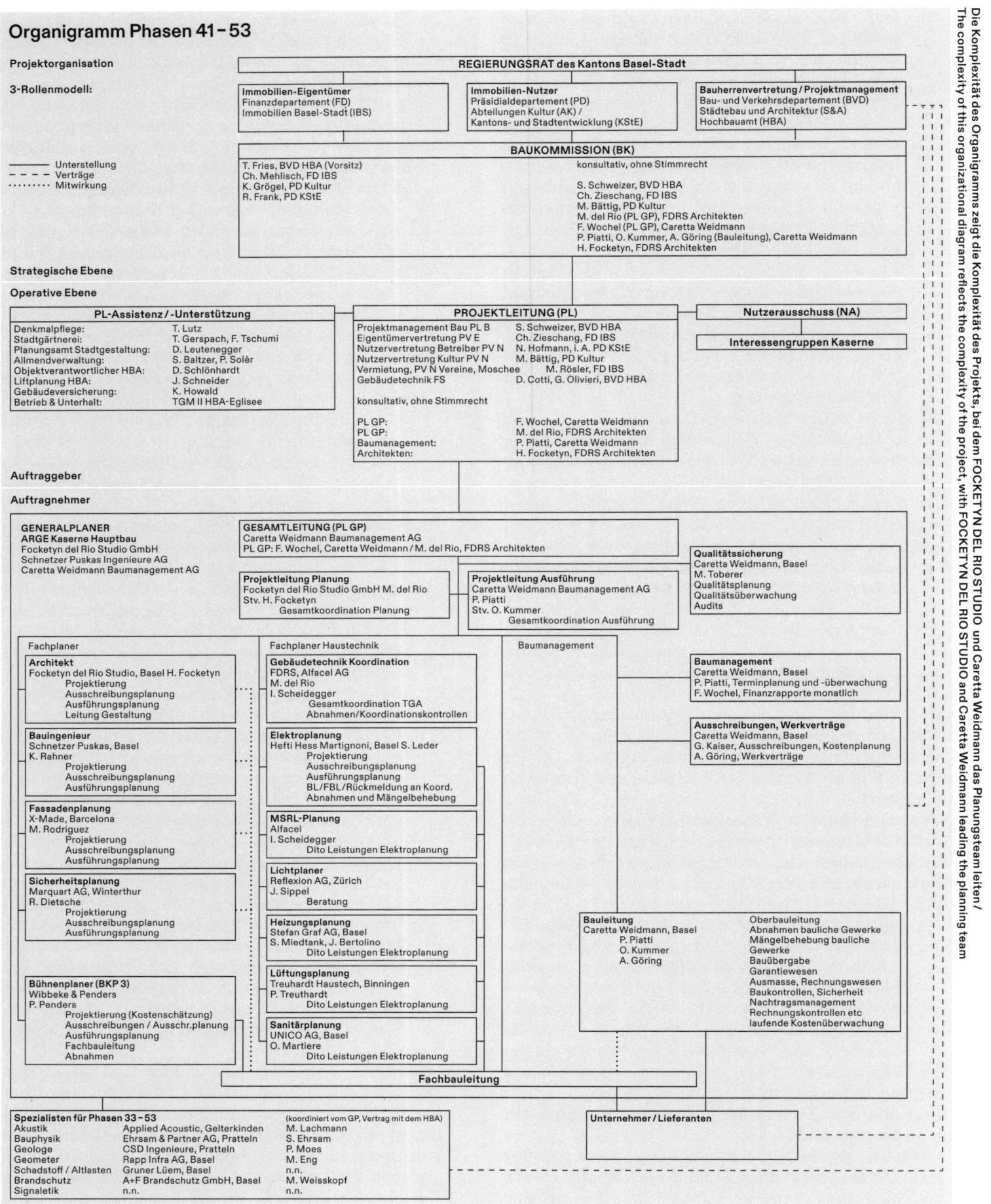

Organigramm Phasen 41–53

Die Komplexität des Organigramms zeigt die Komplexität des Projekts, bei dem FOCKETYN DEL RIO STUDIO und Caretta Weidmann das Planungsteam leiten / The complexity of this organizational diagram reflects the complexity of the project, with FOCKETYN DEL RIO STUDIO and Caretta Weidmann leading the planning team

«Du hast hier sieben Balken in diesem Ding. Bist du dir sicher, dass du das darin machen möchtest?» Ich erinnere mich auch daran, wie verloren ich mich anfangs manchmal gefühlt habe. Ich meine, ich sprach zu der Zeit kaum Deutsch. Aber schon sehr bald haben wir uns gesagt: «Okay, wir tun uns mit einer anderen Firma als Generalunternehmen zusammen.» Das hat bei der Vertrauensbildung geholfen. In der Schweiz gehören Kosten, Zeitpläne und Verträge zum Aufgabengebiet der Architekten. Wir hatten Sorge, das nicht alles bewältigen zu können, und beschlossen daher, von Anfang an mit einer auf solche Bereiche spezialisierten Firma zu kooperieren, und die Auftraggeber bezogen wir

on, let's go for it, let's do this!' because there were various points in the process when people started thinking it wasn't going to be possible. And if anyone had jumped out, it's very likely the ship would have hit the rocks.

N So what different agencies constituted the client?

M Basel operates with what's called a three-role model: you always have a user (in this case the sections for culture and urban development within the Präsidialdepartement); a funding body (Immobilien Basel Stadt); and a department responsible for construction (Hochbauamt). So there were effectively four client agencies involved in the project. Originally the project managers of each department were talking to us,

in diese Entscheidung mit ein. Ich denke, das zeigt ganz gut, wie der Prozess sich entwickelt hat: Es war eine starke Zusammenarbeit zwischen uns und dem Auftraggeber. Der Auftraggeber hat gewechselt, wir alle hatten verschiedene Rollen und wechselnden Status inne, wir änderten uns, wir hatten auch so unsere verschiedenen Momente. Es war klar, dass dies ein Projekt von der Art sein würde, das nur zustande kommen kann, wenn die Auftraggeber und die Architekten alle mit an Bord sind. Jedem war klar, dass wir im selben Boot sitzen und an einem Strang ziehen mussten. Rückblickend war es eine wirklich gute Entscheidung, Caretta Weidmann als Bauleiterin mit ins Boot zu holen. FDRS hatte auch eine Vereinbarung mit Schetzer Puskas, die Teil des Joint Ventures waren. Mit ihren unterschiedlichen Profilen haben alle drei Firmen zum Erfolg des Projekts beigetragen.

H Ich glaube, der Auftraggeber hatte Vorbehalte, weil nicht klar war, was wir eigentlich bauen sollten. Das hatte mit dem internen Abstimmungsprozess zu tun, aber irgendwann kam es zu dem, was wir vorhatten. Der Prozess war ziemlich komplex, nicht zuletzt weil es auch ein politischer war. Gleichzeitig mussten wir Dinge definieren, die undefiniert waren. Wir mussten Dinge planen und festlegen, die noch offen waren. Die Planungen erwiesen sich als sehr vielgestaltig und komplex, weil sie den politischen Prozess berücksichtigen mussten. Das forderte ein erhebliches Verständnis aufseiten der weiteren Auftraggeber – denn deren Seite bestand eigentlich aus drei Teilen. Den eher politischen Part vertrat das Präsidialdepartement des Kantons Basel-Stadt. Dieses Departement hatte eine ziemlich schwierige Aufgabe. Es hatte Dinge festzulegen und die Leute – sowohl intern wie extern – davon zu überzeugen, dass das Projekt eine gute Sache sei. Wir selbst steckten in allem mittendrin und versuchten, so gut wir konnten, zu helfen, weil das Boot anfangs doch immer etwas kippelig war. Es war, als würden wir alle Stationen bemannen und versuchen, die Segel zu halten, während wir in den Sturm hineinfuhren, und uns gleichzeitig bemühen, dass niemand über Bord ginge. Wir sagten: «Hey, kommt schon, lasst es uns anpacken, lasst es uns tun!», weil es verschiedene Momente gab, an denen Leute zu zweifeln begannen, ob es überhaupt möglich sei. Und wenn irgendjemand von Bord gesprungen wäre, wäre das Schiff wahrscheinlich auf die Klippen geprallt.

N Welche unterschiedlichen Stellen haben denn zusammen den Bauherren gebildet?

M Basel arbeitet mit dem sogenannten Drei-Rollen-Modell: Man hat immer einen Nutzer (in diesem Falle die Sektionen für Kultur und Stadtentwicklung innerhalb des Präsidialdepartements), einen Geldgeber (Immobilien Basel Stadt) und ein für den Bau zuständiges Departement (Hochbauamt). Im Endeffekt waren auftraggeberseitig also vier Akteure in das Projekt involviert. Ganz am Anfang haben die Projektmanager jedes Departements mit uns gesprochen, die Machbarkeit des Projekts geprüft und es an die nächste politische Ebene vermittelt, was zu der Zeit hiess, an Philippe Bischof und Guy Morin. Die haben das Projekt dann ins Parlament eingebracht, das Parlament hat seine Einschätzung formuliert, und die Antwort kam zurück. Wir hatten also eine Ebene des Projektmanagements, die einfach damit beschäftigt war, die Dinge am Laufen zu halten, eine zweite, politische, auf der das Projekt in die richtige Richtung gesteuert werden musste, und schliesslich eine dritte im Parlament, die ihre

checking the feasibility of the project and taking it up to the next political level, which meant to Philippe Bischof and Guy Morin at the time. They would then take the project to parliament, the parliament would formulate its response and the reply would come back. So we had one level of project management which was just trying to keep things afloat; a second, political level trying to steer the project in the right direction; then a third level in parliament that was pursuing its own interests, either trying to move things along or sink the whole project. It was complicated for everyone because it was hard to know who had the lead at each point.

N And some other things were changing, too.

M Yes, Hans and me. We were flexible. We were able to work in many different positions, so it was easy for us to adopt different roles. A bigger office would have to establish more rigid roles – and to be honest nobody knows if that would have been better or worse. But what we do know is that this guerrilla system, with all the risks we took, proved to be one of the right solutions to this super complex problem.

N And when parliament came back, what did it say?

H We don't know. We never know and we never knew. It was impossible, totally opaque, but that was totally fine. So we were saying: 'Okay, this is what the programme could be. Do you want any of this?' That's very rare in an architectural process. You can make an architectural proposition, but you rarely get to make proposals about the content.

M And that was the big problem for parliament. It was being asked to approve something that wasn't clearly defined. So at the beginning they were trying to understand what the project would be and what it could do. Then they tried to establish an upper limit for the budget. Once that was set, they approved it. Then there was a referendum.

N So that's when the referendum happened?

M Yes, the referendum happens once parliament approves the finances. The competition system just approves the budget for the competition. Once the competition reaches a certain level of maturity, the client takes the project to parliament to request the money to build the project. And at that point every citizen in Basel has a choice. If enough people sign a petition saying

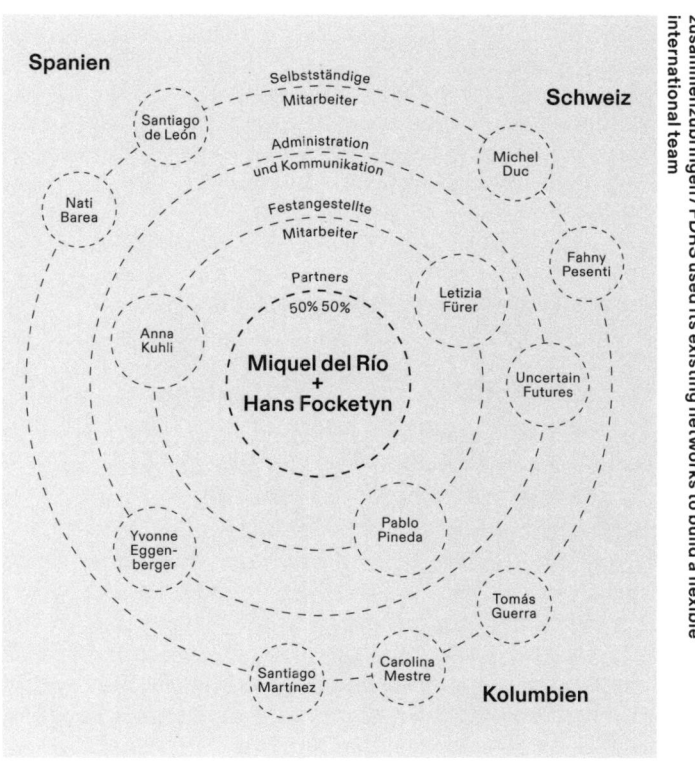

FDRS nutzte sein bestehendes Netzwerk, um ein flexibles internationales Team zusammenzubringen / FDRS used its existing networks to build a flexible international team

eigenen Interessen verfolgte und entweder versuchte, die Angelegenheit voranzutreiben oder das Projekt komplett zu kippen. Es war für alle kompliziert, weil es schwer einzuschätzen war, wer jeweils das Heft in der Hand hatte.

N   Und es haben sich auch noch einige andere Dinge geändert.

M   Ja, Hans und ich. Wir waren flexibel. Wir konnten in vielen verschiedenen Positionen arbeiten, und daher fiel es uns leicht, unterschiedliche Rollen einzunehmen. Ein grösseres Büro hätte striktere Rollen festlegen müssen – und, um ehrlich zu sein, niemand kann sagen, ob das besser oder schlechter gewesen wäre. Was wir aber wissen, ist, dass dieses Guerilla-System sich, bei allen Risiken, als eine der richtigen Lösungen für dieses höchst komplexe Problem erwiesen hat.

N   Und als sich das Parlament damit befasste, was hat es gesagt?

H   Das wissen wir nicht. Wir haben es nie gewusst und werden es nie wissen. Es war unmöglich, vollkommen undurchsichtig, aber das ging völlig in Ordnung. Wir haben dann gesagt: «Okay, so könnte das Programm aussehen. Wollt ihr irgendetwas davon?» Das ist ziemlich ungewöhnlich für einen architektonischen Prozess. Man kann zwar eine architektonische Idee vorschlagen, aber nur sehr selten kommt man dazu, Vorschläge inhaltlicher Art zu machen.

M   Und das war das grosse Problem für das Parlament. Es sollte etwas billigen, was gar nicht klar definiert war. Sie versuchten also zunächst zu verstehen, worin das Projekt bestand und was es leisten könnte. Dann versuchten sie, eine Obergrenze für das Budget festzulegen. Als das geregelt war, stimmten sie zu. Danach gab es ein Referendum.

N   An dem Punkt erfolgte also das Referendum?

M   Ja, das Referendum erfolgt, sobald das Parlament die Finanzierung gebilligt hat. Das Wettbewerbswesen genehmigt nur das Budget für den Wettbewerb. Sobald der Wettbewerb einen gewissen Grad der Ausreifung erreicht, bringt

they don't think it's the best way to spend their taxes, then the whole canton is asked to vote in a referendum. That's what happened, and it was very stressful.

N   How did the referendum go for you guys? I remember the promotional film you made being screened in the kiosk in front of the Barracks.

H   Well, basically the office was depending on this project, so we were stressed. That's why we tried to do as much as we could in terms of communications: we set up a communication strategy so we could provide as much information as possible to the media and anyone else who was interested. That's what the video was, on several levels. Then we got involved in one or two debates and just tried to be as active as possible. We made some films to explain the project on YouTube and social media. That turned out to be quite important. At some point we noticed there was a lot of misinformation circulating in the press, things that were invented or just political. Then there was a catalogue of questions and answers that we sent out to different newspapers. That was actually quite successful. And of course we also created a website for the project.

H   The YouTube video had something like 8,000 views.

N   How many people voted on the Barracks project? Do you remember the result of the vote?

M   I just looked on my phone: it was 33,634 to 20,836, so 62% in favour.

H   We were super involved. I think we told ourselves that if we don't do it and then lose, we'll regret it for the rest of our lives. So I was like, let's go for it. We learned from of this, I think. I remember the night before the referendum, I was out talking about the vote with some young people, trying to explain it to them at four in the morning.

M   I also remember that time. We were really naïve. We just thought, what's the best thing we can do right now? What do we do right now that we won't regret later? And I think in a way that became the strategy for the whole project, like: okay, let's just see what we can do. It's totally a reactive strategy: we call it surfing the tsunami.

TagesWoche

Kasernen-Referendum: Nichts verändern oder vielleicht doch ein Hotel?

Die bürgerlichen Gegner der Sanierung des Kasernenhauptbaus haben ihr Referendum gegen das Projekt eingereicht. Gesammelt wurden knapp 2900 Unterschriften. Die Volksabstimmung über das Sanierungsprojekt wird voraussichtlich im Februar 2017 stattfinden.

Dominique Spirgi / 02.11.2016, 10:45 Uhr

Gruppenbild mit Hund und 2900 Unterschriften: Staatsschreiberin Barbara Schüpbach-Guggenbühl mit der Vertretung des Referendumskomitees: FDP-Präsident Luca Urgese, LDP-Präsidentin Patricia von Falkenstein, Eduard Rutschmann und Pascal Messerli (SVP) sowie Hubert Ackermann, Roland Weiner und René Burger (BDP). (Bild: Dominique Spirgi)

Verschiedene Interessengruppen versuchten das Projekt auf unterschiedlichen Ebenen zu beeinflussen / Different interest groups were trying to affect the process on several levels

TagesWoche

Meilenstein in der Kasernen-Entwicklung: Grosser Rat sagt Ja zum Umbauprojekt

Der Grosse Rat sagt mit 58 gegen 33 Stimmen deutlich Ja zum Umbauprojekt des Kasernen-Hauptbaus. Damit wurde ein Meilenstein in der langwierigen Geschichte der Arealentwicklung gesetzt, die aber erst mit der bereits angekündigten Referendumsabstimmung ihr Ende finden wird.

Dominique Spirgi / 21.09.2016, 09:52 Uhr

Regierungspräsident Guy Morin hat gut lachen: Hundert Jahre lang diente die Basler Kaserne als Waffenplatz zur Konflikt-Vorbereitung, fünfzig Jahre lang war sie selber Konfliktstoff, nun vollzog der Grosse Rat den ersten grossen Schritt für ein Happy End einer schier unendlichen Geschichte. (Bild: Hans-Jörg Walter)

Jeder Schritt des Prozesses wurde von der Presse aufmerksam verfolgt, wobei der Höhepunkt in der Zeit des Referendums lag / Every step of the process was closely followed by the press, with peak interest at the referendum

Im Gespräch / In Conversation

Die Kaserne soll zwei Löcher bekommen

SANFT → Der Sieger des Wettbewerbs will die Kaserne zum Rhein hin öffnen, bleibt aber optisch zurückhaltend.

emanuel.gisi
@ringier.ch

Bekommt die Kaserne jetzt ein Loch oder nicht? Ein Architekturwettbewerb war der Kompromiss, zu dem sich der Grosse Rat im Frühjahr durchringen konnte. «So können wir endlich einmal über ein konkretes Projekt reden», sagte damals CVP-Fraktionschef Remo Gallacchi, der einer Öffnung der Kaserne zum Rhein hin skeptisch gegenübersteht.

Unter 39 Vorschlägen hat die Jury das Projekt «Ein Haus für alle. Und das Neue» des Basler Büros «Focketyn del Rio studio» auf den ersten Platz gesetzt. «Präzise und äusserst intelligente Eingriffe» wurden dem Architekten-Duo bei der Präsentation des Siegerprojekts heute Mittag bescheinigt. Das Wichtigste: Die Kaserne bekommt nicht ein Loch – sondern gleich deren zwei. «Aber wir sind behutsam vorgegangen, wollen die historische Bausubstanz nutzen», sagt Architekt Hans Focketyn. So wird nirgends eine ganze Wand rausgebrochen. In der südlichen Ecke soll es eine Brücke geben, deren Dach gleichzeitig als Terrasse für eine Bar im Eckturm dient.

Die Hauptverbindung findet sich im Kopfbau, auch sie ist kein Loch, sondern eine Art Halle. «Der Durchbruch wird bei unserem Projekt zum Ort», erklärt Focketyn. Die Basler sollen hier nicht einfach auf dem Weg zum Rhein durchmarschieren, «sondern sich auch treffen können. Wir wollen eine Plaza schaffen.» Ist sie in Richtung Kleinbasel geschlossen, soll die Halle zum Rhein hin geöffnet werden – bei gutem Wetter. «Wir sind hier in der Schweiz», sagt Focketyn. «Da ist es manchmal kalt. Darum war klar, dass der Durchbruch ein Dach braucht.»

> «Der Durchbruch wird zum Ort», sagt der Planer.

So sieht der Sieger aus: Die Kaserne soll hohe Fenster, eine Turmbar und eine Brücke bekommen.

Durchbruch Diese Halle verbindet den Hof mit dem Rheinufer.

Die sanften Radikalen

Miquel del Rio und Hans Focketyn machen mit ihrem Entwurf für die Kaserne von sich reden

«Eingriffe, die nach wenig aussehen, aber viel verändern»: Miquel del Rio (links) und Hans Focketyn vor den Plänen für den Kasernen-Umbau. NICOLE NARS-ZIMMER

Das Projekt war in aller Munde, die Architekten blieben im Hintergrund: Ein Besuch bei Hans Focketyn und Miquel del Rio, Sieger im Wettbewerb zur Umgestaltung der Kaserne.

VON MIRIAM GLASS

Entworfen haben sie eine Halle voller Licht, elegant geschwungene Treppen, einladende Räume. Anzutreffen aber sind sie in einem grauen Betonbau, der Linoleumboden im Flur ist fleckig, das Büro karg. Hans Focketyn und Miquel del Rio, 37 und 33 Jahre alt, sind Sieger des Projektwettbewerbs für die Sanierung und Neugestaltung der Kaserne. Zu den Architekten, die sich wie ihre früheren Lehrmeister Jaques Herzog und Pierre de Meuron selbst einen repräsentativen Sitz erschaffen, gehören sie noch nicht.

In ihrem Büro an der Südquaistrasse aber arbeiten sie voller Elan. Der gebürtige Belgier Focketyn, mit braunem Jackett und Brille, ist im Gespräch der Ernsthaftere der beiden. Der Spanier del Rio, der Englisch mit charmantem Akzent spricht, bringt ihn hin und wieder mit Sprüchen zum Lachen. Reden sie über ihr Projekt für die Kaserne, sind beide gleichermassen konzentriert und bemüht, präzise auszudrücken, was ihnen vorschwebt. «Wir wollen ein Gebäude für das 21. Jahrhundert schaffen, ohne die Werte des alten Baus zu zerstören», sagt del Rio. «Das funktioniert mit Eingriffen, die auf den ersten Blick nach wenig aussehen, die aber viel verändern», ergänzt Focketyn. «Der Ansatz ist sozusagen eine sanfte Radikalität». Ein Beispiel dafür ist die Verbindung von Kasernenplatz und Rheinufer: Kein grosses Loch, sondern die Möglichkeit, den Bau von beiden Seiten her zu betreten und nach beiden Seiten hin zu verlassen.

DER ERSTE PREIS im Wettbewerb für die Kaserne, um deren Gestaltung seit Jahrzehnten gerungen wird, hat die in Basel unbekannten Namen Focketyn und del Rio in alle regionalen Medien gebracht. Dennoch blieben sie im Hintergrund, wenig wurde bisher über ihren Werdegang bekannt.

Focketyn hat allerdings schon an mehreren Projekten mitgearbeitet, die in der Stadt reden gaben. In Belgien geboren, in Genf aufgewachsen und in Lausanne und Zürich ausgebildet, kam er Ende der neunziger Jahre für ein Praktikum bei Diener und Diener nach Basel. Ab 2002 arbeitete er für acht Jahre bei Herzog und de Meuron. Unter anderem war er beteiligt am Entwurf für ein neues Stadtcasino, der vom Projekt der Architektin Zaha Hadid überflügelt wurde. Auch an der ersten Version des Roche-Turms in Form einer Helix, die nicht realisiert wurde, arbeitete er mit.

Del Rio war ebenfalls für Herzog und de Meuron tätig, unter anderem als Projektmanager für den Umbau des Naturhistorischen Museo Blau in Barcelona. Bald habe jedoch mehr verbunden als der gemeinsame Arbeitgeber, sagen beide. Es wären das Interesse an Musik und Kunst sowie die Nähe zur Kreativ- und Kulturszene, die sie zusammenbrachten. Del Rio, der sich zunächst in Barcelona selbstständig machte, bewegte sich «an den Rändern der Architektur», unter anderem kuratierte er Ausstellungen und entwarf Möbel. Auch Focketyns Interessen reichen über die Architektur hinaus, als DJ trat er unter den Namen «Hanns/Kans» und «Calico Jack» auf.

Beruflich zusammengeschlossen haben sie sich erst im Juni 2013. Ihre Nähe zur Basler Kreativszene dürfte ein Schlüssel zum Kasernen-Erfolg gewesen sein. Denn Kreative aller Sparten sollen den Bau einst nutzen, zugleich soll er ein Ort für die Quartierbevölkerung und eine breitere Öffentlichkeit sein. Auch wenn das Nutzungskonzept noch

> «Im Wettbewerb wurde mit offenen Karten gespielt. Das kam uns entgegen.»
> HANS FOCKETYN, ARCHITEKT

vage ist, betonen del Rio und Focketyn: «Die Nutzer stehen bei unserer Architektur im Vordergrund». Sie holten vier Berater in ihr Team, die in der Kreativszene einen Namen haben und das Quartier kennen: Designerin Laura Pregger und Kulturmanager Moritz Walther, die den Kulturraum Depot Basel aufgebaut haben. Dazu Hyperwerk-Dozent Jan Schlomo Knopp und Angie Ruefer, Mitgründerin des Vereins Reh4, ein Zusammenschluss von Kleinbasler Laden- und Galerie-Inhabern.

Dass die Realisierung ihres Entwurfs einen politischen Prozess durchlaufen muss und auf wackligen Füssen steht, schreckt die Architekten nicht. «Das war von Anfang an klar», sagt Focketyn. «In der Ausschreibung wurde mit offenen Karten gespielt, das kam uns entgegen.» Damit distanzieren sie sich von Kritik, die aus Architektenkreisen laut wurde. Dem Gewinner ist kein Planungsauftrag zugesichert, die Stadt behält sich vor, die Idee zu übernehmen, sie aber von einem anderen Büro ausführen zu lassen. Für manche Architekten ein Affront, für ein junges Büro wie Focketyn del Rio Studio normal. «Wir sind jung und flexibel, wir reagieren auf die Situation, wie sie ist», sagt del Rio. Focketyn schaut aus dem Fenster, der Blick reicht nach Deutschland und Frankreich. «Für uns war dieses Projekt eine Chance, hier sichtbar zu werden», sagt er. Was auch immer aus dem Entwurf wird, diese Chance haben Focketyn und del Rio genutzt.

Kaserne kostet zehn Millionen mehr

Guy Morin präsentiert 45-Millionen-Franken-Umbau – Grossrat muss entscheiden

Neue Begegnungszone. So soll die «Plaza» im Hauptbau der Kaserne dereinst aussehen. Visualisierung Focketyn del Rio

Von Martin Regenass

Basel. Das Hauptgebäude der Kaserne soll ab August 2017 umgebaut werden. Dies gab Regierungspräsident Guy Morin (Grüne) gestern vor den Medien bekannt. Für die Sanierung und Umgestaltung der Räume sowie die Öffnung im Zwischentrakt sollen Kosten von knapp 45 Millionen Franken anfallen.

Der Regierungsrat hat dazu gestern einen Ratschlag zuhanden des Grossen Rats verabschiedet, der das Geld nun bewilligen soll. Im Mai vergangenen Jahres war noch die Rede von 35 Millionen Franken, welche die Sanierung kosten solle. Morin: «Wir haben nun Mehrkosten von circa zehn Millionen Franken festgestellt.» Rund drei Millionen davon seien Zusatzkosten für den Auf- und Abbau der Baustellen. Das soll die Durchführung des Basel Tattoo im Jahre 2018 sowie der Herbstmessen 2017 und 2018 ermöglichen. Weitere 1,25 Millionen Franken kommen für technische Betriebseinrichtungen und Mobiliar hinzu. 150 000 Franken fallen für die Arbeiten der Archäologischen Bodenforschung an. Rund sechs Millionen Franken Mehrkosten haben die Planer bei der Gesamtsanierung und dem Umbau ausgemacht. So seien beispielsweise die Kosten für die Erdbebenertüchtigung gestiegen.

Bereits 2013 erhielt das Architekturbüro Focketyn del Rio Studio den Zuschlag für ihr Modell «Ein Haus für alle. Und das Neue». Anstatt Räume für Schulen wie bis anhin, soll der Hauptbau mit dem Umbau zum Kultur- und Kreativzentrum mutieren. In der Mitte ist eine Aula für Diskussionen und Quartierveranstaltungen geplant. Im linken und rechten Flügel – vom Rhein aus gesehen – entstehen Kreativ- und Kulturräume. Unter dem Dach soll eine Probebühne für Theater entstehen. Von wem und wie diese Räume bespielt werden sollen, ist zurzeit noch unklar.

Moschee ist fix

Klar ist hingegen, dass die Moschee, die sich aktuell im Estrich des Rossstalls befindet, einen Platz auf sicher hat. Vom Rhein her gesehen kommt sie linkerhand unten am Turm zu liegen. Morin: «Der Regierungsrat hat der Moscheekommission ein Vorrecht gegeben, weil es auf dem freien Markt schwierig ist, einen Platz für eine Moschee zu finden.» Subventionieren würde die Regierung diese Religionsgemeinschaft allerdings nicht. Sie müsste marktübliche Preise für die Einmiete bezahlen. Ebenso haben im untersten Teil des Baus der Rhein-Club Basel sowie die Klingentalfähre Räume erhalten. Morin: «Sie sind wegen der Nähe zum Rhein darauf angewiesen.» Alle anderen interessierten Nutzer des Neubaus müssten sich allerdings in einem Auswahlverfahren für die Räume auf den insgesamt 5500 Quadratmetern bewerben.

Dies gilt auch für die Betreiber der geplanten Buvette, der «Skybar» im rheinseits rechten Turm sowie eines darunterliegenden Restaurants. Laut dem Leiter der Stadt- und Kantonsentwicklung, Thomas Kessler, soll diese «Skybar» ein Hauptmagnet sein und die Leute in Scharen durch das ganze Gebäude nach oben ziehen. «Dadurch wird das Gebäude belebt und aktiviert», sagt Kessler. Ein kritischer Frager in der Runde sah dies anders. Er zeichnete ein Bild von einem sterilen Ort und fragte, welche Kultur in der Kaserne denn künftig stattfinden solle. Morin: «Wir schaffen mit dem Neubau das Potenzial, wie aber die Nutzung aussehen wird, kann man zum jetzigen Zeitpunkt noch nicht sagen.»

Auf jeden Fall, so Morin, soll der 45-Millionen Bau nicht nur eine Investition in die «Hochkultur» sein. «Wir wollen damit auch in die Alternativ- und in die freie Kultur investieren.» Es solle ein «urbaner Ort» entstehen, wo Begegnungen möglich seien. Der Betrieb soll sich einst zu hundert Prozent über die Mieteinnahmen finanzieren.

der Bauherr das Projekt ins Parlament ein, um das Geld für die Realisierung zu beantragen. Und an dem Punkt hat jeder Bürger der Stadt Basel die Wahl. Sobald genug Leute eine Petition unterzeichnen, dass sie nicht meinen, dies sei der beste Weg, ihre Steuergelder auszugeben, ist der ganze Kanton gefordert, in einem Referendum abzustimmen. Das ist passiert, und es war sehr belastend.

N Wie ist das Referendum für euch gelaufen? Ich kann mich daran erinnern, wie der Werbefilm, den ihr gemacht habt, in dem Kiosk vor der Kaserne gezeigt wurde.

H Na ja, letztlich hing das Büro von diesem Projekt ab, wir waren also gestresst.

Daher haben wir versucht, so viel wir konnten, in Sachen Kommunikation zu unternehmen: Wir entwickelten eine Kommunikationsstrategie, um die Medien und alle Interessierten mit so viel Information wie möglich zu versorgen. Darum ging es – auf verschiedenen Ebenen – bei dem Video. Dann haben wir uns an ein oder zwei Debatten beteiligt und überhaupt versucht, so aktiv wie möglich zu sein. Wir haben einige Filme gemacht, um das Projekt auf YouTube und in den sozialen Medien zu erläutern. Das hat sich als ziemlich wichtig erwiesen. Wir haben irgendwann festgestellt, dass in der Presse viele Fehlinformationen kursierten, Dinge, die erfunden waren oder nur politisch motiviert. Sodann gab es einen Katalog mit Fragen und Antworten, den wir an verschiedene Zeitungen verschickt haben. Das war tatsächlich recht erfolgreich. Und natürlich haben wir eine eigene Website für das Projekt erstellt.

H Das YouTube-Video hatte so um die achttausend Views.

N Wie viele Leute haben über das Kaserne-Projekt abgestimmt? Erinnert ihr euch an das Ergebnis der Abstimmung?

M Ich habe gerade auf meinem Handy nachgeschaut: Es waren 33,634 zu 20,836, also 62 Prozent dafür.

H Wir waren extrem stark involviert. Wir haben uns irgendwie gesagt, wenn wir das nicht tun und am Ende verlieren, werden wir es für den Rest unseres Lebens bereuen. Ich dachte einfach, wir müssen das jetzt durchziehen. Wir haben, glaube ich, daraus gelernt. Ich erinnere mich noch an die Nacht vor dem Referendum, wo ich ausgegangen war und mit einigen jungen Leuten über die Abstimmung gesprochen und ihnen um vier Uhr morgens versucht habe, die Sache zu erklären.

M Ich erinnere mich auch an diese Zeit. Wir waren echt naiv. Wir dachten bloss: Was ist jetzt das Beste, was wir unmittelbar tun können? Was von dem, was wir gerade tun, werden wir später nicht bereuen? Und ich glaube, das wurde irgendwie zur Strategie für das gesamte Projekt, so nach dem Motto: Okay, lasst uns einfach schauen, was wir konkret machen können. Das ist eine total reaktive Strategie. Wir nennen das «auf dem Tsunami surfen». Zu allem war auch noch die Presse in Basel damals ziemlich rechts. Ich weiss noch, wie ich einmal in die Tram einstieg, die Zeitung aufschlug und sah, dass alle gegen das Projekt waren und die Leute aufforderten, mit «Nein» zu stimmen.

N Wer waren bei alledem Eure Verbündeten?

H Der Bund Schweizer Architekten verhielt sich ziemlich gut und ähnlich auch andere Organisationen. «Pro Kasernareal», eine Gruppe, die sich für die Entwicklung des Geländes eingesetzt hat, machte einiges an Werbung und organisierte für uns Podiumsdiskussionen. Von ihnen stammt auch das Kiosk-Video, das du erwähnt hast.

TagesWoche

Aufbruch zum Kasernen-Umbau mit einem deutlichen Volks-Ja im Rücken

Die Erleichterung und die Freude bei den Befürwortern ist gross: Mit fast 62 Prozent Ja-Stimmen sprach sich eine beachtliche Mehrheit der Basler Simmbevölkerung für das Sanierungs- und Umbauprojekt des Kasernen-Hauptbaus aus.

Dominique Spirgi / 12.02.2017, 11:45 Uhr

Mit 61 Prozent Ja-Stimmen erzielte das Umbauprojekt für den Kasernen-Hauptbau ein Glanzresultat. Im Sommer 2018 werden die Baumaschinen auffahren. (Bild: Focketyn del Rio)

Die Erleichterung und die Freude bei den Befürwortern ist gross: Mit fast 62 Prozent Ja-Stimmen sprach sich eine beachtliche

On top of that, the press in Basel were quite right-wing at the time, and I remember getting on the tram and opening a newspaper and seeing everybody against the project and people being asked to vote 'NO'.

N Who were your allies in all this?

H The Federation of Swiss Architects were quite good, and so were other organizations. Pro-Kaserne Areal, a group that promotes the development of the Barracks site, did some advertising and organized podium discussions for us. They also made that kiosk video that you mentioned.

N Were there any prominent people from Basel who backed the project?

H Jacques Herzog, Pierre de Meuron, Christine Binswanger.

M Those were important voices to have alongside us. They're important references for us.

H The architecture scene was very supportive of the project, which was special. But I think that's also something specific to Basel – there's a supportive kind of attitude.

M Even for people like us. Total outsiders. We're nobodies. We were still an office of just ten people, sometimes less. We're minuscule compared to some of the other offices.

N What about now that you're doing the Barracks? Would you say you're still a small office? A medium-size office? What are you now?

H It's a bit of a paradox. As a small office we were able to do a gigantic project. And that puts us in a certain light. We're still a small office, but now we have the capacity to be bigger.

M Right now it's just Hans, me, two architects and two interns. It'll probably be less at the end of the process.

H This also has to do with the process as a whole, and with the fact that the project was set to run three years. In the end it's been eight years, so we had to stretch the size of the office.

N Was there a moment when you lost faith? With what you've just explained, that incredible effort to make it hap-

Im Gespräch

N Gab es irgendwelche Prominenten aus Basel, die das Projekt unterstützt haben?
H Jacques Herzog, Pierre de Meuron, Christine Binswanger.
M Es war wichtig, diese Stimmen auf unserer Seite zu haben. Sie stellen auch wichtige Bezugspunkte für uns dar.
H Die Architekturszene hat das Projekt stark unterstützt, das war schon etwas Besonderes. Aber ich glaube, das ist auch typisch für Basel – hier unterstützt man sich.
M Und das bei Leuten wie uns. Totalen Aussenseitern. Wir waren Niemande. Wir hatten zehn Leute im Büro, manchmal weniger. Wir sind winzig im Vergleich zu einigen anderen Büros.
N Wie ist es jetzt, wo ihr die Kaserne baut? Würdet ihr sagen, ihr seid immer noch ein kleines Büro oder ein mittelgrosses? Wo steht ihr jetzt?
H Es ist ein wenig paradox. Als ein kleines Büro waren wir in der Lage, ein gigantisches Projekt zu realisieren. Und das rückt uns in ein gewisses Licht. Wir sind immer noch ein kleines Büro, aber wir haben inzwischen die Fähigkeit, grösser zu werden.
M Im Moment sind es nur Hans, ich, zwei Architekten und zwei Praktikanten. Bei Abschluss des Prozesses werden es vermutlich weniger sein.
H Das hat auch mit dem Prozess als solchem zu tun und mit dem Umstand, dass das Projekt auf drei Jahre angelegt war. Es sind schliesslich acht Jahre geworden, und wir mussten folglich das Büro vergrössern.
N Gab es einen Moment, wo ihr das Vertrauen verloren habt? Bei dem, was ihr gerade geschildert habt, dieser extremen Anstrengung, es um jeden Preis zu schaffen, gab es da einen Moment, wo ihr anfingt, an euch selbst zu zweifeln?
H Wir machten uns wirklich Sorgen wegen des Referendums. Bis zum letzten Tag haben wir gedacht, wir haben alles getan, was in unserer Macht steht, es könnte passieren. Wir hatten eine angehende Mitarbeiterin, die in unserem Büro anfangen wollte, Letizia, die inzwischen ein enorm wichtiger Teil von FDRS geworden ist. Wir sagten ihr: «Wir stehen vor diesem Referendum. Wenn es ein ‹Ja› wird, kannst du kommen. Bist du damit einverstanden?»
M «Kannst du zwei Monate abwarten?»
H Sie sagte Ja, und das war bereits ein Einsatz von ihrer Seite, der fantastisch war. Aber ja, das war wohl der Moment, wo uns die stärksten Zweifel kamen, glaube ich.
M Ich weiss auch noch, wie ich die Kalkulation machte, als wir mit dem Bau begannen: Das Projekt sollte 36 Millionen Franken kosten. Wir würden drei Jahre auf der Baustelle sein. Drei Jahre sind 36 Monate. Das heisst, dass wir drei Jahre lang die Verantwortung für Ausgaben von monatlich einer Million Franken zu tragen gehabt hätten. Und ich erinnere, wie mir darüber ein bisschen schwindelig wurde, ziemlich stark schwindelig sogar. Es fühlte sich an wie: Es passiert jetzt wirklich. An dem Punkt wurde mir die Grössenordnung des Projekts voll bewusst, auch wenn es uns immer gelungen ist, das Projekt in einem handhabbaren Rahmen zu halten. Eigentlich haben wir nicht 9000 Quadratmeter geplant, wir haben Konzepte geplant. Daher konnten wir es auch in einer besonderen Weise tun. Aber irgendwann fragt man sich, wie wird das dann am Ende eigentlich aussehen? Und dann kommen einem die Selbstzweifel. Nicht zuletzt, weil unsere Art zu arbeiten nicht besonders «schweizerisch» ist, im Sinne eines Kontrollierens aller Fugen und Ecken. Wir arbeiten mit einer Art von approximativer Präzision. Das

In Conversation

pen whatever the cost, was there a moment when you started to doubt yourselves?
H We were really worried about the referendum. Right up to the last day, we were thinking, we've done everything we can, it could happen. We had one prospective employee who wanted to come to the office, Letizia, who went on to become a super important part of FDRS. We said, 'We've got this referendum coming up. If it's a yes, you can come. Do you agree?'
M 'Can you wait two months?'
H She said yes, and that was already a commitment from her side, which was fantastic. But yes, that was the moment when I think we doubted the most.
M I also remember doing the maths when we started construction: the project was going to cost thirty-six million francs. We were going to be on site for three years. Three years are thirty-six months. That means we were going to be responsible for spending one million francs each month for three years. And I remember getting a bit of vertigo there, some quite violent vertigo, actually. It was like: this is really happening. That was when I realized the size of the project, even though we always managed to keep the project to a manageable scale. We didn't really plan 9,000 square metres; we planned concepts. That's why we were able to do it in a certain way. But at some point you ask yourself, what's this actually going to look like? Then you start doubting yourself. Not least because our way of working is not very 'Swiss' in the sense of controlling every joint and every corner. We work with a kind of approximate precision. It's still something that worries me – like how is the local scene going to react to this?
H That was a very difficult challenge, I'd say. At some point we'd become so involved and so busy with the whole process that it was more than just the referendum. It was also keeping the whole project together, keeping things moving forward in terms of concepts and ideas that we still had to plan, planning everything at the same time. Somehow we did a lot of extra work. We just knew we had to do things in a certain order so we could plan the next stage, and somehow it just went on like that.
M It was also crazy how the whole thing changed after the referendum. The client changed and the project changed completely. Suddenly there were all these people who were used to driving things forward and making them happen. So we had to start turning all these things into realities very quickly at that point.
H It was very challenging to have to create and build the content while also planning everything step-by-step, but without going too far in case they changed their minds, which would have meant waiting twice or three times and then failing. So it was a very delicate balance.
M And now we're in a totally different phase: it's finally being built and it looks surprisingly similar to the renderings. It's quite amazing that we've managed to build what we envisaged. Some of the ideas that were drawn years ago are now there to be seen in real life. Eight years ago we were a very different office and very different people. I'm surprised at what we've achieved and I'm amazed by the results. That was something else we did: we tried to keep a low profile, be the opposite of star architects, and in the end the result is amazing. This has always been a project that no one really wanted to take on, from the very beginning. As I said before, on paper it was bound to fail. If you look at the reality, though,

So sieht die neue Basler Kaserne innen aus

Mit dem Umbau geht es – trotz Corona – vorwärts. Die Kaserne soll zum Kultur-Hotspot werden. Dazu braucht sie aber mehr Durchlässigkeit.

Hannes Nüsseler

Es geht voran: Während die Coronakrise den Basler Alltag weitgehend lahmlegt, dokumentieren neue Bilder die Fortschritte beim Umbau der Kaserne. Diese soll zum neuen kulturellen Brennpunkt Basels werden – im Quartier verankert, aber mit überregionaler Ausstrahlung. Und vor allem: Offen soll der bis anhin eher abweisend wirkende Gebäuderiegel sein, der den Blick auf den Rhein während über 150 Jahren versperrte. Die Umbauarbeiten, die im Herbst 2018 starteten und bis zum Sommer 2021 andauern, bezwecken eben dies: Transparenz und Durchlässigkeit in das historische Gemäuer zu bringen.

Die Baustellenbesichtigung Mitte März gab einen ersten Einblick in die umfassenden Arbeiten, welche die Kaserne mit über 3000 Quadratmetern an multifunktionalen Büro- und Projekträumen ausstatten sollen. Dazu gehören auch eine grosszügige Plaza, welche die Rheinpromenade mit dem Innenhof verbindet, sowie ein Saal für Theater, Performances und Vorträge. Flankiert werden diese repräsentativen Elemente von den erwähnten Projekträumen und gastronomischen Angeboten wie einem Restaurant und einem Boulevard-Café. In einem der Ecktürme entsteht eine Bar.

Wie Architekt Miquel del Río Sanín von Focketyn del Rio Studio während der Besichtigung erklärte, besteht eine Anforderung des Umbaus darin, die Kaserne nicht «überzusanieren» und den funktionalen Aspekt der Räumlichkeiten im Sinne des Denkmalschutzes und der Sicherheit zu wahren: Details wie etwa die alten Heizkörper oder die hölzernen Tragbalken sollen sichtbar gemacht und weiter verwendet werden. Gleichzeitig wurde ausgeräumt, was der neuen Nutzung im Weg steht: Mauern sind Durchgängen gewichen, neue Treppenaufgänge aus Beton erlauben es, die bisherigen Korridore in Nutzflächen umzuwandeln.

Verläuft der Umbau weiter nach Plan, folgt auf die Fertigstellung von Gebäudehülle und Haustechnik der Mieterausbau bis nächsten Sommer. Zuletzt wird die Umgebung gestaltet, bevor die Kaserne im Herbst 2021 eröffnet werden kann.

> «Eine Anforderung bestand darin, die Kaserne nicht überzusanieren.»
>
> **Miquel del Río Sanín**
> Focketyn del Rio Studio

Die künftige Plaza ist als öffentlicher Raum vorgesehen. Rechts wird ein Durchgang für Fussgänger zum Rheinbord geschaffen. Bilder: Piotr Hraptovich (18.4.20)

Die Sanierung hat auch zum Ziel, die Räume besser zu nutzen.

Das Kasernen-Ensemble bildet einen Riegel zum Rheinufer. Das soll sich ändern. Bild: A. Schwald (29.4.20)

Im Gespräch / In Conversation

NEIN zu unnötig hohen Kosten von 47 Mio. Franken an Steuergeldern!

Das vorliegende Konzept zum Umbau des Kasernen-Hauptbaus ist widersprüchlich und nicht überzeugend. Die Raumkonzeption ist falsch, es wird verschwenderisch mit den vorhandenen Nutzungsflächen umgegangen, und die Bedürfnisse des Quartiers werden nicht berücksichtigt. Das vorliegende Projekt ist mit 47 Mio. zu teuer. Es ist nicht einzusehen, weshalb für ein unausgegorenes Prestige-Projekt aus der Amtsstube des Präsidialdepartementes, das niemanden wirklich zufrieden stellt, so viel Geld ausgegeben werden soll.

NEIN zu einem staatlich orchestrierten Kulturzentrum!

Dieser Kasernen-Umbau schafft ein staatlich finanziertes und orchestriertes Kulturzentrum mit einem zusätzlich vom Kanton angestellten «Areal-Manager». Nach Ansicht der Befürworter kann Kultur im Kasernenhauptbau offenbar nur staatlich betrieben werden. Eine gemeinnützige private Trägerschaft, z.B. eine Stiftung, wie wir sie auch von anderen Orten in unserem Kanton kennen, würde der Kultur mehr Freiraum geben. Zudem liessen sich durch die Abgabe an eine private Trägerschaft die hohen Kosten für den Kanton deutlich reduzieren.

NEIN zu einem unklaren Nutzungsprojekt!

Der von der Regierung vorgeschlagene Umbau und das damit verbundene Nutzungskonzept bleiben, trotz anderslautender Versprechungen, wirr und undurchsichtig. So haben beispielsweise einige Nutzer bereits einen Mietvertrag erhalten, während anderen – langjährigen Mietern – keine Zukunft und Planungssicherheit gewährt wurde. Das Referendumskomitee ist zudem der Überzeugung, dass das Nutzungskonzept weder die Quartierbevölkerung miteinbezieht noch finanzierbar ist. Einmal mehr werden die Bürokratie aufgebläht und den Kulturschaffenden unnötige und unklare Bedingungen auferlegt.

Wollen Sie 47 Mio. Franken für eine Fehlplanung ausgeben? Darum NEIN am 12.2.2017 zu diesem Kasernenumbau!

Wegen des Referendums kommt es Anfang nächsten Jahres zur Volksabstimmung über die Kaserne. Um diese Abstimmung gewinnen zu können, brauchen wir – die politisch unabhängige Interessengemeinschaft der Nutzenden des Kasernenareals – breite Unterstützung. Herzlichen Dank für Ihr Feedback.

- Unterstützen Sie unsere Kampagne für die Sanierung der Kaserne, treten Sie dem Unterstützungskomitee bei.
- Wir sind für die Abstimmungskampagne dringend auf Spenden angewiesen.
- Ideen für die JA-Kampagne sind willkommen!

Pro Kasernenareal, Klybeckstrasse 1b, 4057 Basel, info@prokasernenareal.ch, prokasernenareal.ch, PC: 40-22368-1

Ja zur Sanierung der Kaserne

Der Basler Grosse Rat hat Ende September beschlossen, das Hauptgebäude der Kaserne endlich zu sanieren, damit dort ein offenes Zentrum für Kultur, Quartier und Gastronomie entstehen kann. Leider wird jetzt dieses Projekt mit einem Referendum bekämpft.

Kaserne erhalten
Der historische Kopfbau der Kaserne am Rhein wurde seit Jahrzehnten vernachlässigt. Statt ihn dem Zerfall preiszugeben, wird jetzt endlich saniert. Die Anforderungen der Erdbebensicherheit und des Denkmalschutzes kosten sehr viel Geld.

Lebendiger Begegnungsort
Mit dem Erhalt des Gebäudes werden neue, vielfältige Nutzungen für die ganze Bevölkerung ermöglicht: Für Quartierinstitutionen, Kultur und Kreativwirtschaft sowie Gastronomie. Es wird ein lebendiger Begegnungsort für alle Bevölkerungsschichten geschaffen, für Jung und Alt, für das Quartier und mit Ausstrahlung über die Stadt hinaus.

Vielfältige Nutzung verstärken
Das Kasernenareal ist im vorderen Teil bei der Bevölkerung schon heute sehr beliebt. Indem der hintere Teil (Hauptbau) ähnlich genutzt werden soll, entsteht ein attraktiver Ort. Und damit können alle bisherigen Nutzer des Areals bleiben. Auch die Herbstmesse und das Tattoo werden weiterhin stattfinden können.

Öffnung zum Rhein
Das bisher zum Rhein hin geschlossene Kasernenareal wird mit drei Zugängen geöffnet, was aus dem bisherigen Kasernen-Innenhof einen offenen Stadtplatz für das Quartier und die ganze Stadt macht.

Charme statt Luxus
Mit der Sanierung entsteht im Hauptgebäude eine grosszügige Eingangshalle für alle. Trotzdem werden der historische Charakter und der bisherige Charme des Gebäudes erhalten. Luxuselemente finden sich im Projekt keine.

Die Alternativen zum Sanierungsprojekt heissen entweder Privatisierung und eine rein kommerzielle Gebäudenutzung oder Stillstand und das Gebäude definitiv verlottern lassen. Beides lehnen wir ab, weil dann das ganze Areal in seiner heutigen Art bedroht wäre.

Deshalb JA zum Beschluss des Grossen Rates die Kaserne endlich zu sanieren.

	Im Gespräch

H ist immer noch etwas, was mich beunruhigt – wie wird die lokale Szene wohl darauf reagieren?

H Das war eine sehr hohe Herausforderung, würde ich sagen. Wir waren irgendwann so tief und so aktiv in den ganzen Prozess eingestiegen, dass es mehr wurde als nur das Referendum. Es ging jetzt auch darum, das ganze Projekt zusammenzuhalten, die Sache voranzutreiben im Sinne von Ideen und Konzepten, die wir immer noch zu entwickeln hatten, wobei wir alles zeitgleich planten. Im Grund haben wir viel Extraarbeit geleistet. Wir wussten einfach, dass wir die Dinge in einer gewissen Reihenfolge tun mussten, damit wir die nächste Phase planen konnten, und irgendwie ging es so immer weiter.

M Es war auch verrückt, wie sich die ganze Sache nach dem Referendum gewandelt hat. Der Auftraggeber änderte sich, und das ganze Projekt selbst verwandelte sich völlig. Auf einmal waren da all diese Leute, die es gewohnt waren, Dinge voranzubringen und umzusetzen. Wir mussten in dem Moment also anfangen, alles schleunigst in die Tat umzusetzen.

H Es war sehr anspruchsvoll, das inhaltliche Programm aufzubauen und zu entwickeln, während wir gleichzeitig alles Schritt für Schritt planen mussten, ohne jedoch dabei zu weit zu gehen, für den Fall, dass sie doch noch ihre Meinung änderten, was bedeutet hätte, zwei- oder dreimal zu warten und dann doch zu scheitern. Es galt also eine sehr empfindliche Balance zu wahren.

M Und jetzt sind wir in einer völlig anderen Phase: Es wird endlich gebaut und sieht den Renderings erstaunlich ähnlich. Es ist schon erstaunlich, dass wir es geschafft haben, das zu bauen, was uns vorgeschwebt hatte. Einige der Ideen, die wir vor Jahren gezeichnet haben, kann man sich jetzt eins zu eins ansehen. Vor acht Jahren waren wir ein ganz anderes Büro und auch ganz andere Leute. Ich bin überrascht, was wir erreicht haben, und beeindruckt vom Ergebnis. Das war auch etwas, was wir immer gemacht haben: Wir haben versucht, uns zurückzunehmen, das Gegenteil von Stararchitekten zu sein, und am Ende ist das Ergebnis grossartig. Dies war von Anfang an immer ein Projekt, auf das sich niemand wirklich einlassen wollte. Wie gesagt, auf dem Papier schien es zum Scheitern verurteilt. Wenn man es jetzt real vor sich sieht, ist es ein Erfolg. Die heikle Natur des ganzen Prozesses war für uns manchmal wirklich schwierig, aber ich denke, das ist auch das Schöne daran.

N Hans, Miquel, könnt ihr mir die Baustelle zeigen?

M Hier kannst du die Transformation sehen, die erfolgt ist, die Renovierung. Tatsächlich werden wir jetzt das Gebäudeinnere im Detail durchgehen, denn von aussen sieht man nicht so besonders viel. Da gibt es zwei hauptsächliche Themen: Das neue Programm, also das Kulturzentrum, und den Durchgang zum Rhein. Die Diskussion in Basel ging in den vergangenen vierzig Jahren immer darum, wie man von diesem grossen öffentlichen Platz, dem Hof der Kaserne, eine Passage von urbanem Massstab zum Rhein schaffen könne, als einem weiteren wichtigen öffentlichen Raum.

N Wird es seine visuelle Verbindung vom Hof zum Rhein geben? Werde ich Wasser sehen, wenn ich hier im Hof stehe?

H Nein, du wirst kein Wasser sehen, aber das Gebäude wird viel transparenter, als es vorher gewesen ist, weil wir es praktisch entkernt haben. Es sind also einige Wände verschwunden, was bedeutet, dass man zu einigen Tageszeiten sieht, wie das Licht durch-

it's a success. The delicate nature of the whole process was really difficult for us at times, but I think that's the beauty of it.

N Hans, Miquel, could you show me around the construction site?

M Here you see the transformation that's been going on, the renovation. In fact, we're going to go through the inside in detail now, because you don't see that much from the outside. There are two main topics: the new programme, which is the cultural centre, and the passage to the Rhine. The discussion in Basel over the last forty years has always been about how to create a passage on an urban scale from this major public space, the courtyard of the Barracks, to the Rhine, another major public space.

N Will there be a visual connection from the courtyard to the Rhine? Will I see water when I'm standing here in the courtyard?

H No, you won't see the water, but the building will be much more transparent than it was before, because we've effectively emptied it out. So some of the walls are gone, which means you'll see the light coming through at certain times of day, especially if you're standing further away. And we didn't just do one connection or one opening; we decided to make multiple connections because we wanted to give the building porosity. So we created an opening on the left-hand side, a large opening conceived at the scale of the city. It's an urban passage. It's going to be open twenty-four seven. And on the right-hand side we used an existing passage that's reactivated and controlled through a patio area.

N Controlled in what sense?

H Meaning the gates will be closed at certain times of day. And it'll be the local community that decides on that, because this side of the patio has the mosque on one side and the kindergarten on the other. So you get these two different public elements – a place of worship and a place for kids – and you merge them together into a place for the community. That's what these two things have in common: they're for the community, not for an elite. So you'll just see your average citizens coming and going here: Muslims, kids, parents and so on.

M But it's functional at any time of day. You can cross this area at any time of day. There's never ever going to be that dead end that people in Basel are used to.

H You can enter the courtyard from both corners. You can take the shortest route, entering the courtyard from outside. And from the other direction there are actually two new entrances – with this new route you go around the building, but you can also go down to the right, which is another small element where you can enter and pass through the building. And in the middle there you have the main passage, which we've actually called the plaza. The idea is that it's not only a passage but also becomes a public space. It's open to everybody as a point of access during the day, but

Drei Hohlräume markieren die wichtigsten baulichen Eingriffe / Three voids showing the main interventions

dringt, besonders wenn man weiter weg steht. Und wir haben nicht nur eine Verbindung oder eine Öffnung gemacht, sondern uns für mehrere Verbindungen entschieden, die dem Gebäude Durchlässigkeit verleihen. Wir haben also auf der linken Seite eine grosse Öffnung geschaffen, die sich am Massstab der Stadt orientiert. Das ist ein städtischer Durchgangsweg. Er wird rund um die Uhr geöffnet sein. Und auf der rechten Seite haben wir eine bereits existierende Passage genutzt, die reaktiviert und durch einen Terrassenbereich kontrolliert wird.

N   Kontrolliert in welchem Sinne?
H   In dem Sinn, dass die Tore zu bestimmten Tageszeiten geschlossen werden. Und darüber wird die lokale Community entscheiden, denn dieser Teil des Innenhofs hat die Moschee auf der einen Seite und den Kindergarten auf der anderen. Man hat hier also diese zwei verschiedenen öffentlichen Elemente – einen Ort für die Andacht und einen Ort für die Kinder –, und man verschmilzt sie zu einem Ort für die Gemeinschaft. Denn das ist es, was beiden gemeinsam ist: Sie sind Orte für die Gemeinschaft, nicht für die Elite. Hier sieht man also ganz normale Bürger kommen und gehen: Moslems, Eltern, Kinder usw.
M   Aber er funktioniert zu jeder Tageszeit. Man kann diesen Bereich zu jeder Zeit durchqueren. Es wird dort gewiss nie diese Sackgassensituation geben, wie sie die Menschen in Basel gewohnt sind.
H   Man kann den Innenhof von beiden Ecken her betreten. Man kann den kürzesten Weg nehmen und den Hof von aussen betreten. Und aus der anderen Richtung gibt es eigentlich zwei neue Eingänge – mit dieser neuen Wegeführung geht man um das Gebäude herum, aber man kann auch rechts hinuntergehen, was ein weiteres kleines Element darstellt, wo man das Gebäude betreten und durchqueren kann. Und in der Mitte haben wir den Hauptdurchgang, den wir eigentlich die Plaza nennen. Die Idee ist, dass dies nicht bloss ein Durchgang ist, sondern ein öffentlicher Ort wird. Als Zugang steht sie tagsüber jedermann offen, aber sie ist nicht bloss ein Raum zum Passieren, sondern ein Ort zum Verweilen. Das war vom Entwurf gar nicht verlangt worden, sondern wir haben es vorgeschlagen. Das ist der zusätzliche Wert. Es ist wichtig, dass jedes architektonische Projekt irgendeinen Mehrwert hervorbringt. Wir stellen uns diesen Raum als einen Ort vor, wo Menschen und Disziplinen sich treffen und zusammenfinden. Hier ist, wo Menschen, die das Gebäude nutzen, auf Menschen treffen, die das Rheinufer nutzen. Es war uns wirklich wichtig, nicht einfach bloss Eingänge zu gestalten, sondern einen Zugang auf ganz verschiedenen Ebenen zu schaffen. Und das haben wir mit einer ganz einfachen Geste getan: Wir haben alle Fenster bis zum Boden geöffnet, so dass die Erdgeschossfenster zu Türen werden. Und zwar alle – auf beiden Seiten. Und du kannst vermutlich sehen, was uns das Gebäude eigentlich sagt: Dies Fenster mag vielleicht noch ein Fenster sein, aber man kann sehen, wie seine steinerne Einfassung eigentlich bereits einen Türrahmen darstellt. Das Gebäude wollte immer schon so sein, konnte es als Kaserne aber nicht. Wir lassen das Gebäude nur das sein, was es immer schon sein wollte.
N   Also die Form dieser Türöffnung sieht genau gleich aus wie die dieser Fenster. Ich kann mich gar nicht mehr erinnern, was dort vorher war. Habt ihr die Form von dort drüben übernommen?
M   Dieser Teil war geschlossen. Da waren zwei geschlossene Türen, und es gab einen Eingang, ähnlich den Türen des Gebäudes, aber etwas grösser, der dort hindurchführte. Wir wollten

it's not just a place to pass through; it's also a place to stay. That wasn't something that was required of the design; it's something we proposed. That's the added value. It's important that each architectural project produces some kind of added value. We think of this space as the place where people and disciplines meet and intersect. This is where the people who use the building will meet people who are using the Rhine. For us it was really important not just to create entrances but to create access on different levels. And we did this with a very simple gesture: we opened up all the windows right down to the floor so all the windows on the ground floor become doors. All of them – on both sides. And you can probably see what the building was actually telling us: this window may still be a window, but you can see how this stone surround is already a door frame. The building always wanted to be that way, but as a barracks it couldn't be. We just let the building be what it always wanted to be.

N   So the shape of this doorway looks exactly like the shape of these windows. I don't remember what was there before anymore! Did you copy the shape from over there?
M   That section was closed off. There were two closed doors and there was a doorway similar to the doors of the building, but a bit bigger, which passed through there. Here we wanted to work on an urban scale, we wanted this passage to have the dimensions of the city.
H   There had to be some sort of gesture here. Of course, we could have demolished the connecting building, but it was also important to maintain that connection between the two buildings. This is an ensemble and it works as an ensemble; it needs to be a close unity but also a passage. We worked on different sizes; there was a discussion about size and another about the shape of the opening, of the arch. In the end we chose this arch because it's a very neutral form architecturally, it's a classic architectural form and it doesn't actually relate to any specific period. It's kind of neutral. It embeds with the rest of the architectural language. So to the untrained eye it will look as though it was always there.
M   But it's also interesting to the trained eye. This element here, the red frame, isn't stone – it's red concrete, and that's the structure we needed. So we've actually revealed the structure we needed. We've coloured the concrete the same colour as the stone so it becomes a new element for those who can see it and remains an existing element to those who can't. It's nice when things start to work on different levels of significance like that. Here we're trying to downplay the contrast between the old and the new, we're trying

Der neue öffentliche Durchgang vom Innenhof zum Fluss / New public passageway connecting the courtyard to the river

Im Gespräch / In Conversation

Am 12. Februar bitten wir um Ihre JA-Stimme, damit das Hauptgebäude der Kaserne saniert und für eine öffentliche Nutzung zugänglich werden kann.

Das Stadtbild erhalten – ein Wunsch vieler!
Das Kasernengebäude ist ein Wahrzeichen des Kleinbasels, gehört zum Basler Stadtbild und muss erhalten bleiben. Es ist aber 50 Jahre nach dem Auszug der Armee in einem erbärmlichen Zustand. Die Sanierung ist überfällig. Basel hat bereits viel in seine historischen Denkmäler investiert, jetzt darf auch einmal das Kleinbasel profitieren.

Die Kaserne öffnen – ein Gewinn für alle!
Quartier- und Kulturinstitutionen sowie gastronomische Angebote werden im sanierten Gebäude einen lebendigen Mix für unterschiedliche Bedürfnisse bieten. Zudem entstehen neue Durchgänge, welche die Kaserne zum Rhein hin öffnen. So wird aus dem bisher abgeschlossenen Innenhof ein lebendiger Stadtplatz. Übrigens: Herbstmesse und Tattoo können auch während der Renovation und nach der Sanierung stattfinden.

Für ein lebendiges Kasernenareal.
In historischen Gebäuden entsteht Neues: das Haus für Kultur, Quartier und Gastronomie ergänzt die bestehenden Angebote, passt zum bisherigen Charme und macht das Areal zu einem lebendigen Ort für Jung und Alt.

Jetzt die Chance nutzen!
Jahrzehntelang hat Basel über die Zukunft der Kaserne gestritten – ohne Resultat. Nun bieten Regierung und Parlament mit einem ausgewogenen Vorschlag endlich einen konkreten und guten Lösungsweg. Jetzt braucht es noch das JA in der Volksabstimmung. Ein Nein würde bedeuten, dass der Streit wieder von vorne losgeht und die Kaserne weiter verlottert. Billiger würde es nach einem «Nein» auf jeden Fall nicht.

So geht es mit dem Kleinbasel vorwärts.
Ein attraktives Kasernenareal ist ein Gewinn für das Kleinbasel und die ganze Stadt. Die renovierte Kaserne wird mit ihren neuen Angeboten eine positive Ausstrahlung haben und wichtige Impulse auch für das Quartier, für Läden und Gastronomie geben.

Deshalb bitten wir Sie um ein JA für die Sanierung des Kasernengebäudes und ein lebendiges Kasernenareal.

Die JA-Kampagne ist auf Spenden angewiesen – Danke! PC 40-22368-1

Laufend aktuelle Informationen auf www.prokasernenareal.ch oder www.facebook.com/jazurkaserne

Die Kaserne: Ein Haus für alle.

Wenn das Hauptgebäude der Kaserne endlich saniert wird, dann kann es ein „Haus für alle" werden. Die neue grosszügige Eingangshalle mit einem Zugang vom Rhein und vom Kasernenplatz her öffnet das Gebäude für das Publikum. Die breiten Korridore machen die Kaserne zu einem offenen Haus für vielfältige Nutzungen. Davon haben alle etwas: Die Quartierbevölkerung, Kulturinteressierte, Gäste der neuen Gastronomiebetriebe. Die Kaserne soll ein Begegnungsort für alle werden. Dieses lebendige Zentrum im Herz des Kleinbasels wird positiv in und weit über das Quartier ausstrahlen. Deshalb hat das JA eine breite Unterstützung gefunden – bei jung und alt, in „bürgerlichen" und in „alternativen" Kreisen, bei Läden und im Gewerbe, im Quartier und in der Stadt. Für diese Unterstützung danke wir – und hoffen jetzt auf die Unterstützung der Stimmbürgerinnen und Stimmbürger.

Philipp Cueni
Präsident Pro Kasernenareal

Komitee von Politikerinnen und Politiker für ein JA zur Sanierung der Kaserne.

Martina Bernasconi, Grossrätin FDP
Katja Christ, Parteipräsidentin u. Grossrätin glp
Anita Fetz, Ständerätin SP
Remo Gallacchi, Grossrat CVP
Thomas Grossenbacher, Grossrat Grüne
Patrick Huber, Einwohnerrat Riehen CVP
Oswald Inglin, Grossrat CVP
Danielle Kaufmann, Grossrätin SP
Sebastian Kölliker, Grossrat SP
Christian Moesch, Grossrat FDP
Heidi Mück, alt-Grossrätin Basta
Urs Müller, alt-Grossrat Basta
Ruedi Rechsteiner, Grossrat SP
Annemarie Pfeiffer, Grossrätin EVP
Caroline Schachenmann, Einwohnerrätin Riehen, EVP
Helen Schai, Grossrätin CVP
Lea Steinle, Grossrätin Grüne
Kerstin Wenk, Grossrätin SP

Folgende Personen empfehlen Ihnen ein JA zur Sanierung der Kaserne:

Peter **Bächle**, Drei E / Ruedi **Bachmann**, Ent-Stoh-loh / Peter **Bläuer**, LISTE Art Fair / Pierre **Felder**, ehem. Leiter Volksschulen BS / David **Cahn**, Galerist / Tiziana **Conti**, MLaw / Andreas **Courvoisier**, Stadtentwicklung / Stevie **Fiedler**, Grafiker / Eugen **Fischer**, ehem. Appellationsgerichtspräsident / Christoph **Gantenbein**, Architekt, SIA / Stephan **Gassmann**, Leiter Planungskoordination, Drei E / Thomas **Gelzer**, Anwalt / Rudolf **Grüninger**, Ex-Grossratspräsident, Drei E / Claudia **Güdel**, Modedesignerin / Stella **Händler**, Filmproduzentin / Eric **Hattan**, Künstler / Fritz **Hauser**, Musiker / Balz **Herter**, Drei E / Jacques **Herzog**, Architekt, Herzog & de Meuron / Christian **Heydrich**, Kunsthistoriker, Restaurator / Dorothee **Huber**, Architekturhistorikerin / Klaus **Hubmann**, Stiftungsrat & Geschäftsführer Stiftung Habitat / Ambros **Isler**, Arzt, Ges. zum Bären / Fritz **Jenny**, Jurist / Bertrand **Jungo**, Generaldirektor Manor / Heinz **Käppeli**, Präsident Verein Landhof, Drei E / Tanja **Klein**, Modedesignerin «kleinbasel» / Tino **Krattiger**, Kulturveranstalter / Liselotte **Kurth-Schläpfer**, ehem. Rektorin Schulen Riehen u. Bettingen / Christoph **Lachenmeier**, Anwohner, Malermeister / Franz-Xaver **Leonhard**, Hotelier, Gastronom, Krafft / Ralph **Lewin**, Ökonome, alt Regierungsrat / Martin **Lüchinger**, Verwaltungsrat Theater Basel / Bruno **Mazzotti**, ex Grossratspräsident / Claudio **Miozzari**, Kulturstadt Jetzt / Meinrad **Morger**, Architekt, BSA / Thomas U. **Müller**, alt Gemeinderat Bettingen / Andreas **Nidecker**, Dr. med. / Boris **Nikitin**, Theaterregisseur / Andrea **Otto**, Riviera, Reh4 / Ueli **Ryser**, Quartieraktiv Matthäus / Carena **Schlewitt**, Kaserne Basel / Anita **Schmid**, Anwältin / Barbara **Schneider**, Sinfonieorchester Basel, ex-Regierungsrätin / Annette **Schönholzer**, Kaufm. Direktorin Kunstmuseum Basel / Peter **Schuler**, Dipl. Ing. ETH, Drei E / Hans Georg **Signer**, Präsident LiteraturBasel / Irène **Thiriet**, Anwohnerin / Anna **Thommen**, Filmregisseurin / Black Tiger, Musiker / Elio **Tomasetti**, Gewerbeunternehmer / Anita **Treml Nidecker**, Fischerstube und Ueli Bier / Georg **Vischer**, Dr. theol. / Tony **Vischer**, Vischer Immobilien Kleinbasel / Christoph **Wamister**, Präsident Heimatschutz / Hugo **Wick**, Arzt, alt-Nationalrat / Stefan **Wehrle**, Anwalt, Präs. Bürgerrat, Drei E / Christian **Zehnder**, Musiker

Der Grosse Rat hat der Vorlage mit 58 : 33 Stimmen deutlich zugestimmt. Folgende Parteien haben sich für ein JA zur Sanierung der Kaserne ausgesprochen:

ANZEIGE

Die SP sagt beherzt JA zur Kaserne!
Die Renovation der historischen Kaserne ist dringend. Und die Öffnung des Gebäudes für die Öffentlichkeit macht Basel zu einer lebendigeren Stadt. Es ist an der Zeit, im Kleinbasel endlich ein starkes Zeichen für die Lebensqualität, die Kultur und für das Quartier zu setzen.

»Ein Hauptbau mit vielseitiger kultureller Nutzung als Impuls für das ganze Areal.«
Sebastian Kölliker, designierter Grossrat SP BS, Kulturstadt Jetzt

»Das Denkmal Kaserne benötigt schon lange eine nachhaltige Sanierung.«
Danielle Kaufmann, Grossrätin SP BS

ANZEIGE

Im Gespräch / In Conversation

Wer kann den zentralen Durchgang benutzen?
Der zentrale Durchgang ist ein öffentlicher, gedeckter Platz, der konsumfrei ist und für jede und jeden zugänglich gemacht wird.

Wie wird der Kasernenhof mit dem Rhein verbunden?
Das bisher zum Rhein hin geschlossene Kasernenareal wird über drei Zugängen geöffnet.

Wie gross ist der neue seitliche Durchgang?
Der Durchgang ist sieben Meter hoch und acht Meter breit, doppelt so gross wie die Durchgänge der Basler Stadttore.

Sind die Durchgänge auch bei Nacht geöffnet?
Der seitliche Durchgang ist 24 Stunden passierbar. Der zentrale Durchgang ist während den Betriebszeiten vom Gebäude geöffnet. Voraussichtlich sieben Tage in der Woche von 7.00 Uhr bis 24.00 Uhr.

Wo ist der dritte Durchgang?
Im Norden zwischen Hauptbau und Spielestrich wird der bestehende Durchgang aktiviert und geöffnet. Eine neue Treppe ermöglicht es, durch das bestehende Tor vom Klingentalgraben auf den Kasernenplatz zu gelangen.

Wie kommt man mit einem Rollstuhl oder Kinderwagen vom Rhein zum Platz?
Im zentralen Durchgang gibt es einen Lift, der die verschiedenen Ebenen miteinander verbindet und öffentlich zugänglich ist.

Kann das Tattoo auch während und nach dem Umbau stattfinden?
Das Tattoo wird während und nach dem Umbau stattfinden können. Der Umbau gefährdet die Durchführung des Tattoos nicht.

Können die bestehenden Veranstaltungen wie Tattoo, Herbstmesse oder Openair auch während und nach dem Umbau stattfinden?
Die bestehenden Veranstaltungen können während und nach dem Umbau stattfinden. Der Umbau gefährdet die Durchführung der Veranstaltungen nicht.

Wird der Verbindungsbau zwischen Klingentalkirche und Hauptbau abgebrochen?
Nein, der Verbindungsbau bleibt bestehen und der Durchgang wird aus dem bestehenden Gebäude ausgeschnitten. Die Kaserne bleibt als Ensemble erhalten.

Ist die Nutzung des Hauptbaus definiert?
Die neuen Nutzungen des Hauptbaus sind klar definiert. Die Nutzer sind hingegen noch nicht definiert; es ist eine Ausschreibung vorgesehen (zum Beispiel für die Gastrobetriebe oder für die Projekträume).

Was sind die vorgesehenen Nutzungen, die im Hauptbau ihren Platz finden sollen?
Ein öffentlicher, gedeckter Platz (Plaza), ein Restaurant, eine Buvette, eine Skybar, ein Saal (für Theater, Performance, Vorträge und Bankett (200 Sitzplätze, 300 Stehplätze)), ein Proberaum, ein Co-Working Raum, 14 Projekträume, ein Fest und Seminarraum (100 Personen), ein Wohnstudio, ein Pop-up Store, ein Ladenlokal, Büroräume für die Kaserne, ein Raum für die Moschee, ein Raum für den Ruderclub, ein Raum für die Fähre und Lagerflächen.

Was sind Projekträume?
Projekträume sind flexibel nutzbare Räume, die für einen kürzeren oder längeren Zeitraum gemietet werden können wie beispielsweise für Seminare, Workshops, Kurse oder als Arbeitsraum für spezifische Projekte.

Können der Ruderclub und die Fähre im Hauptbau bleiben?
Der Ruderclub und die Fähre erhalten wie bisher im Hauptbau je einen Platz.

Bleibt das Erscheinungsbild der Kaserne erhalten?
Das Erscheinungsbild und die Kaserne als Ensemble bleiben erhalten. Die Eingriffe an der Fassade begrenzen sich auf das Vergrössern der Fenster im Erdgeschoss nach unten hin, auf den neuen Eingang auf der Rheinseite sowie auf den seitlichen Durchgang.

Welche Räume können von den Bewohnern der Stadt gemietet werden?
Es können die Projekträume, der Fest- und Seminarraum sowie der Saal für Events gemietet werden. Auch stehen der Showroom und der Pop-up Store zur Miete zur Verfügung.

Ist der Umgang mit dem historischen Bau angemessen?
Das Erscheinungsbild des Gebäudes, sei es vom Rhein oder vom Platz hergesehen, bleibt bestehen. Das Projekt wurde in enger Zusammenarbeit mit der Kantonalen Denkmalpflege entwickelt. Der Heimatschutz hat sich positiv zu dem Umbau geäussert.

Sind die Umbaumassnahmen zu wenig oder zu viel?
Es gibt viele Stimmen in der Stadt, die sich zu dem Projekt äussern. Einige wollen alles abbrechen, andere möchten lieber nichts verändern. All diese Stimmen wurden angehört und das Projekt gibt die angemessene Antwort darauf. Es ist keine Kompromisslösung, sondern eine Synthese der Diskussion, die seit 50 Jahren stattfindet.

Was ist für das Kleingewerbe vorgesehen?
Es sind ein Showroom und ein Pop-up Store vorgesehen, wo das Kleingewerbe Produkte präsentieren und verkaufen kann. Gleichzeitig sind die Räume technisch so eingerichtet, dass es möglich ist, gewisse Projekte zu empfangen, die in dieser Branche tätig sind wie zum Beispiel Schneider, Schmuckhersteller, usw..

Was bietet mir der Umbau als Quartierbewohner?
Der Umbau bietet einen neuen öffentlichen, konsumfreien, gedeckten Platz, der das ganze Jahr über für alle Besucher zugänglich ist. Als Quartierbewohner kann ich mich dort verabreden, Zeitung lesen oder einen Café trinken. Zudem ist es möglich, den Festsaal im Nordturm sowie den Saal für eine Veranstaltung zu besuchen oder diese selbst zu mieten, zum Beispiel für eine Hochzeit oder ein Bankett. Im Sommer kann man die neuen Terrassen auf der Rheinseite oder auf der Platzseite geniessen sowie die Panoramaaussicht auf der Terrasse der Skybar.

Verliert das Gebäude durch den Umbau an Nutzfläche?
Um den neuen zentralen, öffentlichen gedeckten Platz sowie den Saal zu schaffen, werden 500m² benötigt. Gleichzeitig ermöglichen die neue Erschliessung und das neue Brandschutzkonzept, dass 400m² Gang in Nutzfläche umgewandelt werden können. Zusätzlich werden im Untergeschoss 600m² neu unterkellert. Durch das Dämmen des Dachgeschosses können 600m² neu genutzt werden. Somit generiert das Umbauprojekt einen Nutzflächengewinn von 1 100m².

UMBAU UND SANIERUNG DES KASERNENHAUPTBAUS
FRAGENBEANTWORTUNG
FOCKETYN DEL RIO

Im Gespräch / In Conversation

hier im städtischen Massstab arbeiten, wir wollten, dass dieser Durchgang den Dimensionen der Stadt entspricht.

H Hier bedurfte es einer Art Geste. Natürlich hätten wir den Verbindungsbau abreissen können, aber es war auch wichtig, den Zusammenhang zwischen den beiden Gebäuden zu erhalten. Dies ist ein Ensemble, und es funktioniert als Ensemble; es muss eine enge Verbindung geben, aber auch eine Passage. Wir haben mit verschiedenen Dimensionen gearbeitet. Es gab eine Diskussion über die Grösse und eine andere über die Form der Öffnung, des Bogens. Am Schluss haben wir diesen Bogen gewählt, weil er architektonisch betrachtet eine sehr neutrale Form darstellt. Es ist eine klassische architektonische Form, und sie bezieht sich eigentlich auf keine bestimmte Epoche. Sie ist irgendwie neutral. Sie fügt sich in die übrige Architektursprache. Für das ungeschulte Auge wird sie so aussehen, als sei sie immer schon dagewesen.

M Aber sie ist auch für das geschulte Auge interessant. Dies Element hier, der rote Rahmen, ist kein Stein – es ist roter Beton, und es ist die Struktur, die wir hier benötigten. Wir haben also tatsächlich die Struktur freigelegt, die wir gebraucht hatten. Wir haben dem Beton die gleiche Farbe gegeben wie dem Stein, so dass er für diejenigen, die es sehen können, zu einem neuen Element wird, und für diejenigen, die es nicht sehen, ein bestehendes Element bleibt. Es ist schön, wenn die Dinge anfangen, in dieser Art auf verschiedenen Bedeutungsebenen zu funktionieren. An dieser Stelle versuchen wir, den Kontrast zwischen Alt und Neu herunterzuspielen, wir versuchen, im Dialog und in einer Kontinuität zu arbeiten. So gehen wir in einer respektvollen Weise mit dem Gebäude um.

H Diese Öffnungen, die bis zum Boden reichen, werden künftigen Nutzern die Möglichkeit geben, den Raum vor dem Gebäude zu aktivieren. Es entsteht also nicht bloss eine Fassade zum Kleinbasel. Auf der rechten Seite wird es ein Café geben und auf der linken vermutlich irgendeine Organisation oder Institution. Sie werden einziehen und den Aussenraum nutzen. Ich bin überzeugt, dass dieser Bereich voller Menschen und Aktivitäten sein wird. Er ist perfekt – man hat am Nachmittag Schatten und morgens die aufgehende Sonne von Osten. Wir betreten das Gebäude jetzt also durch den Haupteingang, wo der wichtigste öffentliche Bereich sein wird. Dies wird die Plaza werden, die einen der Durchgänge durch das Gebäude bildet. Und hier sind nicht nur Stufen – dies ist auch ein Ort, um sich aufzuhalten und Zeit zu verbringen. Die Dimensionen erlauben das: Der Raum hat eine gewisse Weite und ist drei Stockwerke hoch. Und natürlich werden diese Orte von verschiedenen Nutzern aktiviert. Es wird ein Café mit Verkauf zu beiden Seiten geben, innen wie aussen. Die Öffnung zum Rhein musste wegen der bestehenden Architektur relativ niedrig sein, so dass wir damit in die Breite gegangen sind. Diese Türen können im Sommer vollständig geöffnet werden, so dass die Innen- und Aussenräume gut miteinander verbunden sind.

M Das Überraschende ist hier, dass die inneren Wände, die zum Rhein orientiert sind, zur Fassade des Gebäudes werden: Die Öffnung ist so gross und so transparent, dass man das Glas nicht sieht, wenn man aussen steht – man sieht die Wand im Inneren und die neue Banksituation, die wir dort geschaffen haben.

N Der Niveauunterschied ist signifikant – ihr habt ein natürliches Auditorium geschaffen.

M Die Idee ist, dass dies nicht nur ein Durchgangsraum ist, sondern ein Ort um sich aufzuhalten.

---

to work in dialogue and continuity. That's how we address the existing building in a respectful way.

H These openings, which extend right down to the floor, will give future users the opportunity to activate the space in front of the building. So it doesn't just create a facade towards Kleinbasel. On the right-hand side there'll be a café and on the left there'll probably be some organization or institution. They'll be able to move in and use this outdoor space. I'm convinced that this area's going to be full of people and activity. It's perfect – you have shade in the afternoon and the sun coming up from the east in the morning.

So we're now entering the building through the main entrance, which is going to be the main public area. This will be the plaza, which is one of the passages through the building. And it's not just stairs – it's also a place to stay and spend time. The dimensions allow for that: it has a certain width and it's three storeys high. And of course these places are activated by different users. There's going to be a café with outlets on both sides, inside and outside. The opening towards the Rhine had to be relatively low because of the existing architecture, so we went for width. These doors can open up completely in the summer so that the interior and exterior spaces are well connected.

M What's surprising here is that the interior walls facing the river become the facade of the building: the opening is so large and transparent that when you're standing outside you don't see the glass as the facade – you see the wall inside and the new bench situation we've created there.

N The level difference is significant – you've created a natural auditorium.

M The idea is that this space is not just a passage, it's a place to be. The stairs are the space, in the tradition of the baroque stairway. That's what happens when you look at the opera house in Paris: the stairs take up the whole space because they're not just made for climbing; they're also made for hanging around and talking to people. They become a place to see and be seen.

N How have you dealt with the fire escapes?

H We've already mentioned the windows opening like doors. An important part of the concept is that all of

Das schiere Raumvolumen der Plaza ist trotz der Gerüste erkennbar / The sheer volume of the airspace is evident despite the scaffold in the plaza

Die Treppe bildet diesen Ort, in der Tradition barocker Treppenanlagen. Das wird einem klar, wenn man die Pariser Oper anschaut: Die Treppen nehmen den ganzen Raum ein, weil sie nicht bloss zum Emporsteigen gemacht sind; sie dienen auch dem Verweilen und dem Gespräch der Leute. Sie werden zu einem Ort des Sehens und Gesehen-Werdens.

N Wie seid ihr mit den Notausgängen umgegangen?
H Wir haben ja bereits die Fenster erwähnt, die sich wie Türen öffnen lassen. Ein wichtiger Teil des Konzeptes ist, dass alle diese Türen als Notausgänge dienen. Zukünftig werden also alle Nutzer die maximale Flexibilität haben, was die Personenzahlen und entsprechenden Brandschutzbestimmungen angeht.

Übrigens, diese Stufen, die die Treppe bilden, sind wie Bänke: Sie sind tief und erlauben einem, in unterschiedlicher Haltung zu sitzen. Und dann gibt es hier noch eine Bank an der Seite. Die Idee ist, dass dieser Raum – so wie er ein Ort zum Hindurchgehen, zum Verweilen, um etwas zu trinken, ist – auch für kleinere Veranstaltungen genutzt werden kann.

N Wer entscheidet darüber, was für Veranstaltungen hier stattfinden können?
M Die Organisation, die das Gebäude betreibt, gemäss ihrem eigenen Interesse. Es ist ein fantastischer Ort, um Veranstaltungen verschiedener Art abzuhalten. Aber das ist das Schöne und das Gefährliche an öffentlichen Räumen: Der Architekt entscheidet nicht darüber, was dort passiert. Der Architekt schafft Möglichkeiten – es ist der Nutzer, der sie umsetzt. In diesem Fall gibt es hier eine grosse Leerstelle, denn der Nutzer ist nie festgelegt worden. Das Gebäude wird seinen künftigen Nutzern als ein Feld der Möglichkeiten übergeben, aber wir wissen nicht, wer diese Nutzer sein werden. Sie werden es mit neuen Augen sehen und etwas daraus machen müssen. Das war immer eine sehr heikle, herausfordernde und amüsante Situation für uns. Wir hatten es nie wirklich mit einer Nutzung im Sinne eines «form follows function» zu tun. Es gab in diesem Fall meistens keine Funktion. Daher lautete das Konzept von Anfang an, dass das Gebäude ein «Palast des Vergnügens» werden würde – wir mussten einen Palast schaffen, wo alles passieren könnte, weil wir nicht genau wussten, was passieren würde. Man könnte auch sagen, «function follows form», oder man könnte von einer Art «Nachhaltigkeit der Form» sprechen, wo eine Form zu einer anderen upgecycelt wird.

H Nun, die Nutzung war immer mehr oder weniger festgelegt, nur nicht die Nutzer. Wir haben also für bestimmte Nutzungsarten geplant, aber nicht mit den endgültigen Nutzern. Das war eine Herausforderung, gab uns aber auch viel Freiraum. Der Wettbewerb war sehr offengehalten, so dass wir als Architekten viel von unserer eigenen Vorstellung in das Projekt einbringen konnten, was es umso befriedigender gemacht hat.

N Miquel, wo kommst du ursprünglich her, und was hat deine Sicht der Kaserne geprägt?
M Ursprünglich komme ich aus Barcelona, wobei die Frage der Herkunft für uns immer sehr präsent gewesen ist, denn meine Mutter stammt aus Kolumbien. Wir sind in Barcelona in einer ziemlich bescheidenen und schlichten Umgebung aufgewachsen; wir sind in die örtliche Schule gegangen und so weiter. Auf der anderen Seite stammt meine Familie in Kolumbien aus einem eher gebildeten Umfeld, so dass ich immer das Gefühl hatte, zwischen zwei Welten zu stehen.

these doors also serve as fire escapes. So in future all users on the ground floor will have maximum flexibility in terms of the numbers of people they can accommodate and the corresponding fire regulations. By the way, these steps that make up the stairway are like benches: they're deep and they allow you to sit in different ways. Then there's a bench to the side here. The idea is that this space – as well as being somewhere to pass through, hang around or stop for a drink – can also be used to host small events.

N Who chooses the type of event that can happen here?
M The organization that runs the building, in their own interest. It's a fantastic place to organize different events. But that's the beauty and the danger of public spaces: the architect doesn't decide what happens. The architect creates possibility – it's the user who makes it happen. In this case there's a broad gap because the user was never defined. The building will be given to its future users as a field of possibilities, but we don't know who those users are going to be. They will have to look at it with new eyes and make something of it. This was always a very delicate, challenging and fun situation for us. We were never really confronted with use in the sense of the saying 'form follows function'. In this case we didn't have a function most of the time. So the concept from the very beginning was that the building would be a 'palace of fun' – we had to create a palace where anything could happen, because we didn't know exactly what would happen. You could also say that 'function follows form', or you could talk of some kind of 'formal sustainability' where one shape is upcycled on another.

H Well, the use was always more or less defined, just not the user. So we planned for certain uses, but not with the final user. It was a challenge, but it also gave us a lot of room for manoeuvre. The competition was very open, so as architects we were able to bring a lot of our own vision to the project, which actually made it all the more satisfying.

N Miquel, where do you originally come from and what informed your vision for the Barracks?

Schon früh im Bauprozess zeigten sich die taktilen Qualitäten des roten Betons / The tactile qualities of the red concrete were revealed early on in the construction process

Im Gespräch / In Conversation

Insofern ist es nicht gelogen, wenn ich sage, ich käme aus Barcelona, aber es ist auch nicht die ganze Wahrheit. Wie auch immer, unsere Sicht auf das Gebäude war deutlich von diesem mediterranen Hintergrund und seiner Kultur der dicht besiedelten Städte mit starken öffentlichen Räumen beeinflusst.

N Und wo hast du Architektur studiert?

M Auch in Barcelona, an der staatlichen Universität. Auch dort war ich immer eine Art Aussenseiter, aber gleichzeitig habe ich es immer geschafft, Teil der Architektenszene zu sein. Ich bin gut mit den Dozenten zurechtgekommen, und einige haben mir Gelegenheiten verschafft, mit ihnen zu arbeiten. Mehr oder weniger so bin ich mit dem Beruf in Berührung gekommen. Dann, mit dreiundzwanzig, habe ich mir gesagt: Also schön, seien wir ehrlich. Du bist dreiundzwanzig, lebst immer noch bei deinen Eltern und hast noch nie einen richtigen Job gehabt. Bist du dir sicher, dass du der coole Typ bist, für den du dich immer gehalten hast? Und da wurde mir klar, dass ich vielleicht nicht dieser «coole Typ» war. Ich beschloss also ein Erasmus-Jahr zu machen. Ich bewarb mich für ein spanisches Stipendium, das von der Architekten-Bank ausgeschrieben wird. Sie vergeben zehn Stipendien pro Jahr. Jedes Stipendium finanziert ein sechsmonatiges Praktikum in einem Architekturbüro in Spanien oder anderswo in Europa. Sie fragen die Studenten, wo sie arbeiten wollen, und treffen aufgrund dieser Umfrage Absprachen und führen einen Wettbewerb durch. Ich wurde zu Herzog & de Meuron geschickt, und so bin ich nach Basel gekommen. Auch Hans habe ich so kennengelernt.

N Wie seid ihr zwei euch zum ersten Mal begegnet?

M Vermutlich im Büro.

N Bei Herzog & de Meuron?

M Ja.

N Wie bist du nach Basel gekommen, Hans?

H Auch bei mir war es ein bisschen abenteuerlich. Ich wurde in Belgien geboren und habe dort gelebt, bis ich neun war. Meine Eltern sind 1985 ausgewandert. Wir sind nach Genf gezogen, wo ich eigentlich aufgewachsen bin. Ich bin dort zur Schule gegangen und habe mich für die Architektur entschieden. Ich bin also nach Lausanne gegangen, um dort zu studieren. In dieser Zeit war die Architekturszene in der Deutschschweiz schon ziemlich heiss, und Basel entwickelte sich bereits zum Mekka der Schweizer Architektur. Nachdem ich mein Vorstudium bei Martin Steinmann in Lausanne absolviert hatte, beschloss ich, mir einen Praktikumsplatz in Basel zu suchen, und das war mein erster Sprung ins echte Leben als Architekt. Es gefiel mir so gut, dass ich entschied, zwei Jahre lang Praktika zu machen. Nach einem Jahr bei Diener & Diener war OMA das Büro, für das ich mich am meisten interessierte. Bei Büros in Japan und Portugal habe ich mich auch beworben, hatte aber kein Glück. Schliesslich lud mich OMA ein zu kommen, und ich habe dann dort gearbeitet, wie ein Verrückter natürlich – ein weiterer Gefangener der Architektur, so wie alle. Aber es gab auch immer ein Element der Freiheit. Es war grossartig. In dieser Zeit gelang es mir, bei einem Projekt von Herzog & de Meuron einzusteigen, und ich habe dann zusammen mit denen gearbeitet. Dafür bin ich also nach Basel zurückgekehrt. Ich beschloss darauf, in Zürich weiter zu studieren, denn ich hatte schon in Genf, Basel und Lausanne gelebt und dachte, dass mir zwei Jahre in Zürich helfen könnten, zu entscheiden, wo ich mein Leben verbringen wollte. Es war wirklich interessant, eine Architekturfakultät mit einem anderen Ansatz

M Originally I come from Barcelona, but the origin question was always quite present for us, because my mother is from Colombia. We were raised in Barcelona, in quite a humble, straightforward environment; we went to the local school and so on. On the other hand, my family in Colombia is from a more educated background, so I always had this sense of being between two worlds. So it's not a lie to say that I come from Barcelona, but it's also not the whole truth. In any case, our vision for the building was clearly influenced by this Mediterranean background and its culture of dense cities with strong public spaces.

N And where did you study architecture?

M Also in Barcelona, at the public university. Again, I was something of an outsider there, but at the same time I always managed to be part of the architectural scene. I got on well with the teachers and some of them offered me the opportunity to work with them. That's more or less how I came into contact with the profession. Then, when I was twenty-three, I said to myself: Come on. Let's be honest. You're twenty-three, you still live with your parents and you've never really had a proper job. Are you sure you're the cool guy you thought you were? And then I realized maybe I wasn't that 'cool guy'. So I decided to do an Erasmus year. I applied for a Spanish grant that's awarded by the architects' bank. They award ten grants each year. Each grant funds a six-month internship at an architectural practice in Spain or elsewhere in Europe. They ask the students where they want to work, and from that survey they make agreements and run a competition. I was sent to Herzog & de Meuron, and that's how I came to Basel. It's also how I met Hans.

N Where did you two meet for the first time?

M Probably in the office.

N At Herzog & de Meuron?

M Yeah.

N How did you get to Basel, Hans?

H I also had a bit of an adventure. I was born in Belgium and lived there until I was nine. My parents emigrated in 1985; we moved to Geneva, which is basically where I grew up. I went to school there and decided to do architecture, so I went to Lausanne to study there. Around that time the architecture scene in the German-speaking part of Switzerland was already quite hot, and Basel was already becoming the Mecca of Swiss architecture. After doing my middle class with Martin Steinmann at Lausanne I decided to look for an internship in Basel, and that was my first jump into real life as an architect. I liked it so much, I decided to do two years of internships. After a year at Diener & Diener, the office I was most interested in was OMA. I applied to offices in Japan and Portugal as well, but didn't have any luck. In the end, OMA asked me to come and I ended up working there, like crazy, of course – another prisoner of architecture, like everybody. But there was always an element of freedom as well. It was great. At that point I managed to get on a project with Herzog & de Meuron and I ended up working together with them. So it was back to Basel for that. Then I decided to study in Zurich because I'd already lived in Geneva, Basel and Lausanne, and I thought living in Zurich for two years might help me decide where I wanted to spend my life. It was really interesting to see an architecture school with a different approach. After two years there I went back to Basel to work with Herzog & de Meuron.

N You don't remember exactly how you two met?

M I have some memories from the cafeteria, those famous breakfasts in the middle where every-

Im Gespräch

kennenzulernen. Nach zwei Jahren dort bin ich nach Basel zurückgekehrt, um bei Herzog & de Meuron zu arbeiten.
N Ihr wisst nicht mehr genau, wie ihr euch das erste Mal begegnet seid?
M Ich habe einige Erinnerungen an die Cafeteria, diese berühmten Frühstücke in der Mitte, wo sich alles versammelte. So ist es dann gekommen – auf eine natürliche Weise bei solchen Treffen –, aber auch ausserhalb des Büros, weisst du, die klassischen Partys und das Ausgehen im Allgemeinen. Das war um das Jahr 2004.
N Wo habt ihr nach Anregungen für das Kaserne-Projekt gesucht?
H Miquel nahm uns mit nach Barcelona, wo wir uns verschiedene Arten angesehen haben, Kulturzentren zu machen. Uns wurde klar, dass ein Kulturzentrum immer sehr spezifisch für die Stadt ist und für das politische Umfeld, das sich entscheidet, ein Kulturzentrum haben zu wollen.
N Traditionell haben wir in Europa eine sehr hierarchische Vorstellung davon, wer über die Bestimmung eines Raumes entscheidet. Ich war wirklich fasziniert, kulturelle Räume in Brasilien zu sehen, wo es zum Teil bloss mit einem schattenspendenden Dach beginnt, und das ist dann schon ein öffentlicher Raum. Ich habe ein Kulturzentrum besucht, das eigens klimatisierte Bereiche hatte, für die Eintritt erhoben wurde, aber der Hauptraum war einfach eine schöne, schattige Fläche. Es gab dort viel Platz. Man sah dort Kinder, die für ihre Theaterkurse lernten, andere, die ihren Rap probten, ein paar Obdachlose, die schliefen, und dann einige Omas, die in diesen grossen Hängematten strickten. Der Platz war gross genug, dass all das zur gleichen Zeit passieren konnte, sich überlappend und kreuzend, und natürlich stiessen einige Aktivitäten an die Grenzen dessen, was der Träger zu tolerieren bereit war. In Europa beginnen wir damit, dass wir überlegen, was an einem Ort geschehen soll, und dann schaffen wir den Raum entlang der Regeln, die diese Aktivität verlangt.
M In den 1960ern, als man erstmals zu diskutieren begann, was man mit der Kaserne machen sollte, entschieden sie sich, es «einfach geschehen zu lassen» – der Entwurf, der damals den Wettbewerb gewann, hiess sogar «ent-stoh-lo», was sinngemäss heisst: «lass es entstehen». Das Erste, was man braucht, um Kultur entstehen zu lassen, ist Raum. Wenn man erst einmal einen Raum hat, geschieht Kultur von allein. Das kann man auch an den Subkulturen sehen. Subkulturen brauchen Räume, um existieren zu können, und das ist der Grund, warum sie es derzeit in der Schweiz so schwer haben. Das ist der Geist dieses Ortes. Darum sind die Kaserne und das Gelände um sie herum überhaupt entstanden. Und ich glaube, unser Projekt hat es geschafft, sich während des ganzen Prozesses an dieses Konzept zu halten. Du hast diesen öffentlichen Raum in Brasilien erwähnt. Was dem in Basel am Nächsten kommt, ist das Rheinufer. Es ist einfach eine Fläche, die dort angelegt und mit marginalen Nutzungen belegt ist. Deshalb ist es so wichtig, dass sich die Kaserne öffnet und den Fluss, soweit es geht, hereinholt. Eine der wichtigsten Fragen, die wir in unserem Wettbewerbsbeitrag gestellt haben, war diese: Wo sind alle im Winter? Ich meine, wir wissen, wo die Leute im Sommer sind, aber wo sind sie im Winter? Das Problem ist, dass Basel ein Dach fehlt – ein Dach über einer klimatisierten Zone. Die Winter in Basel sind kalt, und es gibt bestimmte Dinge, die kann man draussen einfach nicht machen.

In Conversation

body gathers together. That's how it happened – in a natural way, in those meetings – but also outside the office, you know, the classic parties and going out generally. That was around 2004.
N Where did you look for inspiration for the Barracks project?
H Miquel took us to Barcelona, where we went to look at various ways of doing cultural centres. We realized that a cultural centre is always very specific to the city and the political environment that decides it wants a cultural centre.
N Traditionally in Europe we have a very hierarchical sense of who decides on the content of each space. I was really fascinated to see cultural spaces in Brazil, where it starts with just a roof for shade, and that's already a public space. I visited a cultural centre that had extra climate-controlled zones that were ticketed, but the main space was just a nice shaded area. There was a lot of space. You had kids studying for their theatre classes, others rehearsing their rap, a few homeless people sleeping, then some grandmas knitting in these big hammocks. The space was large enough to have all these things happening at the same time, overlapping and crossing, and of course some of the activities were pushing the limits of what the governing body was willing to tolerate. In Europe we start by thinking about what's going to happen in a space, then we create the space around the rules the activity needs.
M In the 1960s, when people first started talking about what to do with the Barracks, they decided to 'just let it happen' – the entry that won the competition back then was even called 'ent-stoh-lo' – which means something like 'let it happen'. The first thing you need in order to generate culture is space. Once you have space, culture happens by itself. You also see this in subcultures. Subcultures need spaces to exist, and that's why it's so hard for them in Switzerland right now. That's the spirit of this place. That's how the Barracks and the area around it came to exist. And I think our project has managed to hold onto this concept throughout the whole process. You mentioned that public space in Brazil. The closest thing to that in Basel is the riverbank. It's just a platform that's laid out and filled with marginal uses. That's why it's so important that the Barracks opens up and lets the river in as much as possible. One of the main things we asked in our competition entry was this: Where is everyone in the winter? I mean, we know where they are in the summer, but where are they in the winter? The problem is, Basel lacks a roof – a roof over a climatized zone. The winters in Basel are cold, and there are certain things you just can't do outdoors.
H It's probably easier in Brazil. You just build a roof and expect people to know what to do with it. But in Switzerland it's very difficult to explain to people that you're going to build something that's going to cost a certain amount of money, and though the use is more or less defined, there are no specified users. In the end, though, there was a referendum. People somehow understood the project and voted for it.
M That could only happen in Basel.
H I think there's a political culture that allows for it.
N And as you've said from the beginning, there was already this idea of an alternative centre associated with this place. You just took it to the next level.
M The plaza is going to be a very light space. It's all white. We're working with a render that's usually only used externally. It's called a 'Waschputz' or washed render. Once you've applied the render

Im Gespräch

H Das dürfte in Brasilien einfacher sein. Man baut ein Dach und erwartet von den Leuten, dass sie etwas damit anzufangen wissen. Aber in der Schweiz ist es sehr schwierig, den Leuten zu erklären, dass man etwas bauen wird, was eine gewisse Summe Geld kosten wird, für das es aber keine vorbestimmten Nutzer gibt, auch wenn die Nutzungsart mehr oder minder feststeht. Aber schliesslich gab es ein Referendum. Die Leute haben das Projekt irgendwie verstanden und dann dafür gestimmt.

M Das kann nur in Basel passieren.

H Ich glaube, es gibt eine politische Kultur, die das zulässt.

N Und wie ihr schon sagtet, von Anfang an verband sich die Idee eines alternativen Zentrums mit diesem Ort. Ihr habt sie einfach auf ein neues Niveau gehoben.

M Die Plaza wird ein sehr heller Raum werden. Sie ist gänzlich weiss. Wir arbeiten mit einem Putz, der normalerweise nur im Aussenbereich verwendet wird. Man nennt das «Waschputz». Sobald der Putz aufgetragen ist, nimmt man einen Schwamm und wischt darüber. Das bringt die Körnung zum Vorschein, und über die sichtbare Steinkörnung bringen wir ein leichtes Glimmern hinein. Das wird also ein Ort mit einem ausgeprägt repräsentativen Charakter. Viel von dem, was jetzt rot ist, wird weiss. Und dann wird es noch drei grosse Kronleuchter geben, die wir entworfen haben.

N Kronleuchter wie in der Moskauer U-Bahn?

M Ein bisschen gröber. Wir wollten ihnen etwas vom Charakter eines Aussenraums geben, obwohl es ein Innenraum ist – dadurch kann er als öffentlicher Raum gelesen werden.

H Dieses Gebäude ist eine Kaserne. Und es ist ein massives Gebäude. Die Wände sind einen Meter dick. Alles daran ist massig und rau. Es ist als ein Apparat gebaut worden, in dem Soldaten schlafen. Man muss das verstehen, um damit spielen zu können.

N Ich würde sehr gern sehen, wo die Wasserlinie ist. Es scheint, als wäre das Wasser ein wichtiger Faktor, um die Dramaturgie des Gebäudes, das Auditorium und die Kathedrale im Inneren zu verstehen.

M Basel ist in dieser Hinsicht sehr besonders. Wir haben es hier mit einer schmalen Baumreihe zu tun, die zwei getrennte Räume voneinander abgrenzt: einen, wo es in Ordnung ist, in Badekleidung herumzulaufen, und einen, wo man auf jeden Fall angezogen sein muss. Das ist ein gutes Beispiel dafür, wie öffentliche Räume mit sehr feinen Begrenzungslinien arbeiten. Man kann auf jener Seite der Strasse in einem Badeanzug laufen, aber man kann es nicht auf dieser. Na schön, man könnte, aber die Leute tun es einfach nicht.

H Wir werden auf der Plaza Leute mit Badekleidung haben.

M Ich bin gespannt, was an dieser Stelle mit der Badekleidungs-Linie passiert.

In Conversation

you take a sponge and wipe it. That reveals the grain, and seeing that stony grain lets us put a bit of glimmer inside. So this will be a place with a strongly representative character. A lot of what is now red will be white. And then we'll have three big chandeliers that we've designed.

N Chandeliers like in the Moscow subway?

M A bit rougher. We wanted to give them the character of an outdoor space even though it's an interior space – this allows it to be read as a public space.

H This building is a barracks. And it's a massive building. The walls are a metre thick. Everything is huge and rough. It was built as a machine for soldiers to sleep in. You have to understand that in order to play with it.

N I'd love to see where the waterline is. It seems like the water's an important factor for understanding the drama of the building and the auditorium and the cathedral inside.

M Basel is very specific on this. Here we're looking at a narrow line of trees that marks out two separate spaces: one where it's okay to be walking around in a swimsuit, the other where you really need to be dressed. It's a good example of how public space works with very fine lines. You can walk down that side of the of the street in a swimsuit, but you can't do that on this side. I mean, you could, but people just don't do it.

H We're going to have people in bathing suits in the plaza.

M I'm curious to see what's going to happen with the swimsuit line here.

H It won't hold – the café's gonna have good gelato.

N Are there free bathrooms?

H Yes, there are bathrooms. We also planned lockers for the swimmers to use, but they disappeared – we had to make some trade-offs at some point in the process. But all those little ideas were in the competition entry.

N Miquel, was Basel a different place when you first came to the city?

M I arrived in 2005, when the Basel promenade was beginning to appear and the city was just awakening from a long slumber. It was an urban awakening. People started to discover Basel as a place where you can hang around outdoors, on the riverside. So although I was quite new to the city, I was discovering it just as the people from Basel were rediscovering it.

N And you come from Barcelona, a city on the Mediterranean...

M ... where these things are normal.

N When did Barcelona start adapting its beach to more urban uses?

M Super late. That happened in 1992, and it was a similar thing: there was a political decision to make those spaces available to the public, with the Olympic Village. Previously, the restaurants had owned the beach, so you couldn't access it. I remember watching the news, with these big machines demolishing the cafés. It was a big deal. People were like, okay, where do we go for a beer now? But in the end they understood that no one was taking their space away – it was being given back to them.

N People from Basel say that hanging out on the riverside used to be a bit of a niche, alternative thing to do – it simply wasn't done.

H That's an interesting question for us, because the space was there twenty years ago. Why did people start thinking about it as a public space? Was it population density?

M I think the City of Basel handled it really well. The way they introduced these mobile bars called

Das Gebäude als Hintergrund für das Leben am Flussufer / The building as a backdrop to life on the river

Im Gespräch

H Die Linie wird aufbrechen – das Café wird gutes Gelato bieten.
N Gibt es frei zugängliche Toiletten?
H Ja, es gibt Toiletten. Wir hatten ausserdem Schliessfächer für die Schwimmer geplant, aber die sind weggefallen – wir mussten irgendwann auch einige Abstriche machen. Aber all diese kleinen Ideen waren im Wettbewerbsentwurf enthalten.
N Miquel, war Basel ein anderer Ort, als du zum ersten Mal in die Stadt gekommen bist?
M Ich bin 2005 angekommen, als die Basler Promenade zu entstehen begann und die Stadt gerade aus einem langen Schlummer erwachte. Es war ein kommunales Erwachen. Die Leute begannen Basel als einen Ort zu entdecken, wo man sich draussen aufhalten konnte, am Flussufer. Obwohl ich ganz neu in der Stadt war, entdeckte ich sie just, als auch die Leute aus Basel sie wiederentdeckten.
N Und du kamst aus Barcelona, einer Stadt am Mittelmeer ...
M ... wo diese Dinge normal sind.
N Wann hat Barcelona damit begonnen, seinen Strand für eher städtische Nutzungen anzupassen?
M Super spät. Das passierte 1992 und war eine ähnliche Angelegenheit: Es gab eine politische Entscheidung, diese Flächen der Öffentlichkeit zugänglich zu machen, zusammen mit dem olympischen Dorf. Vorher gehörte der Strand den Restaurants, so dass man ihn nicht betreten konnte. Ich weiss noch, wie ich in den Nachrichten sah, wie diese grossen Maschinen die Cafés abgerissen haben. Das war eine Riesensache. Die Leute haben erst mal gefragt, okay, wo können wir jetzt unser Bier trinken gehen? Aber am Ende haben sie verstanden, dass ihnen niemand ihren Ort weggenommen hat – er ist ihnen zurückgegeben worden.
N Menschen aus Basel erzählen, dass das Herumhängen am Flussufer eine eher nischenmässige, alternative Angelegenheit war – man hat es einfach nicht gemacht.
H Für uns ist das eine interessante Frage, denn der Ort war da vor zwanzig Jahren. Warum haben die Leute angefangen, ihn als öffentlichen Raum zu betrachten? War es die Bevölkerungsdichte?
M Ich finde, die Stadt Basel hat das gut hinbekommen. Die Art, wie sie diese Buvettes genannten mobilen Bars eingeführt hat, ist ein gutes Beispiel. Sie haben mit einer ganz Kleinen angefangen, und die Leute haben gesagt: «Schaut, das funktioniert wirklich gut. Lasst uns noch eine machen.» Und so haben sie eine weitere ans Ende des Promenadenstreifens gesetzt. Das hat auch funktioniert. Danach eine in die Mitte. Es stand definitiv ein politisches Programm hinter der Entwicklung.
H Das hat die Aufmerksamkeit auf den Rhein gelenkt. Indem sie das Rheinufer aktiviert und diese Aufmerksamkeit erzeugt haben, haben sie dem Rhein mehr Gewicht gegeben. Und das war der richtige Moment, um die Kaserne wieder in den Blick zu nehmen. Dieses Gebäude ist in starkem Masse Teil dieses Prozesses.
N Ich denke, in einer umfassenderen Perspektive müsste man auch das Hafenareal mit einbeziehen. Das war der nächste Bereich, den es zu entwickeln galt. Dies hier ist die Mitte. Man konnte den Hafen nicht entwickeln, wenn man diese Mitte nicht hatte. Und Basel wächst konstant, obwohl es durch die Grenzlage eingeschränkt ist. Insofern denke ich, dass hier strategische Regionalplanung in einem erweiterten Sinne eine Rolle spielt.
H An den meisten Stellen, wo wir neue Öffnungen geschaffen haben, mussten wir Betonstürze verwenden. Wir haben uns entschlossen, den Beton zu zeigen

In Conversation

buvettes is a good example. They started with a really small one, and people said: 'Look, it works really well. Let's do another one.' So they put another one at the end of the strip. That worked too. Then one in the middle. There was definitely a political programme behind that process.
H That drew attention to the Rhine. By activating the riverside and creating that attention, they gave more weight to the Rhine. And that was the right moment to take another look at the Barracks. This building is very much a part of that process.
N I think the bigger picture would also include the harbour area. That was the next area to be developed. This is the middle. You couldn't develop the harbour if you didn't have the middle in place. And Basel is constantly growing, though it's limited by the border situation. So I think there's a higher sense of strategic regional development here.
H In most places where we created new openings we had to use concrete lintels. We chose to show the concrete and give it a specific shape or colour. In the case of the main opening on the riverside we chose to do a very wide door to respect the facade of the building while also maximizing the opening and the visibility of the plaza. Here we gave the concrete lintel the shape of an arch to mark it out as an entrance using the language of the building, and we combined it with the rectangular shape of the door. It might look like an old geometry, but it's actually a new geometry. The surface we created is a wedge element with a double curvature. You don't usually see that in classical architecture.
M These things are important to us. We took the idea of the autonomy of the object from the art world, from minimalism. Each element comes with an autonomous geometry that responds to itself, an internal set of rules that are generated by the object and can be transposed onto other elements. In this case we've applied those rules to the door, but it could be jewellery or anything.
H It was so important to make it an arch. It was important to signal that this is the main entrance, because all the other entries on this facade are quite discreet. Then we had to do this massive structure to hold the building up. The width of the opening is huge.
M It's always very difficult to get a sense of how big things are. This door is huge, but you don't realize just how big it is because of the size of the building. You've probably never seen a doorway this big, but it looks natural in this context.
H At the centre we have double doors that you just walk straight through. That's the passage. The doors at either side are closed in the winter, but in the summer they fold, so the whole passage opens up.
M This is the dance rehearsal space. It's also called the 'swimming pool'.
N Could it be a nightclub?
H The idea is actually that you can close the pool area if you want, then you have access directly through these doors. There are different scenarios, but yes, in terms of the acoustics it ought to be possible to have parties here. The fantastic thing about this project is that there are so many different uses. Here we're planning a rehearsal space, but we're also planning a mosque just five metres above it.
M Let's have a look at the district heating room. This project meant completely rebuilding these controls, which was a huge effort. Where we're standing now was full of earth, and all these pipes used to go through to the other side. In order to make room for the plaza we had to relocate them, which meant excavating one floor down. So here you see that the building is actually the heat production machine for the whole

und ihm eine bestimmte Farbe oder Form zu geben. Im Falle des Haupteingangs auf der Flussseite haben wir uns für eine sehr breite Tür entschieden, um die Fassade des Gebäudes zu respektieren, während wir zugleich die Öffnung und die Sichtbarkeit der Plaza maximiert haben. Hier haben wir dem Betonsturz die Form eines Bogens verliehen, um ihn in der Sprache des Gebäudes als Eingang zu markieren, und wir haben ihn mit der rechteckigen Form der Tür kombiniert. Das mag wie eine alte geometrische Form aussehen, aber tatsächlich ist es eine neue. Die geformte Fläche, die wir geschaffen haben, ist ein keilförmiges Element mit einer doppelten Kurvatur. Das sieht man normalerweise nicht in der klassischen Architektur.

M Solche Dinge sind uns wichtig. Wir haben die Idee der Autonomie des Objekts aus der Kunstwelt übernommen, vom Minimalismus. Jedes Element verfügt über eine autonome Geometrie, die auf sich selbst reagiert, ein internes Set von Regeln, das von dem Objekt selbst generiert wird und auf andere Elemente übertragen werden kann. In diesem Fall haben wir diese Regeln auf die Tür angewendet, aber es hätte auch Schmuck oder sonst irgendetwas sein können.

H Es war so wichtig, dass es ein Bogen wird. Es war wichtig zu signalisieren, dass dies der Haupteingang ist, denn alle anderen Eingänge an dieser Fassade sind recht diskret. Zudem mussten wir diese massive Struktur schaffen, um das Gebäude abzustützen. Die Breite der Öffnung ist enorm.

M Es ist immer schwer, ein Gefühl dafür zu gewinnen, wie gross Dinge sind. Diese Tür ist riesig, aber wegen der Dimensionen des Gebäudes bemerkt man gar nicht, wie gross sie ist. Du hast wahrscheinlich noch nie eine Tür dieser Grösse gesehen, aber in diesem Kontext wirkt sie natürlich.

H In der Mitte haben wir Doppeltüren, durch die man einfach hindurchgeht. Das ist der Durchgang. Die Türen beiderseits davon sind im Winter geschlossen, aber im Sommer kann man sie einklappen, so dass der Durchgang sich auf ganzer Breite öffnet.

M Dies ist der Probenraum für den Tanz. Er wird auch der «Swimmingpool» genannt.

N Könnte er ein Nachtclub sein?

H Die Idee ist eigentlich, dass man den Poolbereich schliessen kann, dann hat man einen direkten Zugang durch diese Türen. Es gibt verschiedene Szenarien, aber ja, soweit es die Akustik betrifft, sollte es möglich sein, hier Partys zu feiern. Das Fantastische an diesem Projekt ist, dass es so viele verschiedene Nutzungsmöglichkeiten gibt. Hier planen wir einen Probenraum, aber nur fünf Meter darüber planen wir auch eine Moschee.

M Werfen wir einen Blick auf den Fernwärmeraum. Für dieses Projekt musste die Steuerung komplett umgebaut werden, was einen Riesenaufwand bedeutete. Wo wir jetzt stehen, war alles voller Erde, und all diese Rohre liefen früher durch zur anderen Seite. Um Platz für die Plaza zu schaffen, mussten wir sie verlegen, was hiess, hier eine Etage tiefer zu graben. Man sieht hier also, dass das Gebäude eigentlich der Wärmeproduzent für die ganze Umgebung ist: Die Wärme kommt von der Strasse her als Dampf und wird hier in für die Heizung benutzbares Warmwasser umgewandelt. Es soll ein Kulturzentrum sein, aber gleichzeitig muss es eine Maschine sein, die die ganze Umgebung mit Energie versorgt, und zwar im Wortsinn. Das Gebäude ist voller Widersprüche. Wir empfanden es als die beste Lösung, sie in das Projekt mit einzubeziehen, statt gegen sie anzukämpfen.

Probenraum mit Trockenbaurahmen unter Betonbalken / Rehearsal space with drywall frame below concrete beams

area: the heat comes in from the street as steam and is converted to usable hot water for the heating here. It's supposed to be a cultural centre, but at the same time it needs to be a machine that powers all of its surroundings, literally. The building is full of contradictions. We found the best solution was to incorporate them into the project rather than struggling against them.

M Now we'll take a look at the beautiful stairs, which also came quite early on in the project. They define some of the rules that we've also applied to the plaza and to the outside. A graphical representation that we used for our competition entry – round corners, common materials – became a physical thing that went on to define the new spaces we've created.

H You can see that we had to insert the stairs to create channels through the building. There's a very strict grid. If you don't keep to the grid, you create chaos. By staying within the grid we gave ourselves various dimensions. As you can see, the stairs dance between the two entrance halls. These round shapes were a graphic element from our competition entry. They became really useful as a geometrical solution for the actual building.

M And then we started to compress all these things again – the width, the height. It's like the connect-

Als ein komplexes Element der Infrastruktur versorgt das Gebäude seine ganze Umgebung mit Wärme / The building as a complex piece of infrastructure supplying heat to the whole area

Im Gespräch

M Jetzt sehen wir uns die schöne Treppe einmal an, die ebenfalls recht früh Teil des Projekts war. Sie gibt einige der Regeln vor, die wir auch auf die Plaza und den Aussenbereich angewendet haben. Eine zeichnerische Darstellung, die wir für den Wettbewerb verwendet haben – abgerundete Ecken, gemeinsame Materialien –, ist zu etwas Physischem geworden, das dann seinerseits die neuen Räume geprägt hat, die wir geschaffen haben.

H Du kannst sehen, dass wir Treppen einfügen mussten, um Bahnen durch das Gebäude zu schaffen. Es gibt ein sehr strenges Raster. Wenn man diesem Raster nicht folgt, produziert man ein Chaos. Indem wir uns an das Raster gehalten haben, haben wir uns verschiedene Dimensionen vorgegeben. Wie man sehen kann, tanzen die Treppen zwischen den beiden Eingangshallen. Diese runden Formen waren ein grafisches Element in unserem Wettbewerbsentwurf. Sie haben sich als eine wirklich nützliche grafische Lösung für das tatsächliche Gebäude erwiesen.

M Und dann haben wir angefangen, all diese Dinge wieder zu komprimieren – die Breite, die Höhe. Es ist wie die Verbindungspromenade auf der Plaza: Es wird ständig komprimiert und wieder in den Raum freigesetzt.

N Und ist dieses Treppenhaus öffentlich oder nur für die Gebäudenutzer?

M Das Treppenhaus auf der anderen Seite wird öffentlich sein, weil es der Zugang zur Skybar ist. Auf dieser Seite ist es eher ein privater Raum. Aber ich denke, die Idee des Gebäudes ist, dass die Leute es nutzen können, er wird also halböffentlich sein. Und überhaupt, das Fensterglas zu den verschiedenen Räumen bewirkt, dass sie immer einen irgendwie «öffentlichen» Charakter haben werden. Man wird immer hindurchsehen können. Ein weiterer schöner Umstand liegt in der Beziehung zu den bestehenden Fenstern, wodurch man ein Gefühl dafür gewinnt, wie gross das Gebäude ist. Man schaut ein Fenster an und denkt, es sei ein normales Fenster, aber wenn man sich ihm nähert, merkt man, dass man selbst glatt hineinpassen würde.

Jetzt sind wir in den künftigen Arbeitsräumen: Büros oder Ateliers. Wir springen im Moment von Räumen, die sich noch im Bau befinden, zu Räumen, die bereits fast fertig sind. Das aktuelle Finish kommt dem endgültigen Zustand nahe. Das war von Anfang an wichtig für uns: Wir wollten nicht zu stark restaurieren – wir wollten die Ehrlichkeit des Gebäudes zeigen. Wir sagten ja bereits, dass Kultur Räume braucht. Dieser Raum muss eine geringe Dichte besitzen. Dieser Wunsch nach Räumen von geringer Dichte ist der Grund dafür, dass wir versucht haben, sehr hochgradige Finishes zu vermeiden. Wenn man Kultur haben will, kann man die Leute nicht in perfekt ausgestaltete Räume setzen. Wir wollten immer so wenig wie möglich in die Arbeitsräume intervenieren; dies hier ist ja aufgrund seines Charakters als Kulturzentrum konzipiert worden: Es hätte keinen Sinn gehabt, es über das Notwendige hinaus zu verändern. Eines der heimlichen Ziele war bei dem Projekt immer, dass die Leute, die hier arbeiten, zurückkommen und sagen: «Hey, was haben die mit den vierzig Millionen gemacht? Es sieht noch genauso aus, wie ich es in Erinnerung habe.» Danach würden sie natürlich die Zusammenhänge erkennen und sich erinnern, wie es früher einmal war.

H Neulich habe ich zwei Leute durch das Fenster schauen sehen. Als sie zurücktraten, haben sie so etwas

In Conversation

ing promenade in the plaza: you're constantly being compressed and released into the space.

N And is this staircase public or just for the users of the building?

M The staircase on the other side will be public because it's the access to the sky bar. On this side it's more of a private space, but I think the idea of the building is that people can use it, so it will be semi-public. In any case, the glass to the different rooms means it's always going to have some kind of 'public' character. You'll always be able to see through. Another beautiful condition here is the relationship to the existing windows, which gives you a sense of how big the building is. You look at a window and you think it's a normal window, but when you approach it you realize you could actually fit inside it.

Now we're in what are going to be the work spaces: offices or studios. At the moment we're jumping from places that are still under construction to places that are nearly finished. The current finish in these rooms is close to the finished appearance. That was important to us from the very beginning: we didn't want to over-refurbish – we wanted to show the honesty of the building. We said earlier that culture needs space. That space also has to be low in density. This desire for low density spaces is the reason we've tried to avoid super high levels of finish. If you want culture, you can't put people in a perfectly finished room. We always wanted to intervene as little as possible in the work spaces; this was conceived as a cultural centre because of its character: it wouldn't have made sense to change it beyond what was needed. One of our secret aims for the project was that the people that work here would come back and say, 'Hey, what did they do with the forty million? It looks exactly like I remember it.' Then of course they'd see the connections and remember what it used to be like.

H Just the other day I saw two people looking in through the window. When they stepped back they said something like, 'Check this out – they've just put up some new lights!'

Diese originalen Böden wurden geschützt und verblieben während der ganzen Bauzeit an Ort und Stelle / These original floors were protected and left in place throughout construction

	gesagt wie: «Guck dir das an – sie haben bloss neue Lampen aufgehängt!»
M	Das ist, wie die Kaserne ausgesehen hat – und so wird sie bleiben. Die Fenster sind alle neu, aber für das ungeschulte Auge sind die Fenster immer noch Fenster. Die Tapete ist dieselbe, und der Fussboden wird derselbe alte Boden bleiben.
N	Dies war also der Bereich, der für Künstlerateliers genutzt wurde?
H	Hier war eine Grundschule und im obersten Stock eine Schule für Modedesign.
M	Das Gebäude birgt drei grosse «Luftballons»: Die Plaza, den Veranstaltungssaal und die überdachte Passage an der südlichen Ecke. Wir haben diese drei grösseren Räume geschaffen, um mit ihnen die Art und Weise, wie man das Gebäude betrachtet, völlig zu ändern. Sie sind die repräsentativen Räume, mit einem viel höheren Grad an Intervention und Veränderung als in den Arbeitsräumen.
H	Die Kaserne ist ziemlich einzigartig in Basel. Jeder weiss, dass die Stadt dieses Projekt hier macht. Zudem glaube ich, dass die Räume, die wir geschaffen haben, für Basel sehr neue Räume sind. Sie sind öffentliche Räume. In Basel – und das gilt für die meisten Schweizer Städte – hat man tendenziell keine grossen öffentlichen Plätze. Der Massstab dieser Plätze in der Schweiz bezieht sich auf die Grösse der Städte, und die Städte sind entweder kleine Grossstädte oder grosse Kleinstädte. Die Architektur der öffentlichen Gebäude und der öffentlichen Räume ist sehr zurückhaltend und bescheiden. Daher meinten wir, dass es so wichtig sei, diesen grösseren Massstab in das Gebäude zu bringen. Wir dachten, dass das am besten im Zentrum geschehen sollte. Wir haben einfach ein paar Geschosse herausgenommen, und der Platz war da.
M	Dieser Raum, der Veranstaltungssaal, ist durch die Zusammenlegung von acht Räumen entstanden, und das kann man an der Fassade gut sehen.
N	Ja, das wirkt ein bisschen wie eine Kathedrale.
M	Überraschend, nicht wahr?
H	Man bekommt hier ein Gefühl für die Grössenverhältnisse. Wenn man das in einem normalen Gebäude machte – ein Geschoss herausnehmen –, käme man immerhin auf ein Drittel der Höhe dieses Raumes. Aber hier waren die Räume ja von vornherein schon ziemlich gross.
N	Dieser Raum ist also für Konzerte gedacht?
H	Konferenzen und Konzerte, aber auch Performances und so weiter.
N	Wie viel von der technischen Infrastruktur plant ihr? Sorgt ihr für die Lautsprecher, Projektoren, Bestuhlung?
M	Das ist so eine Sache mit der Kaserne: Wenn du es nicht gleich planst, planst du es wahrscheinlich nie. Wir haben alles geplant, vom Konzertsaal über ein Restaurant bis zu einer Moschee und der Bürofläche.
H	All diese verschiedenen Nutzungen gleichzeitig zu integrieren, war eine enorme Herausforderung, aber es war auch grossartig. Wir mussten ganz spezifische Lösungen für jeden einzelnen Nutzer finden.
M	Und das kann man nur mit gezielter Planung erreichen, weshalb das Team sehr gross ist. Wir haben für alles ein Team: Akustik, Fenster, Zugänge, Beleuchtung. Wir haben eine Person, die sich nur um die Notausgänge kümmert.
N	Was sind die am stärksten gegensätzlichen Nutzungen? Was sind die beiden Nutzungen, die die grösste Reibung erzeugt haben? Oder sind sie alle mehr oder minder kompatibel?
H	Ich glaube, sie sind alle miteinander vereinbar. Wir haben etwas wie grosse Wolken von Nutzungen, es
M	So this is what the Barracks used to look like – and that's how it's going to stay. The windows are all new, but to the untrained eye, the windows are still windows. The wallpaper's the same and the floor's going to be the same old floor.
N	So this was the part that was used as artists' studios?
H	There was a primary school here and a fashion design school on the top floor.
M	The building has three big 'air balloons': the plaza, the venue and the covered passage at the south corner of the building. We created these three larger spaces to completely change the way you look at the building. They're the representative rooms, with a much higher level of intervention and change than the working spaces.
H	The Barracks itself is quite unique in Basel. Everyone knows the city's doing this project here. On top of that I think the spaces we've generated are very new spaces for Basel. They're public spaces. In Basel – and this is true of most Swiss cities – there's a tendency not to have large public squares. The scale of the spaces in Switzerland is related to the scale of the cities, and the cities are either small cities or large towns. The architecture of the public buildings and public spaces is very reduced and modest. That's why we thought it was so important to bring that larger scale to this building. We felt like the best thing was to put that at the centre. We just took out some floors and the space was there.
M	This room, the venue, was created by merging eight rooms, and you can clearly see that from the facade.
N	Yeah, it does feel a bit like a cathedral.
M	Surprising, right?
H	You get a sense of the scale here. If you were to do this in a normal building – taking one floor out – that would already be a third of the height of the space. But here, the existing spaces were already quite large.
N	So this space is going to be for concerts?
H	Conferences and concerts, but also performances and so on.
N	How much of the technical infrastructure are you planning? Are you doing the loudspeakers, projectors, seating?
M	That's one of the things with the Barracks: if you don't plan it now, you'll probably never plan it. We've planned everything from a concert hall to a restaurant to a mosque to an office space.
H	Incorporating all these different uses at the same time has been a huge challenge, but it's also been amazing. We've had to find very specific solutions for each specific user.
M	And you can only achieve that with specific planning, so the team's huge. We have a team for everything: acoustics, windows, access, lighting. We have one person doing nothing but fire escapes.
N	What are the most contradictory uses? What are the two uses that have created the most friction? Or are they all more or less compatible?
H	I think they're all compatible. We have all these big clouds of use, then we have some really small pocket uses that you wouldn't even notice. For instance, there's the Rhine passenger ferry; they have a small storage room in the building. There's also a rowing club that has a room. So it's a really interesting combination of really small things, like small pockets inside, and bigger things like the auditorium here, or the rehearsal space with the mosque on top. But I don't think they're contradictory. Some of them are neighbourhood uses that were already well established here, and some of them are new uses. Somehow they merge and make sense together.

M I think everybody was concerned about the mosque, but it soon found a very natural position within the complex – and now even the mosque benefits from being here.
H Yeah, it's people from the neighbourhood using this mosque.
M I'd say the most challenging part will be the sky bar. For me it's the one use where we're not quite sure how it's going to work – just getting everybody there.

M Now we're on the third floor in this large, single use space. In our dream scenario it would be part of a cultural institution, maybe a small museum or something like that. It's a hundred metres long. You don't often get to work on a room like this.
H This is the space that gave us the clue for our concept.
M These yellow lines on the floor defined the areas of the corridor that you could use and those that you weren't allowed to use.
N So why couldn't you use those areas?
M Because this space was the fire escape.

M When we first came here we realized it was stupid to print a yellow line on the floor – that's a mistake right there. Our whole concept began with the insight that this space is a room, not a corridor. Part of it was being used as a corridor, which is why they painted the yellow line. But if you want the building to address both sides – the river and the courtyard – you can't just use one side and have the other side as a corridor. You have to make both sides useful. By using this whole space our concept gained a lot of square metres that the other entries didn't have. And once we'd generated all those extra square meters we were able to dispense with some in other areas – the areas where we created the balloons of air that we've mentioned. This way the building takes on completely different dimensions and becomes something totally new without losing its identity. So it all started with this stupid yellow line. We just learned from the building. We listened to what it was telling us.
H These rooms are going be the basic project rooms. This is the space that's most similar to how it was

Originaler Fussbodenbelag wurde wiederverwendet und gegebenenfalls mit neuem Material ergänzt / Original flooring was reused and supplemented with new material where necessary

	die Oberflächen erneuert und bestimmte strukturelle Elemente verstärkt. Die Raumaufteilung ähnelt weitgehend der vorherigen.
M	Wir haben auch gelernt, dass das Kulturzentrum Elemente der Reibung braucht, es muss Überschneidungen geben. Sonst ist es bloss ein Bürogebäude voller Künstler. Reibungen erzeugen Synergien.
N	Ich frage mich, wie es klingen wird, wenn das Gebäude tatsächlich in Betrieb ist. Wie werden sich die verschiedenen Geräusche überlagern? Wir haben von einer Party gehört, die im «Swimmingpool» stattfindet. Wir haben von der Moschee gehört, und wir haben von Musik, Konzerten und Seminaren gehört. Was für Geräusche wird es zur selben Zeit noch geben?
M	Wir wissen noch nicht, was in all diesen Räumen stattfinden wird. Es könnten nicht mehr als ein Computer und eine Tastatur sein, es könnte ein Schlagzeug sein, es könnte das Blitzlicht eines Fotografen sein, oder es könnte ...
H	... ein Komponist sein, der hierherkommt, um Filmmusik zu machen.
M	Es gibt auch eine Gemeinschaftsküche, in der Leute kochen können.
N	Und es gibt schallisolierte Bereiche, oder?
H	Der Veranstaltungssaal ist schallisoliert. Das Untergeschoss, das Café, der Seminarraum und die Skybar sind alle schallisoliert. Alles mit einer gewissen Nutzungsdichte ist schallisoliert. Von dem Gebäude wird ein gewisses Mass von Lärm ausgehen, und es wird andere Geräusche um das Gebäude herum geben.
N	Und die Kids werden ihre Ghettoblaster auf die Plaza mitbringen.
H	Reggaeton ... Es wird ein sehr breit gefächertes Panorama geben und eine schöne Mischung von Leuten, denke ich.
M	Dies ist die Skybar. Der Blick ist toll – es ist ein wunderbarer Raum. Auf der einen Seite kannst du dir vorstellen, dass es nicht leicht wird, Leute hier hoch zu bringen. Auf der anderen Seite gibt es nicht allzu viele Skybars in Basel. Und diesen Blick bekommst du nirgends sonst. Für Basel wird das eine Offenbarung sein. Basel weiss noch gar nicht, dass es so etwas gibt, aber es wird sich ganz natürlich anfühlen, diese Elemente wieder vereint zu sehen: das Münster, den Novartis-Campus, den Fluss, die Türme.
H	Die Idee ist natürlich, dass die Leute aus dem Gebäude die Skybar als ihr Lokal nutzen. Ein Kulturzentrum braucht seine eigene Bar. Die Bar ist, wo man sich trifft. Und wir hoffen, dass das in dieser Bar passiert.
M	Wie wir schon sagten, es gibt keine vergleichbare Skybar in Basel, eine direkt am Fluss mit Blick aufs Münster.
N	Welche andere grössere Stadt an einem Fluss hat eine Skybar mit so einem Blick, Amsterdam?
M	Und da zahlt man normalerweise Eintritt, sehr institutionalisiert. Ich finde, das ist echt schön, dieses Gefühl, den Überblick zu haben.
N	Ich glaube, ich brauche jetzt schon einen Drink.
M	Dieses Dach wird einen sehr häuslichen Charakter haben. Man wird nicht in eine Skybar gehen – man wird aufs Dach gehen. Es wird eine Kapazität von hundert Leuten haben, fünfzig drinnen, fünfzig draussen.
N	Der Blick ist atemberaubend.
M	Das ist ein neues Basel. Dies ist ein Blick, den man nie zuvor gehabt hat. Novartis-Campus, Deutschland. Das ist ein Teil von Basel, den man nie sieht.
N	Und es fühlt sich an, als wäre man im Herzen der Stadt. Leute aus Basel sehen das Kleinbasel immer als

	before our intervention. It's a very light intervention. In fact we just redid the surfaces and reinforced certain structural elements. The spacing itself is going to be very similar to what it was before.
M	We also learned that a cultural centre needs elements of friction, needs to have overlaps. Otherwise it's just an office building full of artists. Frictions create synergies.
N	I'm wondering what it will sound like when the building's actually functioning. How are the different noises going to overlap? We've heard about a party happening in the 'swimming pool'. We've heard about the mosque. We've heard about the café and we've heard about music, concerts, seminars. What other sounds are happening at the same time?
M	We don't know what's going to happen in all these rooms yet. It might be nothing more than a computer and a keyboard, it might be a drum set, it might be a photographer's flashlight or it might be ...
H	... a composer who comes here to make film music.
M	There's also a communal kitchen where people can cook.
N	And there are soundproofed areas, right?
H	The venue is soundproof. The basement, the café, the seminar room and the sky bar are all soundproof. Anything with a certain density of use is soundproof. The building will make a certain amount of noise and there'll be other sounds around the building.
N	And the kids will bring their ghetto blasters into the plaza.
H	Reggaeton ... It's going to be a very broad panorama and a nice mix of people, I think.
M	This is the sky bar. The view is amazing – it's an amazing space. On the one hand you can imagine that it's not going to be easy to get people up here. On the other hand there aren't that many sky bars in Basel. And you won't get this view anywhere else. It's going to be a revelation for Basel. People don't even know it exists yet, but it's going to feel really natural to see these elements reunited: the Minster, Novartis campus, the river, the towers.
H	Of course, the idea is that people from the building will use the sky bar as their local. A cultural centre needs a bar of its own. The bar's where the people meet. And we hope that's going to be this bar.
M	As we said before, there is no comparable sky bar in Basel, one that's right on the river with a view to the Minster.
N	What other major city on a river has a sky bar with a view like this? Amsterdam?
M	And it's usually ticketed, very institutionalized. I think it's quite nice, this feeling of being on top of things.

Die Dachterrasse schafft eine Sichtbeziehung zum Münster / The roof terrace establishes visual contact with the cathedral

Rand der Stadt. Die neue Kaserne definiert es neu, als Herzstück.

H Das wird unsere Wahrnehmung der Stadt verändern. Basel wird durch den Fluss wirklich geteilt: Es gibt Kleinbasel, und es gibt Grossbasel. Grossbasel hat Kleinbasel natürlich als «die andere Seite» wahrgenommen. Wir haben ja bereits über polyzentrische Städte gesprochen, und im Grossen und Ganzen werden wir die Auswirkungen der Polyzentrik sehen. Das Zentrum wird sich zum Fluss verlagern. Irgendwann wird es dann vielleicht wie Paris sein, mit einem linken Ufer und einem rechten Ufer. Aber in Basel ist es das rechte Ufer, das zählt.

N In Paris geschah diese Verlagerung im neunzehnten Jahrhundert.

H Vielleicht bewegen wir uns ja in diese Richtung. Aber, weisst du, in einer Stadt wie dieser spielt es keine Rolle, auf welcher Seite des Flusses du dich befindest.

N Das ist so beeindruckend. Wie oft ist ein Stadtzentrum so weit von dem Ort verschoben worden, wo es einmal war? Manchmal kann das reichlich künstlich sein. Es ist schwieriger, so eine Verschiebung in einer europäischen Stadt vorzunehmen.

H In Berlin hat man die Spree, aber niemanden kümmert es, wo in der Stadt man sich befindet. Der Fluss spielt dort einfach keine grosse Rolle. Aber selbst Paris ist noch vom Fluss geteilt. Hier teilt der Fluss die Stadt wirklich auf.

M In welche Richtung betet man im Islam?
N In Richtung Mekka.
M Und wo ist Mekka?
N In dieser Richtung!
M Ja, ganz klar. Die neue Struktur ist so ausgerichtet, dass sie zeigt, wo Mekka liegt.
H Und bei den Treppen konnten wir Aussparungen zu den Fenstern und zum Obergeschoss hin schaffen, wo die Frauen beten. Die Männer sitzen also genau hier, aber Männer und Frauen können sich trotzdem nicht sehen.
N Und was war eure Idee dabei? Den Bau zu benutzen, um die Richtung nach Mekka anzuzeigen?
M Eine Moschee ist durch den Teppich definiert, auf dem man betet und der nach Mekka zeigt, sowie oft durch die Anwesenheit eines Imams vor einem. Das ist bereits eine Moschee. Wir mussten lediglich eine visuelle Trennung zwischen Männern und Frauen herstellen. Dieses System erfüllt diese Bedingung, erlaubt ihnen aber auch, in einem Raum zu sein. Auch das ist ein gutes Beispiel für die Kompromisse, die die Kaserne erforderte. Sie bringt widersprüchliche Nutzungen mit. Man muss nur eine Form finden, die sie zusammenbringt, die Widersprüche überwindet und eine neue Einheit schafft. Dies ist ein ideales Beispiel dafür, wie man visuelle Unterteilungen bietet und zugleich einen Raum für die Benutzung durch eine einzige Gruppe schafft.
H Ich weiss nicht, wie es für dich war, Miquel, aber für mich war es verrückt. Ich habe mit Manuel Herz an der ETH unterrichtet, und wir haben mit Studenten an einem Szenario gearbeitet, die Kaserne in ein neues Regionalparlament für Basel umzuwandeln. Im folgenden Semester habe ich Manuel vorgeschlagen, wir sollten mit den Studenten eine Moschee entwerfen. Es ist schon ulkig, wie ich mit Manuel an diesen Themen gearbeitet habe, und dann sind sie in diesem Projekt irgendwie zusammengekommen. Basel hat irgendwie wirklich zu uns gesprochen. Dieses Wissen konnten wir wirklich nutzen.
M Jetzt sind wir wieder im Innenhofbereich. Hier werden wir unseren Besuch beenden. Dies ist ein neu entdeckter Ort. Er war bereits so, wie er

N I feel like I need a drink already.
M This rooftop is going to have a very domestic character. You won't be going to a sky bar – you'll be going to a rooftop. It'll have a capacity of a hundred people; fifty inside, fifty outside.
N The view is breathtaking.
M This is a new Basel. This is a view you've never seen before. Novartis campus, Germany. This is a part of Basel you never see.
N And you feel like you're at the heart of the city. People from Basel always think of Kleinbasel as the edge of the city. The new Barracks redefines it as the heart.
H It's going to change our perception of the city. Basel really is split by the river: there's Kleinbasel and there's Grossbasel. Obviously Grossbasel used to think of Kleinbasel as 'the other side'. We were talking about polycentric cities before, and on the whole I think we're going to see the effects of polycentricity. The centre is going to shift to the river. Then maybe it'll be like Paris someday, with a left bank and a right bank. But in Basel it's the right bank that counts.
N This shift happened in nineteenth-century Paris.
H So maybe we're moving in that direction. But you know, in the end, in a city like this, it doesn't matter which side of the river you're on.
N This is so powerful. How many times has a city centre been shifted so far from where it used to be? Sometimes it can be really artificial. It's more difficult to make this shift in a European city.
H In Berlin you have the Spree, but nobody cares about where you are in the city. The river's really not that important there. Even in Paris, the city's still divided by the river. Here the river really divides the city.

M What direction do you pray in Islam?
N Towards Mecca.
M And where's Mecca?
N This direction!
M Yes, of course. The new structure is aligned to show where Mecca is.
H And with the stairs we managed to create pockets to the windows and the upper floor, which is where the women pray. So the men sit right here, but the men and women still can't see each other.
N And that was your idea? Using the structure to indicate the direction to Mecca?
M A mosque is defined by the mat you pray on, which is oriented towards Mecca, and often by the presence of an imam in front of you. That's already a mosque. We just had to create a visual separation between men and women. This system meets that requirement while allowing them to be together in one room. It's also a good example of some of the compromises that the Barracks necessitated. It comes with contradictory uses. You just have to create a shape that brings them together, overcoming the contradiction and creating a new unity. This is a perfect example of how to provide visual separation while simultaneously creating a space for a single group to use.
H I don't know how it was for you, Miquel, but for me it was crazy. I was teaching with Manuel Herz at ETH, and we were working with students on the possibility of turning the Barracks into a new regional parliament for Basel. The following semester I suggested to Manuel that we should do a mosque with the students. It's so funny how I was working on these themes with Manuel and then somehow they came together in this project. Basel really spoke to us somehow. We were really able to use this knowledge.
M Now we're back in the patio area. We'll end our visit here. This is a discovered space. It was al-

Im Gespräch — In Conversation

Die auf Mekka ausgerichtete Balkenkonstruktion verwandelt neutralen Raum in einen sakralen / Beams aligned towards Mecca turn generic into sacred space

N Was sind also die nächsten Schritte für FDRS?
M Wir sind ziemlich sicher, dass es eine weitere Krise geben wird. Ich schätze, ein Architekturbüro lebt konstant im Zustand der Krise. Aber im Moment haben wir eine grosse Identitätskrise: die Nachwehen der Kaserne. Wir konnten noch weitere Projekte machen, aber natürlich keine so grossen wie die Kaserne. Wir werden als die Architekten der Kaserne gelten, aber sie wird nicht mehr in unseren Händen liegen. Und ich glaube, das wird ganz schön schwierig. Hans, was meinst du?
H Ich habe dazu zwei Gedanken. Zum einen denke ich daran, wie das Gebäude sich verselbständigen und ein Eigenleben annehmen wird. Darüber bin ich nicht allzu besorgt. Irgendwann wird jemand beschliessen, eine Bank in einer anderen Farbe anzumalen. Solche Dinge sind nicht wichtig. Diese Dinge müssen passieren. Der zweite Gedanke betrifft uns. Wir müssen uns mit uns selbst auseinandersetzen.

So erlebt ein Architekt das Leben: so intensiv wie möglich. Ich glaube, das wird interessant. Die schwierigste Frage stellt sich für mich nach einer Diskussion mit einem Architekten, Jean-Louis Marin, der das Foire Internationale de Dakar in Senegal gebaut hat. Er war ein junger Architekt, und das Projekt, das er gemacht hat, war so speziell und besonders, dass es sehr schwerfiel, daraus eine Identität zu gewinnen. Er konnte es nirgends unterbringen, wo die Leute darüber hätten lesen können. Insofern ist eine meiner Sorgen, wie die Kaserne als etwas, was wir als Büro erarbeitet haben, rezipiert und verstanden werden wird, eben weil sie so speziell und besonders ist.

N Befürchtet ihr, dass ihr Spezialisten für einen spezifischen Gebäudetyp geworden seid, von dem es in der Schweiz womöglich gar keine weiteren zu bauen gibt? An was für Wettbewerben nehmt ihr derzeit teil?
M Das stimmt, die Kaserne gibt es nur einmal. Und wenn es eine zweite gäbe, wüsste ich nicht, ob wir eingeladen würden, sie zu machen. Wir haben an dem Wettbewerb für die Kaserne in Zürich teilgenommen, aber unser Projekt war natürlich zu radikal. Jetzt sind wir wieder bei den Basics: Schulen, Kunstgalerien, Kunstmuseum Basel. Das ist ein Distanzschuss. Ich glaube nicht, dass wir das bekommen werden. Tatsächlich ist es das, was uns interessiert: dieser Zwiespalt, nicht zu wissen, ob wir ein grosses Büro sind oder ein kleines. Tatsächlich glaube ich, dass das der grosse Unterschied sein wird, wenn wir die Kaserne fertiggestellt haben, dass sie dann da ist, um darin ein Leben zu entfalten, aber

ready like this; we just had to provide access to it. It was here but it was never used. You can see its potential now.
N So what are the next steps for FDRS?
M We're pretty sure there'll be another crisis. I guess an architectural practice lives in a constant state of crisis. But right now we have a big identity crisis: the aftermath of the Barracks. We've managed to do other projects, but of course nothing as big as this one. We'll be known as the architects of the Barracks, but it won't be in our hands anymore. And I think that's going to be quite difficult for us. Hans, what do you think?
H I have two thoughts. First I'll be thinking about the building becoming independent and taking on its own life. I'm not too concerned about that. At some point somebody will decide to paint a bench a different colour. That stuff doesn't matter. These things have to happen. The second thought concerns us. We need to confront ourselves. This is how the architect experiences life: as intensely as possible. I think that's going to be interesting. For me the most difficult question comes from a discussion I had with an architect, Jean-Louis Marin, who built the Foire internationale de Dakar in Senegal. He was a young architect and this project he did was so special and so specific that it was very difficult to generate an identity out of it. He wasn't able to place it anywhere so people could read about it. So one of my fears is how the Barracks will be received and understood as something we've worked on as a practice, precisely because it's so special and specific.
N Are you worried that you've become specialists in a specific type of building, maybe because there just aren't any more of them to build in Switzerland? What kind of competitions are you entering at the moment?
M That's true, there's really only one Barracks. And if there was another one, I don't know if we'd get invited to do it. We entered the competition for the barracks in Zurich, but of course our project was too radical. Now we're back to basics: schools, art galleries, Kunstmuseum Basel. That's a long shot. I don't think we'll get it. In fact, that's what interests us: this conflicted state of not knowing whether we're a big office or a small office. Actually I think the big difference once we finish the Barracks will be that it's there to be lived in but we'll no longer be working on it. I think that's a dichotomy that we're going to find interesting. We're going to have one of the most important buildings in Basel, and we're going to be an office of four people. So who are you hiring when you hire us? A big office or a small office? We don't know.
H Exactly. At the same time, though, the challenge of this project is that it's very specific, very special, unique. And within that uniqueness you can identify some very specific elements. So actually it's not just one project; it's twenty projects because of all the different uses it has to accommodate. In that sense we can say that the plaza is a public space. We can say the main hall is an events venue. Then there's a mosque, a restaurant, work spaces and so on. So we've had to deal with a range of uses in this project; when you pick it apart it's like twenty different projects rolled into one.

wir werden nicht mehr daran arbeiten. Ich denke, das ist eine Dichotomie, die wir interessant finden werden. Wir werden eines der interessantesten Gebäude in Basel haben, und wir werden ein Büro von vier Leuten sein. Wen holt man sich also, wenn man uns engagiert? Ein grosses Büro oder ein kleines Büro? Wir wissen es nicht.

H   Genau. Gleichzeitig ist das Herausfordernde an diesem Projekt aber auch, dass es sehr spezifisch, sehr speziell und einzigartig ist. Und innerhalb dieser Einzigartigkeit lassen sich einige ganz eigenständige Elemente identifizieren. Von daher ist es nicht bloss ein Projekt, es sind zwanzig Projekte, wegen all der verschiedenen Nutzungen, die es beherbergen muss. Insofern können wir sagen, dass die Plaza ein öffentlicher Raum ist. Wir können sagen, die grosse Halle ist ein Veranstaltungsort. Dann sind da noch eine Moschee, ein Restaurant, Arbeitsräume und so weiter. Wir hatten es in dem Projekt also mit einer ganzen Palette von Nutzungen zu tun. Wenn man es auseinandernimmt, ist es wie zwanzig unterschiedliche Projekte.

		45
Prozess der Gebäudetransformation	**Building Transformation Process**	
Bestehendes	Existing	

Konstruktion

Construction

Ergebnis

Result

Prozess der Gebäudetransformation

Building Transformation Process

Bestehendes

Existing

Neuer öffentlicher Durchgang / New Public Passageway

Am Äusseren des Gebäudes besteht die wichtigste Veränderung in dem neuen Durchgang zwischen Innenhof und Flussufer. Diese Verbindung wurde durch die kleine Tür (die später an anderer Stelle im Gebäude wieder verwendet wurde) und die drei grossen Fenster nahegelegt, die diesen Teil der Struktur fast transparent erscheinen liessen. Die «Narben», die während der Bauarbeiten an der Fassade zu sehen waren, zeigen, wie der neue Betonbogen das Fenster im ersten Stock verdrängt hat und sich dem umlaufenden Gesimsband einfügt. Der Beton des Bogens ist farblich auf den Sandstein abgestimmt, seine Vorderkante greift das Gesims auf, und die Pflasterung scheint vom Hof aus durch den Durchgang zu fliessen. Jedes dieser Elemente trägt dazu bei, dass sich der Eingriff in die Sprache der Formen und Materialien des ursprünglichen Gebäudes einfügt.

The main change to the external aspect of the building is the new passageway between the courtyard and the riverfront. This link was suggested by the small door (later reused elsewhere in the building) and the three large windows, which made this part of the structure seem almost transparent. The 'scars' visible on the facade during construction show the new concrete arch displacing the first-floor window and connecting up with the existing string course. The concrete of the arch is coloured to match the sandstone, its front edge connects to the continuous string course and the paving flows through the passageway from the courtyard. Each of these elements helps the intervention to blend in with the formal and material language of the original building.

Bestehende Treppe auf Hofebene — Existing Stairs at Courtyard Level

Die bestehende Treppe hatte immer einen repräsentativen Charakter und von aussen nach innen wie ein Filter gewirkt. Dies legte ein mehrschichtiges Konzept nahe: Aussenbereich, Treppe, gewölbter Bereich, Büros. Das dritte Bild zeigt diese Schichten sehr gut, mit der Treppe in ihrem eigenen Raum und den verglasten Bögen, die zwischen Plaza und Eingangsbereich vermitteln. Der ehemals durchgehende Raum hinter der Fassade ist nun in mehrere Bereiche mit unterschiedlichen Nutzungen aufgeteilt worden. Die neuen Türen zum Hof lassen mehr Licht in diesen Teil des Gebäudes.

The existing stairs always had a representative character, filtering from outside to inside. This suggested a layered concept: outside, stairs, vaulted space, offices. The third image here shows these layers to great effect, with the stairs in their own compartment and the glazed arches mediating between plaza and entrance. The formerly continuous space behind the facade has now been divided up into multiple spaces with various uses. The new courtyard doors allow more light into this space.

Plaza auf Ebene des Flussufers / Plaza at Riverfront Level

Dieser gewölbte Raum auf Höhe des Flussufers wurde abgerissen, um die Plaza zu kreieren. Während der Bauarbeiten war der neue Raum oft durch ein Gerüst verborgen, so dass es schwerfiel, sich sein Aussehen vorzustellen, bis er fertig war (man beachte, wie das Gerüst angehoben wurde, um den Fussboden zu verlegen). Das dritte Bild zeigt die grosszügige Raumwirkung der Plaza und ihre breit angelegte Verbindung zum Flussufer. Die Treppe zwischen dem Platz und der Hofebene wird zu einem Sitzbereich, der sich auf verschiedene Art informell nutzten lässt.

This vaulted space at riverfront level was demolished to create the plaza. During construction, the new space was often hidden under scaffold, so it was hard to imagine how it would look until it was finished (note how the scaffold was raised off the ground so the floor could be laid). The third image here shows the generous space of the plaza and its broad connection to the riverfront. The stairway between the plaza and the courtyard level becomes a seating area that now serves various informal purposes.

Gewölbte Räume auf der Uferseite — Vaulted Rooms at Riverfront Level

Mit ihren kleinen Fenstern und niedrigen Decken hatten die gewölbten Räume auf der Ebene des Flussufers ursprünglich eine kellerartige Anmutung. Die Heizungsrohre auf dem ersten Bild mussten in einen neu ausgehobenen Bereich dahinter verlegt werden, um Raum für die Plaza zu schaffen. Zu unserem Glück waren die kleinen Fenster bereits in tiefe Nischen eingelassen, die man nur noch öffnen musste, um grosszügige Verbindungen zwischen innen und aussen zu schaffen. Die verputzten Oberflächen betonen die ursprünglichen Formen und Geometrien des Gewölbes.

With their small windows and low ceilings, the vaulted rooms at the riverfront level originally had a subterranean feel. The heating pipes visible in the first image here had to be moved back to a newly excavated section to make room for the plaza. Thankfully the small windows were already set in deep internal niches, and these just had to be opened up to create generous connections between interior and exterior. The rendered surfaces emphasize the original forms and geometries of the vaulting.

Projekträume zur Flussseite

Riverfront Project Rooms

Die neuen Projekträume behalten ihre charakteristischen Merkmale bei; Proportionen und Materialien wurden erhalten oder wiederhergestellt. Die neuen Elemente sind hier in der Bauphase zu erkennen, noch unfertig und ungestrichen. Säulen, Balken und Fussböden mussten wegen der neuen Bodenplatten in diesem Teil des Gebäudes ausgetauscht werden. Die neuen Projekträume sind schallgedämmt und in einer einheitlichen Farbe gehalten, mit offenen Kabelkanälen und Stromschienen für die neue Beleuchtung, um eine flexible Nutzung zu erleichtern. Diese Basisinfrastruktur zieht sich durch das gesamte Gebäude.

The new project rooms retain the characteristic features of the existing project rooms; proportions and materials have either been kept or recreated. The new elements can be seen here in the construction phase, not yet finished or painted. Pillars, beams and flooring had to be replaced because of the new floor slabs in this part of the building. The new project rooms have been fitted with acoustic absorption and are finished in a uniform colour, with open channels and electrical rails to supply the new lighting and facilitate user flexibility. This basic infrastructure runs throughout the building.

Projekträume auf der Hofseite — Courtyard Project Rooms

Bei den Räumen auf der Hofseite waren die baulichen Eingriffe gering; die Platten und Böden wurden an Ort und Stelle belassen. Die dunklere Farbe des unteren Teils der Wände wurde in den öffentlichen Räumen beibehalten, während die Projekträume einen einheitlich weissen Anstrich erhielten. Durch eine neue Infrastruktur und neu verputzte Decken wurden die Räume für die künftige Nutzung vorbereitet und mit den geltenden Brandschutzvorschriften in Einklang gebracht. Dieser beinahe hundert Meter lange Raum wurde durch dezente, verglaste Trennwände gegliedert, die sich in die bestehende Bausubstanz einfügen. Diese neuen Trennwände vervielfachen die Nutzungsmöglichkeiten des Korridors, während sein materieller und räumlicher Charakter erhalten bleibt.

Structural interventions in the rooms on the courtyard side were minor; the slabs and floors have been left in place. The darker colour of the lower part of the walls was retained in the public spaces, whereas the project rooms have all been finished in white. New infrastructure and newly plastered ceilings have prepared the rooms for future use and brought them into line with current fire regulations. This space, which is almost a hundred metres long, has been divided up with subtle glazed partitions that blend in with the existing fabric of the building. These new partitions multiply the potential uses of the corridor while maintaining its material and spatial character.

Raum im Dachgeschoss / The Attic Space

Das Dachgeschoss musste in einen vollständig isolierten Raum umgewandelt werden, was eine komplette Rekonstruktion des Daches erforderte. Da der Rest des Gebäudes anderen Zwecken dient, muss dieser Raum alle erforderlichen Lagerungsmöglichkeiten bieten. Der Dachboden, ein schöner, durchgehender Raum, der sich einst über die gesamte Länge des Gebäudes erstreckte, musste durch einen abgesetzten Korridor quer zu den neuen Kernen und eine Reihe von Trennwänden unterteilt werden, die zwischen die vorhandenen Tragwerkselemente eingezogen wurden. Nur der zentrale Raum behält die ursprüngliche Breite des Dachgeschosses bei. Er wird von neuen Gauben belichtet, die sich an der ursprünglichen Dachform orientieren, und ist unserer Meinung nach der schönste Lagerraum in Basel.

The attic space had to be transformed into a totally isolated room, which meant completely reconstructing the roof. Since the rest of the building is used for other purposes, this space has to meet all the storage requirements. A beautiful continuous space that once extended the entire length of the building, the attic had to be subdivided with an offset corridor perpendicular to the new cores and a series of transverse walls interposed between the existing trusses. Only the central space retains the original width of the attic. Illuminated as it is by new dormers that follow the original roof pattern, we like to think it's the most beautiful storage space in Basel.

Veranstaltungssaal / Venue

Das strukturelle Grundraster des Gebäudes wird durch seine einheitlichen Joche oder Module definiert. Diese wurden auf unterschiedliche Weise miteinander verbunden, um verschiedene Räume auf unterschiedlichen Ebenen und in einem für die neuen Nutzungen angemessenen Massstab zu schaffen. Die acht Module oberhalb der Plaza (vier pro Ebene, eines pro Fenster) wurden zusammengefasst zu einem einzigen neuen Raum, dem Veranstaltungssaal. Damit gingen neue bauliche Herausforderungen einher: Die Fassade musste verstärkt werden, und die Bodenkonstruktion musste sich bei gleicher Stärke über die doppelte Weite erstrecken. Die Spuren des Umbauprozesses sind hier auf dem letzten Bild zu sehen. Die taktile Akustikbeschichtung trägt zum repräsentativen Charakter des Raumes bei und lässt andere Elemente zugleich sichtbar bleiben. Die Fenster und Wandflächen wurden beibehalten und die neuen Betonelemente blieben unverkleidet.

The basic structural grid of the building is defined by its uniform bays or modules. These have been connected in various ways to create different spaces on different levels and at scales appropriate to their new uses. The eight modules above the plaza (four per level, one per window) were united into a single new events space, the venue. This brought with it new structural challenges: the facade had to be reinforced and the floor structure had to span twice as far at the same thickness. Traces of the conversion process can be seen in the final image here. The tactile acoustic layer contributes to the representative character of the space while leaving other elements visible. The windows and expanses of wall have been retained and the new concrete elements left exposed.

| Probenraum | Rehearsal Room | 55 |

Der nördliche Anbau enthielt früher eine Reihe kleiner Kammern zu beiden Seiten eines zentralen Korridors. Jetzt wurde er in einen einzigen grossen Raum umgewandelt, der sich für Tanzproben eignet. Der Raum musste vollständig entleert und mit einer neuen Bodenplatte über Sichtbetonträgern geschlossen werden. Die neue Akustikdecke faltet sich wie Origami, um die maximale Höhe an den Stellen zu erreichen, von denen die Lampen herabhängen; sie sorgt für eine gute Akustik im Probenraum und isoliert ihn von der darüberliegenden Moschee. Dieser ganz neu geschaffene Raum stellt – unten ausgehoben, oben gefaltet – eine neue Raumtypologie für das Gebäude dar und erneuert seine Verbindung zum Fluss.

The north annexe used to contain a sequence of small rooms either side of a central corridor. It has now been transformed into a single large space suitable for dance rehearsals. The space had to be completely emptied and enclosed beneath a new floor slab with exposed concrete beams. The new acoustic ceiling folds like origami to achieve the maximum possible height at the points from which the lights hang down, ensuring good acoustics in the rehearsal room and insulating it from the mosque above. This completely new space – pared out below, folded above – represents a new spatial typology for the building and re-establishes its connection to the river.

Moschee / Mosque

Der ursprüngliche Nordanbau hatte ein Hauptgeschoss auf Hofniveau und ein niedriges Dachgeschoss darüber. Um gleichwertige Bereiche für die beiden Gebetsräume zu schaffen, wurde die dazwischenliegende Bodenplatte abgesenkt und verläuft nun im Zickzack zwischen den vorhandenen Fenstern hin und her. Dadurch entstehen seitliche Öffnungen, die es ermöglichen, die beiden Gebetsbereiche als Teile desselben Raumes wahrzunehmen, die gleichwohl visuell getrennt bleiben. Die gesamte Struktur der Moschee ist gen Mekka ausgerichtet. Die Bodenplatte aus Holz und Beton ist eine Reminiszenz an den siegreichen Wettbewerbsentwurf, der dieses Gestaltungselement für das ganze Gebäude vorgesehen hatte.

The original north annexe had a main floor at courtyard level and a low attic level above. In order to generate equivalent spaces for the two prayer rooms, the intervening floor slab has been lowered and now zigzags back and forth between the existing windows. This produces peripheral gaps that allow the two prayer rooms to be perceived as parts of the same space while remaining visually separate. The whole structure of the mosque is oriented toward Mecca. The wood-and-concrete floor slab is a throwback to the winning competition entry, which proposed this sort of structure for the entire building.

Öffentlich und offen – die neue alte Kaserne

Dorothee Huber

Open and Public – the New Old Barracks

Dorothee Huber

Autorin

Dorothee Huber ist Kunsthistorikerin. Sie studierte an der Universität Basel und war wissenschaftliche Mitarbeiterin am Historischen Museum Basel, am Institut gta der ETH Zürich und am Architekturmuseum in Basel. Von 1991 bis 2017 lehrte sie als Dozentin für Architekturgeschichte an der Fachhochschule Nordwestschweiz. Sie war langjähriges Mitglied der Kantonalen Denkmalpflegekommission Zürich, der Stadtbildkommission Basel, der Eidgenössischen Kommission für Denkmalpflege und des Denkmalrates Basel (2007–2021). Sie ist assoziiertes Mitglied im Bund Schweizer Architekten. Die fachlichen Schwerpunkte ihrer selbstständigen Forschungs- und Publikationstätigkeit liegen im Bereich der Architekturgeschichte des neunzehnten und zwanzigsten Jahrhunderts, vor allem Klassizismus, Moderne, Denkmalpflege. Neben Vorträgen und zahlreichen Veröffentlichungen geht sie einer Vortrags-, Jurierungs- und Beratungstätigkeit nach.

Author

Dorothee Huber is an art historian. She studied at the Universität Basel and has worked as a researcher at the Historisches Museum Basel, the Architekturmuseum Basel and the Institute for the History and Theory of Architecture at ETH Zurich. From 1991 to 2017 she taught architectural history at the Fachhochschule Nordwestschweiz. She was a longstanding member of the Cantonal Conservation Commission in Zurich as well as a member of the Townscape Commission, the Monument Council and the Federal Conservation Commission in Basel from 2007 to 2021. She is an associate member of the Federation of Swiss Architects. Her own research and publications focus on classicism, modernism and conservation in the architectural history of the nineteenth and twentieth centuries. Besides her publishing activity Dorothee also lectures, judges competitions and works as a consultant.

Öffentlich und offen – die neue alte Kaserne
Open and Public – the New Old Barracks

Dass die Kaserne noch heute hier steht, wie sie vor rund 160 Jahren erbaut wurde, ist ein kleines Wunder und nicht zuletzt ihrer typologischen Festigkeit zu verdanken, nach der sich die ehemaligen Mannschaftsunterkünfte ebenso gut für Schulklassen oder Modeateliers und die Stallungen und die Reithalle für Theater und Konzerte eignen. Dabei wäre für die Basler Öffentlichkeit auch ein Abbruch der Kaserne durchaus denkbar gewesen: für eine Gewerbeschule, eine Wohnüberbauung, ein Parkhaus oder einen Yachthafen. Einzig bei der Umnutzung der einstigen Klingental-Kirche in Lager- und Truppenräume und dann Künstlerateliers wurden Böden eingezogen und damit die einstige Kirche in ihrer Raumwirkung unkenntlich gemacht. Und gleichzeitig ist uns der Umbau einer Kirche in eine Bibliothek, in ein Kino oder in Ateliers mittlerweile auch schon historisch interessant und merkwürdig.[1]

«In der Regel haben knappe, streng logische Dispositionen auch eine naturwüchsige, aus der Sache hervorgehende Gruppierung zur Folge, welche die Gebäude ohne erhebliche architektonische Mittel zur Geltung kommen lässt.»[2] Der Architekt der Kaserne, Johann Jakob Stehlin d. J. (1826–1894), spricht auch von der Suche nach der tauglichen «Formel», um seinen Entwurfsansatz zu umschreiben. Selber in Frankreich ausgebildet, dürfte ihm das Schlüsselwerk der «École rationaliste», der «Précis des leçons d'architecture ...», oder kurz der «Durand» vertraut gewesen sein.[3] Gerade die Bauaufgabe der Kaserne bot mit ihren Anforderungen an die äusserste Ökonomie der Raumnutzung und der Verkehrsströme ein ideales Feld für die Schulung funktionalistischer Ansätze. Dass im Historismus des mittleren neunzehnten Jahrhunderts ein um die Repräsentation (hier die Dreiflügelanlage und ein Burgtor mit Baselstab und Inschrift «Armis Patriae» als Haupteingang) und den Bauschmuck (hier Zinnen als halbe Schweizerkreuze) erweiterter Funktionalismusbegriff als Entwurfsgrundlage diente, versteht sich von selbst.

Auf dieser Grundlage ruht auch die Typologie als Lehre von den Haustypen, die als rationale Methode in den vergangenen Jahrzehnten für die architektonische Entwurfsarbeit leitend war. Ein Bauwerk aus seiner grundlegenden architektonischen Verfassung heraus zu begreifen, wurde zum Pflichtfach beim Entwerfen von Neu- und von Umbauten wie auch von denkmalgerechten Renovationen. Im Falle der Kaserne verlangte der Bauherr grosse, vielfältig zu nutzende Räume für viele Gäste und die lange Zeit von der Bevölkerung gewünschte Öffnung der Kaserne zum Rhein. Im Ringen um die Dimension und die Form der Durchbrüche standen sich von Anfang an die Anliegen von Denkmalpflege und Präsidialdepartement unvereinbar gegenüber: Hier die Sorge um die unverwechselbare, unersetzliche historische Substanz eines gut erhaltenen Meisterwerks der historistischen Militärarchitektur und dort der Wunsch, die Kaserne für einen bunten Kulturbetrieb («integratives Zentrum für die migrantische Bevölkerung», «Experimentierfeld mit Treibhauscharakter», «Brutstätte») zu öffnen – tatsächlich und im übertragenen Sinn. Mit dem erstprämierten Projekt von FOCKETYN DEL RIO STUDIO schien sich im Wettbewerb von 2013 ein gangbarer Weg anzudeuten. In der Zwischenzeit haben die Architekten alle Anforderungen funktionaler, statischer und haustechnischer Art in ihr Projekt eingearbeitet, die Differenz der unterschiedlichen Auffassungen konnten sie mit Rücksicht auf den Auftrag nicht überwinden.

Eine Schwierigkeit bei der architektonischen Interpretation der widerstrebenden Auffassungen besteht in der Gestaltung des Anspruchs der «Öffnung». Lässt sich dieser nur einlösen, indem die Einladung an alle sich auch materiell in grossen Durch- und Ausbrüchen in den Fassaden und in den Geschossdecken manifestiert? Oder ist es ein (vielfach von Laien geäussertes) Missverständnis, ideelle und architektonische Ansprüche gleichzusetzen?

It is no small wonder that the Barracks is still standing much as it was when it was first built some 160 years ago. Thanks in part to the necessary solidity of its typology, the old Barracks has survived by adapting military accommodation to classrooms and fashion studios, the stables and riding hall to concerts and theatre. And yet the general public in Basel had almost come to expect the demolition of the Barracks, which might have been replaced at any point in its recent history by a vocational college, a housing development, a multi-storey car park or even a marina. The conversion of the former Klingental church into storage space and troop dormitories then artists' studios is the only instance of floor-space being requisitioned in such a way that makes the original space unrecognizable. Still, the repurposing of churches as libraries, cinemas and studios is an historically interesting and noteworthy phenomenon in itself nowadays.[1]

'Brusque and rigorously logical arrangements generally result in natural groupings that come from the requirements of the building and tend to produce positive results without significant architectural elaboration.'[2] The architect of the Barracks, Johann Jakob Stehlin the Younger (1826–1894), also speaks of looking for the right 'formulae' to describe his approach to design. Having trained in France he will probably have been familiar with the key work of the rationalist school, the *Précis des leçons d'architecture*, or the 'Durand' for short.[3] The task of designing the Barracks, with its extreme spatial economies and difficult traffic flows, was the ideal field for training functionalist approaches. It goes without saying that the definition of functionalism espoused by the historicist architects of the mid-nineteenth century was broad enough to encompass both representation (in this case a tripartite building with a main entrance in the form of a castle gate adorned with the Basel Crook and the inscription Armis Patriae) and architectural ornament (battlements in the form of half Swiss crosses).

This is also the basis of typology, or the doctrine of building types, which, as a rational method, has been the leading approach to architectural design in recent decades. Understanding a building in terms of its fundamental architectural constitution has become an obligatory requirement in the design of new buildings and the conversion and sensitive renovation of built heritage. In this case the client wanted substantial multi-purpose spaces for large numbers of people and a design that would fulfil the popular desire to see the Barracks opened up to the Rhine. The heritage department and the main client were at odds over the form and dimensions of these openings from the very beginning. The former was concerned with the irreplaceable historical substance of a well-preserved masterpiece of military architecture. The latter wanted to encourage a broad spectrum of cultural activity by opening up the Barracks, both literally and figuratively, as a 'hothouse', an 'experimental environment' and a 'centre for the integration of the migrant population'. The winning proposal submitted to the architectural competition of 2013 by FOCKETYN DEL RIO STUDIO seemed to present a way forward. Since then the architects have incorporated the many functional, structural and technical requirements of the project into their designs, though they have not been able to reconcile the disparate views contained in the brief.

One difficulty in the architectural interpretation of these contradictory views consists in designing for the required sense of openness. Will this expectation be met if the open invitation is expressed as ruptures and incursions in floors and facades? Or is it wrong, as many people have said, to equate ideological and architectural requirements? Architecturally speaking, an open building doesn't necessarily have to be a building with many openings.

Open and Public

Another difficulty consists in the different conceptions of the building that heritage professionals and practising architects will form according to the nature of their work. The material substance of a building cannot be removed or replaced if its historical and architectural value is to be preserved and passed on. It is this substance that makes up the historical, technical and architectural value of the building as a bearer of meaning and evidence. Or, in the words of the *Guidelines for the Preservation of Built Heritage in Switzerland*, 'Built heritage is determined by the substance handed down which constitutes its authenticity.' And 'Suitable use aids long-term conservation. Any use must focus on the conservation of the historic substance.'[4] Contrary to this, though, practising architects often adhere to an 'idea' of the building, to the type it embodies. Their projects tend to follow the basic characteristics of this type and have to meet certain standards on fire safety and seismic activity. As if that weren't enough, the basic concept of the architectural design has to clear the many hurdles on the path of implementation, has to remain strong throughout and still come across effortlessly in the finished building.

The clients called for a generous passageway from the main courtyard to the Rhine promenade, which lies one storey below courtyard level. In order to achieve this the architects have opened up five bays over three storeys in the middle of the main building. Into the open space of the resulting galleried plaza they have draped a sweeping staircase with seating on the lower steps for patrons of the café and restaurant. A further requirement was for a large hall. FOCKETYN DEL RIO STUDIO has located this double-height space on the second floor, above the plaza. A concrete armature has been inserted into the vacated five-storey central section of the Barracks as its new supporting structure. Additional bracing is provided by new cores on either side of the building. With its programmatic preference for grand representative spaces over the smaller rooms of the historical arrangement, the old Barracks takes on characteristics of the baroque palace building.

The repurposing of the Barracks inevitably entailed a reinterpretation of the building. After all, there were sceptics to win over, those who regarded the Barracks as an intolerable demonstration of military might despite its wide-ranging service to civil society. The long years of alternating occupancy and minor changes in line with the competition motto of 1973 – 'ent-stoh-lo' or 'let it grow' – find their conclusion in the comprehensive renovation of the main building of the Barracks as a glamorous festival hall for Kleinbasel and a proud manifestation of municipal cultural policy. By extending the offering of the project spaces, event venues, bars, cafés and restaurants, the outdoor spaces on all sides of the building will of course also serve to underscore the public and open character of the new old Barracks.

---

1 David Tréfás, *Die Kaserne in Basel. Der Bau und seine Geschichte* (Basel: Christoph Merian, 2012).
2 Johann Jakob Stehlin-Burckhardt, *Architectonische Mittheilungen aus Basel* (Stuttgart: K. Wittwer, 1893), 12.
3 Jean-Nicolas-Louis Durand, *Précis des leçons d'architecture données à l'École polytechnique* (Paris: the author, 1802–1805); for an English translation see idem, *Précis of the Lectures on Architecture* translated by David Britt (Los Angeles: Getty Research Institute, 2000).
4 Swiss Federal Commission for Monument Preservation, *Guidelines for the Preservation of Built Heritage in Switzerland* (Zurich: vdf Hochschulverlag, 2007), paragraphs 1.3 and 3.2.

Die Anatomie des Gebäudes

Miquel del Río Sanín

The Anatomy of the Building

Miquel del Río Sanín

Die Anatomie des Gebäudes

Die Kaserne kann als eine Ansammlung von disparaten Nutzungen verstanden werden, jede mit ihrer eigenen spezifischen Übersetzung in Raum, Materialien und Techniken. Angesichts dieser Vielfalt bestand unsere grösste Herausforderung als Architekten darin, nicht zu einem weiteren Doktor Frankenstein zu werden. Anstatt ein unmögliches Aufeinanderprallen von Nutzungen und Atmosphären hervorzubringen, wollten wir wie Filmregisseure arbeiten, die verschiedene Szenen mit spezifischen Atmosphären zu einem sich selbst erklärenden Ganzen verbinden – eine jede mit ihren eigenen Charakteren, Farben und Klängen. Wir mussten dazu mit dieser doppelten Logik arbeiten, die darin besteht, jedes Einzelelement sein volles Potenzial entfalten zu lassen und gleichzeitig ein kohärentes Ensemble zu schaffen, wie ein surrealistisches Cadavre Exquis, dessen Linien organisch ineinander fliessen und eine unerwartete Zeichnung ergeben.

Für diesen Abschnitt haben wir neun Räume ausgewählt, die die verschiedenen Nutzungsmöglichkeiten des Gebäudes beschreiben, wobei jede Funktion in einem Text und einem Diagramm erläutert wird. Diese Erklärungen fügen sich zu einem Glossar oder einer Anatomie des Gebäudes, wo jedes Element für sich betrachtet werden kann, bevor sie in den nachfolgenden Abschnitten als Ganzes vorgestellt werden.

The Anatomy of the Building

The Barracks can be understood as an assemblage of disparate uses, each with its own specific translation into space, materials and techniques. Faced with this variety, our main challenge as architects was to avoid becoming another Doctor Frankenstein; rather than creating an impossible clash of uses and atmospheres we wanted to work like film directors, combining different scenes with specific ambiences into a self-explanatory whole – each with its own characters, colours and sounds. We then had to work with this double logic of letting each of the parts develop its full potential while also creating a coherent ensemble, like a surrealist exquisite corpse, with lines flowing organically into one another to create an unexpected drawing.

For this section we have selected nine rooms that describe the different conditions of use in the building, with each function explained in a text and a diagram. These explanations become a glossary or an anatomy of the building, where each element can be considered in isolation before the whole is experienced through the rest of the book.

Erschliessungskerne	Cores

Das sind diejenigen baulichen Eingriffe, die die Kaserne auf den heutigen Stand der Technik bringen. Sie bilden die Fluchtwege, sie enthalten die Versorgungseinrichtungen (Aufzüge, Toiletten usw.), sie führen die Versorgungsleitungen durch das Gebäude (Strom, Wasser, Lüftung usw.), und sie ermöglichen es, dass die Projekträume «nackte» Räume ohne grössere technische Installationen sein können. Schliesslich fungieren sie als zwei vertikale Stützen, die zusammen mit den neuen Böden die strukturelle Unversehrtheit des Gebäudes im Falle von Erdbeben gewährleisten. Die abgerundeten Ecken der Kerne kontrastieren mit der Geometrie der bestehenden Räume; in unserer Vorstellung wurden diese Formen zu massiven Blöcken des örtlichen roten Sandsteins, die so ausgehöhlt wurden, dass sie Treppen in ihrem Volumen aufnehmen. Während der pigmentierte Beton somit skulptural anmuten mag, ist er durchweg struktureller Natur.

These are the intervention that brings the Barracks into line with modern standards. They provide fire escape routes, they contain services (lifts, toilets and so on), they convey services through the building (electricity, water, ventilation etc.) and they allow the project rooms to be 'bare' spaces without major technical installations. Finally, they act as two vertical struts which, together with the new floors, ensure the structural integrity of the building in case of earthquakes. The rounded corners of the cores contrast with the geometry of the existing rooms; in our mind these forms became solid pieces of the local red sandstone, carved out to contain stairways within their volumes. While the pigmented concrete might seem sculptural, all of it is structural.

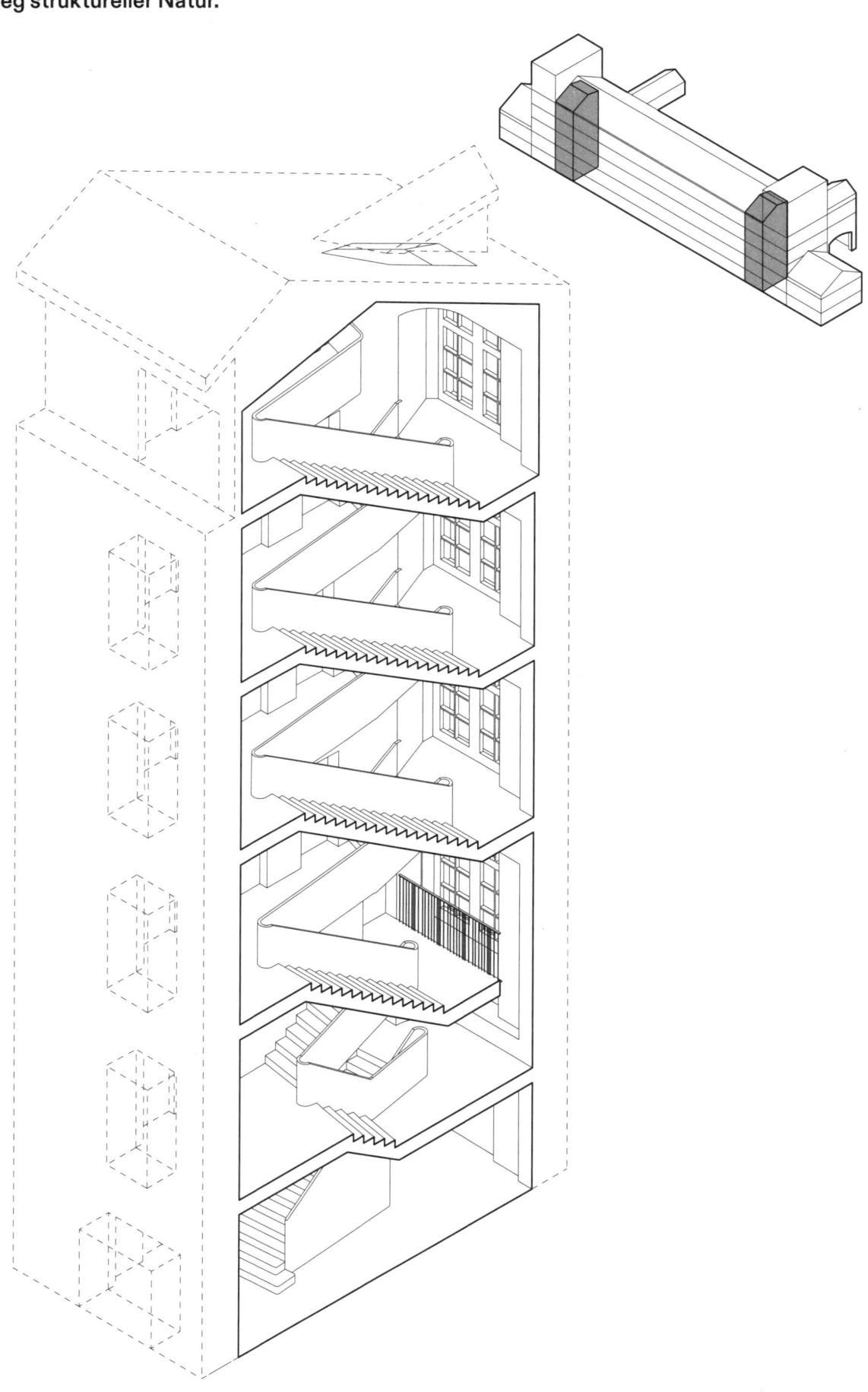

Projekträume

Sie dienen der hauptsächlichen Nutzung der Kaserne und bewahren etwas von dem historischen Charakter des Gebäudes. In Dreiergruppen um die neuen Kerne angeordnet, behalten die Projekträume ihre bestehenden Verbindungen bei und können entweder einer einzelnen oder mehreren Nutzungen dienen. Wo immer es möglich war, wurden die ursprünglichen Materialien beibehalten, so dass die Wände die Spuren der Zeit zeigen oder, wo sie neu sind, die Palette der ursprünglichen Materialien verwenden. Auf der Hofseite wurden die vorhandenen Böden beibehalten, während auf der Flussseite neue Holzböden verlegt wurden, wo aus statischen Gründen neue Balken erforderlich waren. Offene Kabelkanäle und Stromschienen für Lampen und Schallabsorption ermöglichen es, die technischen Einrichtungen mit minimalen Eingriffen nachzurüsten. Diese Räume sind wie Gefässe für nicht weiter vorbestimmte Nutzungen; sie verkörpern das Gefühl der unendlichen Möglichkeiten, das wir hatten, als wir das Gebäude zum ersten Mal besuchten.

Project Rooms

These accommodate the main use of the Barracks and retain something of the historic character of the building. Grouped in threes around the new cores, the project rooms maintain their previous interconnections and are capable of serving either single or multiple purposes. Original materials have been kept wherever possible, so the walls display the scars of time or, where they are new, use the palette of the original materials. On the courtyard side the existing floors have been kept, while new wooden floors have been installed on the river side, where new beams were needed for structural reasons. Open channels and electrical rails for lamps and acoustic absorption allow technical facilities to be upgraded with minimal intervention. These rooms are vessels for undefined uses; they encapsulate the sense of endless possibility that we had when we first visited the building.

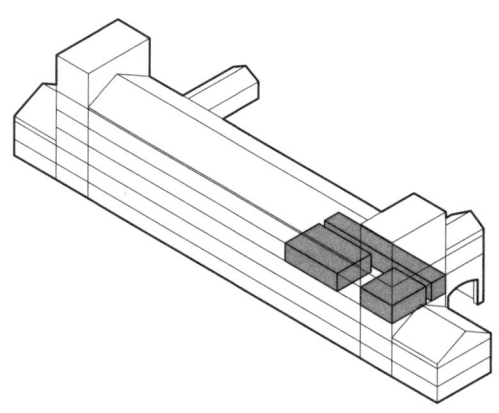

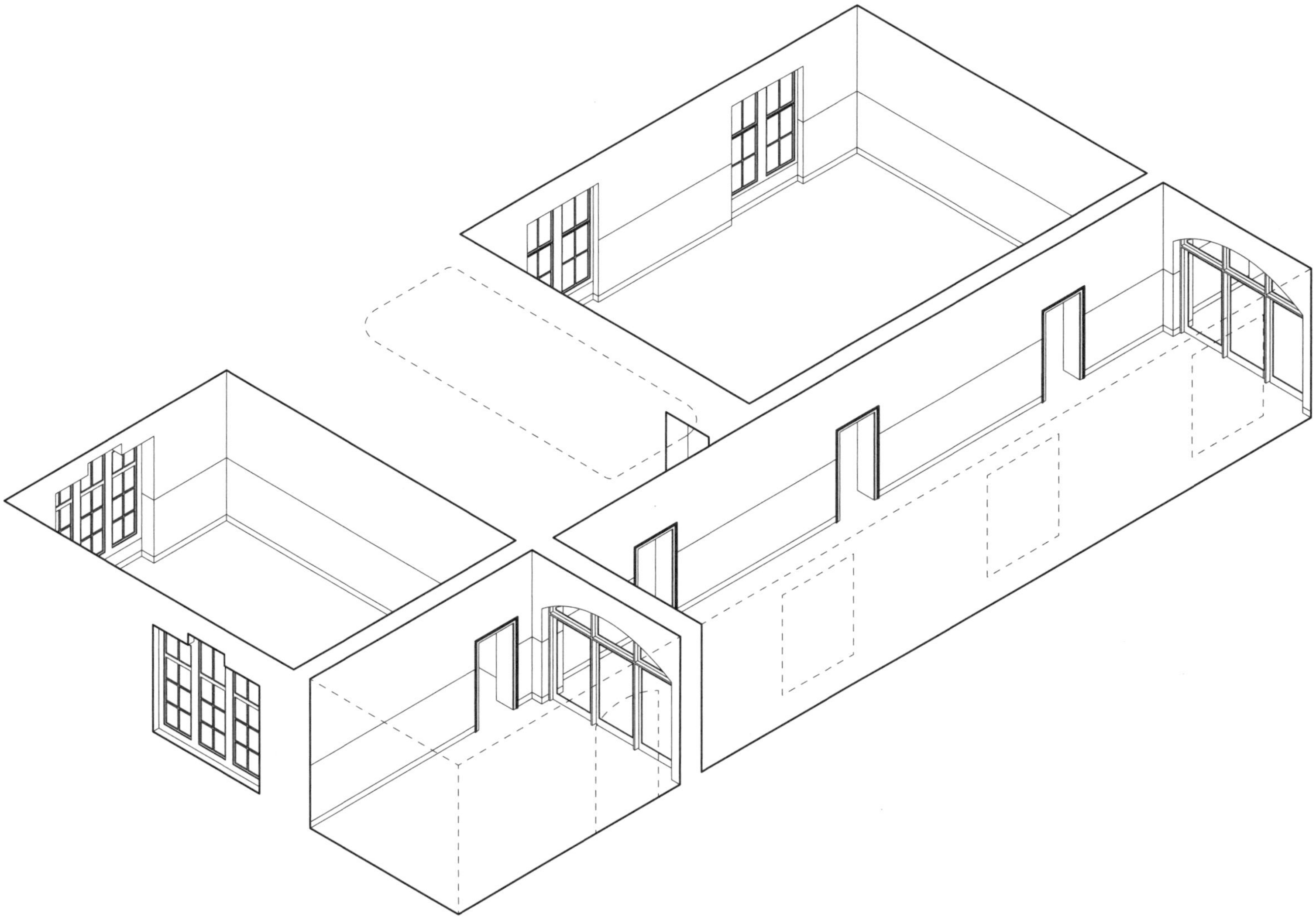

Plaza

Mit seiner repräsentativen Treppe bildet dieser grosse urbane Freiraum (25 × 11 × 9 m) in der Mitte des Gebäudes die Verbindung zwischen dem Fluss und dem Hof. Wenn man das Café und einige öffentliche Projekträume hinzunimmt, kann er so erweitert werden, dass er die gesamte Fassade auf beiden Ebenen aktiviert. Die Materialien zeigen die Nutzung der einzelnen Räume an: Für die weniger repräsentativen Räume wurden Versionen der ursprünglichen Oberflächen verwendet, während die Empfangsräume in einem abstrakteren weissen Putz ausgeführt sind, und der grosse zentrale Freiraum, eine in sich geschlossene Form mit abgerundeten Ecken, mit einem «Waschputz» versehen ist – einem Putz, der sorgfältig mit einem Schwamm aufgetragen wurde, um die rote Maserung und den glänzenden Quarz in der Mischung sichtbar zu machen. Ein durchgehender roter Boden ist in den öffentlichen Bereichen poliert und in den angrenzenden Räumen unpoliert belassen.

With its representative stairway, this urban void (25 × 11 × 9 m) at the centre of the building forms the connection between the river and the courtyard. By adding the café and a few public project rooms it is capable of expanding to activate the whole facade on both levels. The materials define how each space is to be used: versions of the original surfaces have been selected for the less representative rooms, while the reception rooms are done in a more abstract white render and the central void, a self-contained shape with rounded corners, features a 'Waschputz' – a render that is carefully washed with a sponge to reveal the red grain and the shiny quartz in the mix. A continuous red floor is polished in the public areas and left unpolished in the adjacent rooms.

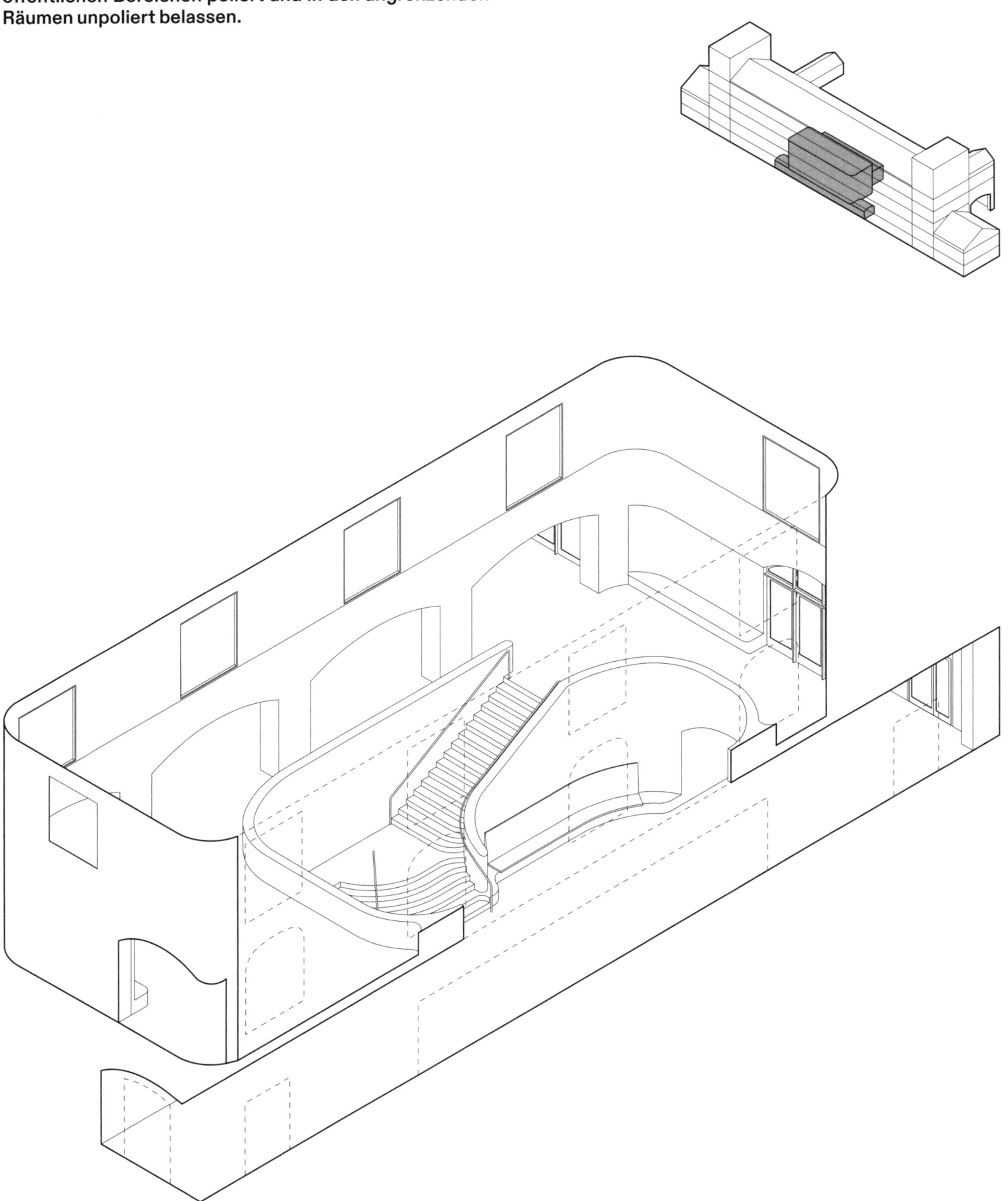

Veranstaltungssaal

Der zentrale Veranstaltungsort in der Kaserne befindet sich direkt über der Plaza. Der ähnlich dimensionierte Raum (22×7,5×9 m) kann als beispielhaft für den Bauprozess verstanden werden und ist so ausgestattet, dass in ihm alles vom Bankett bis zum Theaterstück stattfinden kann. Die ursprünglichen Wände sind verputzt und die neuen Betonelemente liegen frei, anders als bei der Plaza, wo sie verputzt sind. Ein Raster in der Fassade verbessert die strukturelle Stabilität, die durch die Entfernung der bestehenden Böden beeinträchtigt wurde. Die schöne neue Bodenplatte, die ebenfalls sichtbar ist, ist eine vorgespannte Konstruktion, die sich über die neun Meter Breite des Raumes erstreckt und mit 5 kN/m² bei einer Dicke von nur 33 Zentimeter belastbar ist. Der Saal ist teilweise mit neuen Designelementen verkleidet, die für eine perfekte Akustik sorgen: Die schlichten rechteckigen Felder der Decke werden mit Holzleisten kombiniert, die Jalousien bilden und der ansonsten rauen Oberfläche des Raums ein Gefühl der Taktilität verleihen.

Venue

The main venue at the Barracks is located directly above the plaza. A space of similar dimensions (22×7.5×9 m), it can be understood as evidence of the construction process and is equipped to host anything from banquets to stage plays. The original walls are left rendered and the new concrete elements are exposed, unlike the plaza, where they are rendered. A grid in the elevation improves structural stability, which was compromised by the removal of the existing floors. The beautiful new floor slab, which is also exposed here, is a pre-stressed structure that spans the 9 m width of the space and supports 5 kN/m² at a thickness of just 330 mm. The venue is partially clad in new design elements that create the perfect acoustics: the plain rectangular fields of the ceiling combine with panels of wooden battens that become blinds and lend a sense of tactility to the otherwise coarse finish of the space.

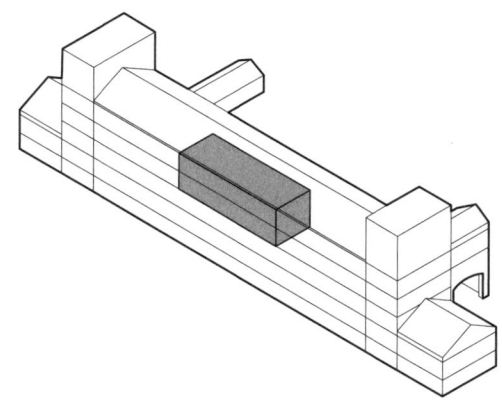

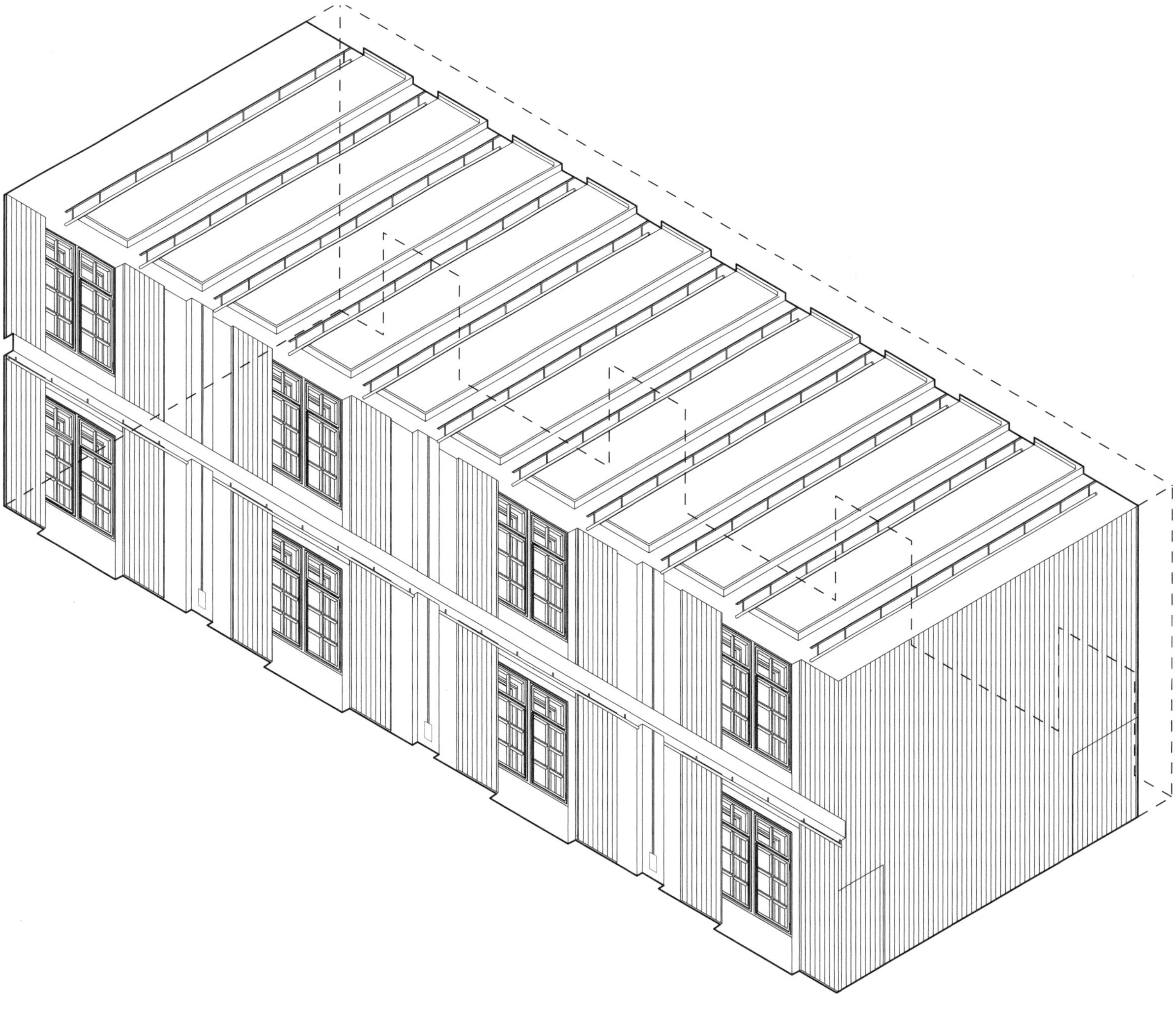

Rehearsal Room

The rehearsal room serves as a back-up space for the venue and allows for longer-term development of performance pieces. The space measures 11×13 m and the required height of 4 m. This was achieved by excavating a metre below ground level while leaving a gallery around the space to conceal the necessary technical facilities. Concrete roof beams span the 11 m width of the space. The new acoustic ceiling zigzags between these beams, leaving 4 m clearance from the floor to the highest points of the ceiling. The materials include a number of almost industrial elements, twisted to express some of their unexpected qualities. The black walls are clad in partially perforated wooden particle boards that hide the blinds while also regulating the acoustics of the space. The neatly framed acoustic ceiling panels lend the room a tactile feel. A dark oil finish reveals the grain of the plywood flooring.

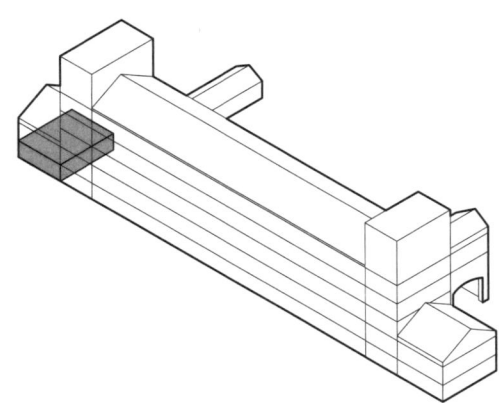

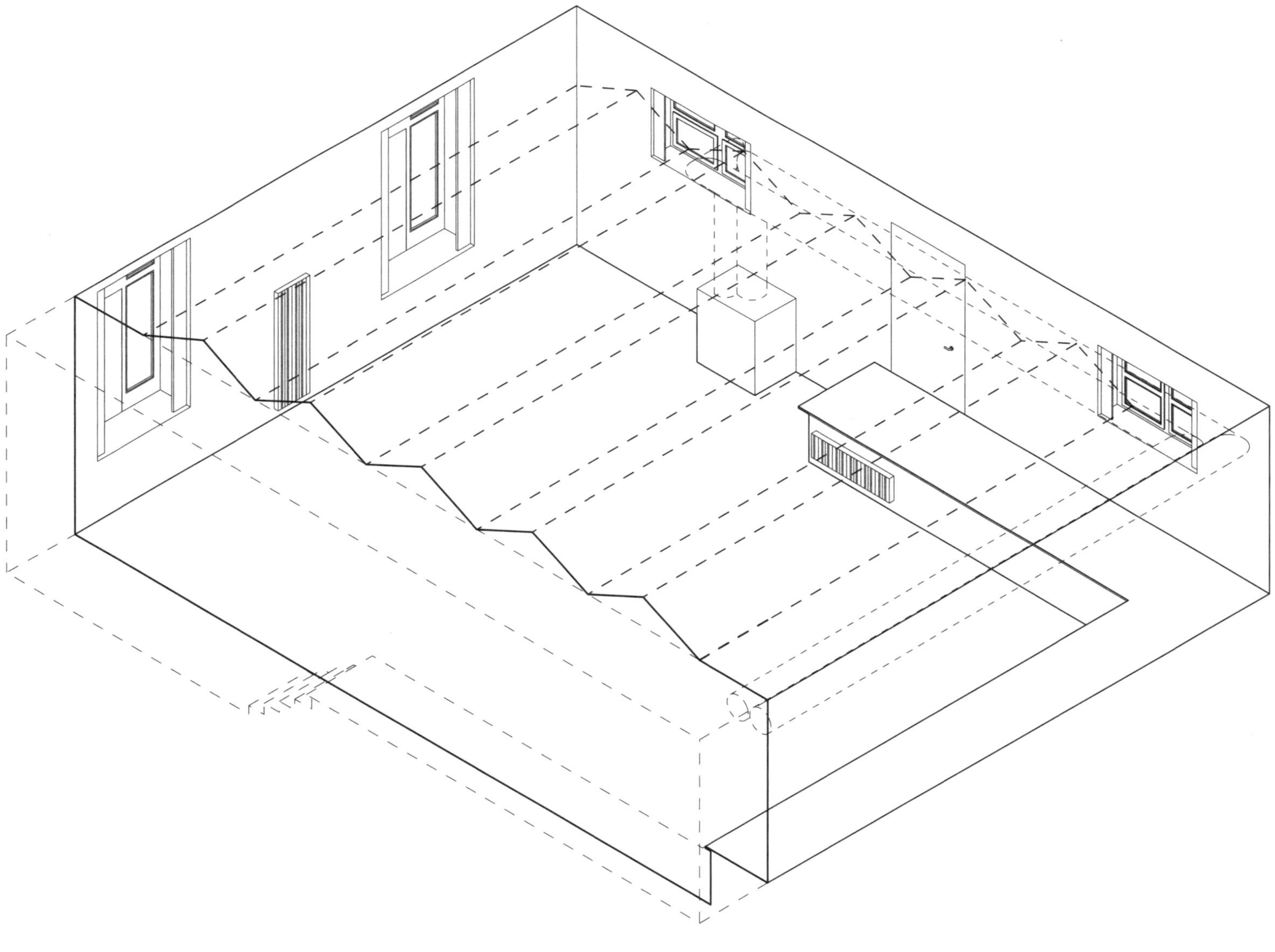

Moschee / Mosque

Oberhalb des Probenraums befindet sich die Moschee, die von ihrem früheren Standort innerhalb des Kasernenkomplexes verlegt werden musste. Der nördliche Anbau, der vom Hof aus zugänglich ist, bot den idealen, halböffentlichen Standort. Die Waschräume im Untergeschoss teilen die Wege elegant auf, indem sie die Frauen in das erste Obergeschoss und die Männer ins Erdgeschoss führen. Das bestehende Bodenniveau wurde abgesenkt, um repräsentative Räume zu schaffen, die sonst als dachbodenähnlich wahrgenommen worden wären; zusammen messen die beiden Gebetsräume 11 × 7 × 8 Meter. Die neue Zwischenbodenplatte, die die Funktionen separiert, springt elegant zwischen den Fenstern zurück und lässt so periphäre Öffnungen entstehen, die den Raumeindruck vereinheitlichen. Die Holz- und Betonstruktur dieser beiden stark abstrahierten Räume weist mit ihrer Ausrichtung gen Mekka auf die Gebetsrichtung hin.

Above the rehearsal room is the mosque, which had to be relocated from its former position within the Barracks complex. The north annexe, which is accessible from the patio, offered the ideal semi-public location. The ablution rooms on the lower floor split the routes elegantly, directing women to the first floor and men to the ground level. The existing floor level has been lowered to create representative spaces in what might otherwise have been perceived as an attic-type space; together the prayer rooms measure 11 × 7 × 8 m. The new intermediate floor slab elegantly jumps between the windows and creates peripheral voids that unify the space while splitting its functions. The wooden and concrete structure of these two highly abstract spaces indicates the direction of prayer by its orientation toward Mecca.

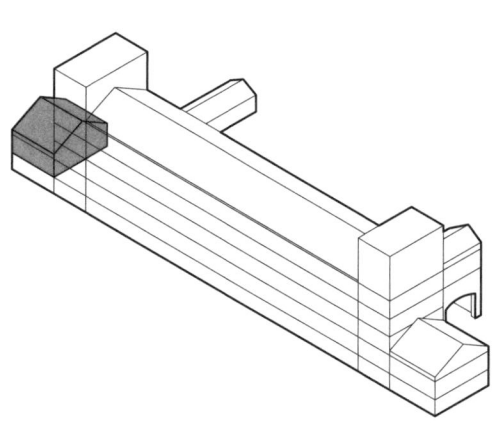

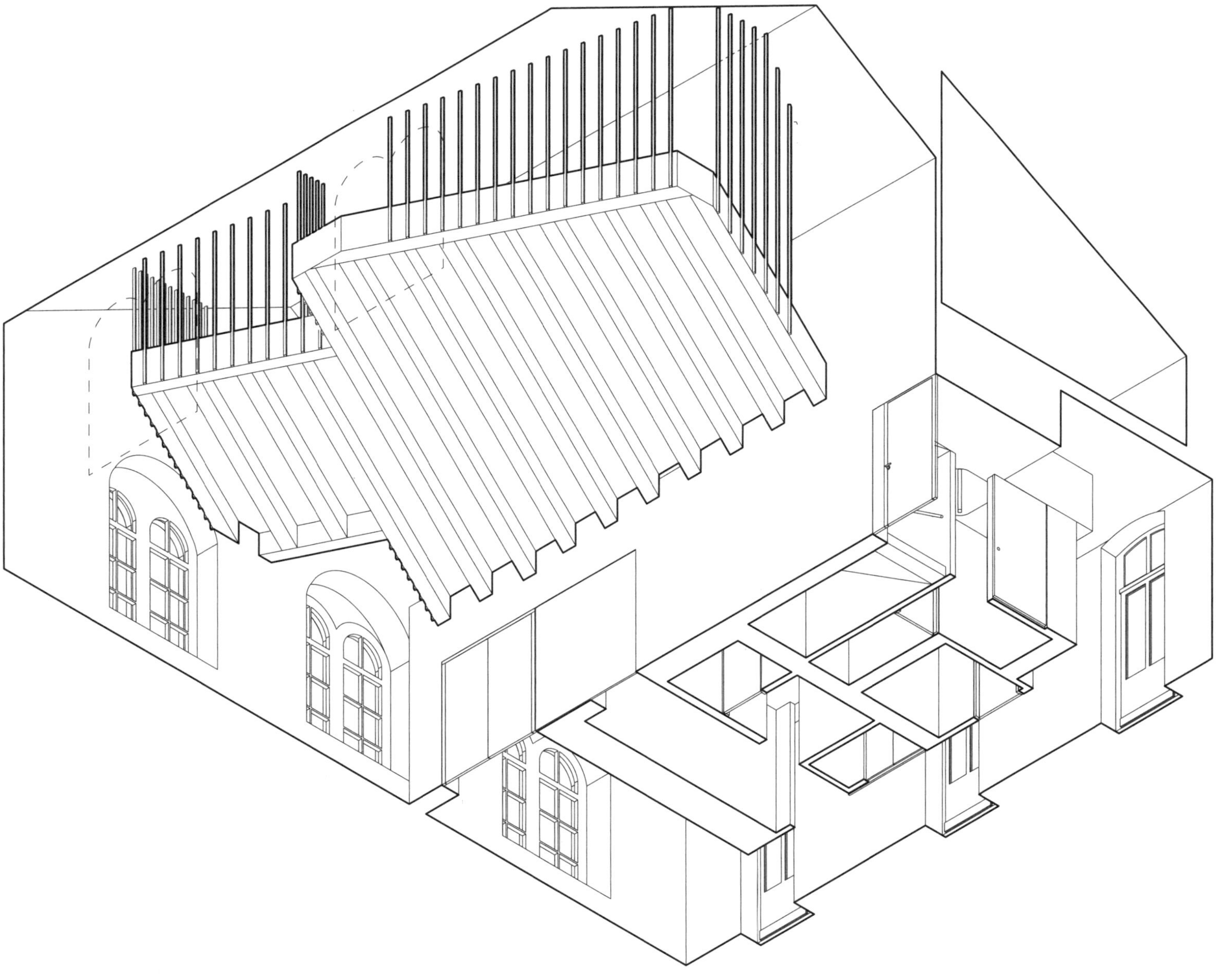

Sky Bar

On the other side of the building are two spaces of similar size, one indoors, one outdoors. Both offer fine views of the City of Basel. For the bar, two existing rooms have been combined into a new space measuring 7×14×5 m. The roof has been raised to create higher ceilings in the room below and a comfortable viewing platform above. The two levels are connected by a new stairway that hangs from the roof slab. These spaces will be handed over to the user in an unfinished state so that they can be customized. In this respect they are paradigmatic of the project, and in two ways. On the one hand they are abstract spaces whose specific uses are to be defined in the future. On the other they are twinned spaces, like the plaza and the venue or the two prayer rooms, spaces that share the same area but draw distinct characteristics from their different environments.

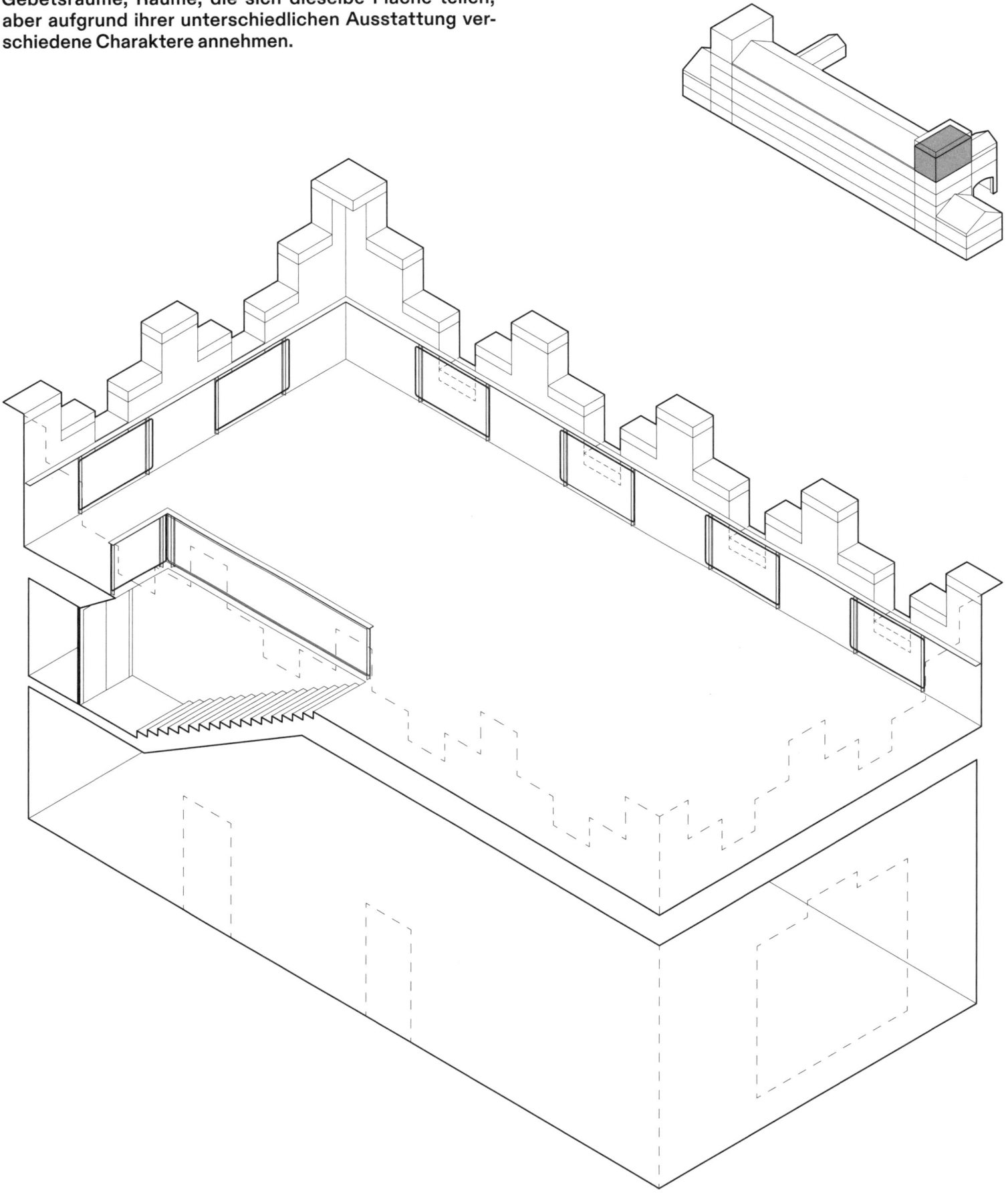

Verbindungsbau

Eine Verbindung zwischen dem Innenhof und dem Fluss herzustellen, war in mehrfacher Hinsicht eine Herausforderung. Um hier eine städtebauliche Anbindung zu schaffen, musste ein grosser Einschnitt in den bestehenden Verbindungsbau vorgenommen werden. Da dieser Einschnitt eine neue Konstruktion erforderte, wurden die bestehenden Wände beibehalten, aber mit einer neuen Betonschicht verstärkt, um die Belastungen zu verringern. Die Form des neuen Einschnitts musste mit der Denkmalschutzbehörde abgestimmt werden und wurde schliesslich den benachbarten Öffnungen entlehnt. Diese neue Form musste aber auch stimmig sein, so dass der Konstruktionsbeton die bestehende Wand überzieht und einen neuen Rahmen für die alte Form bildet, mit den charakteristischen abgerundeten Ecken der neuen Innenräume. Diese ganz besondere Geste – eine inwendige Schicht aus pigmentiertem Beton, die Form und Farbe der Ausgangsöffnungen widerspiegelt – löste die konstruktiven, konservatorischen, strukturellen und städtebaulichen Herausforderungen dieser neuen Verbindung in der Stadt.

Connecting Building

Establishing a link between the courtyard and the river was challenging in various ways. Creating an urban connection here meant making a large cut in the existing connecting building. Making this cut necessitated a new structure, so the existing walls have been retained and reinforced with a new layer of concrete, which brings the forces down. The shape of the new cut had to be agreed with the heritage department and was ultimately borrowed from the neighbouring openings. But this new form also had to have integrity, so the structural concrete spills over the existing wall to create a new frame for the old shape, with the characteristic rounded corners of the new rooms. This unique gesture – an internal layer of pigmented concrete mirroring the shape and colour of the exit openings – solved the constructive, conservation, structural and urban challenges of this new connection in the city.

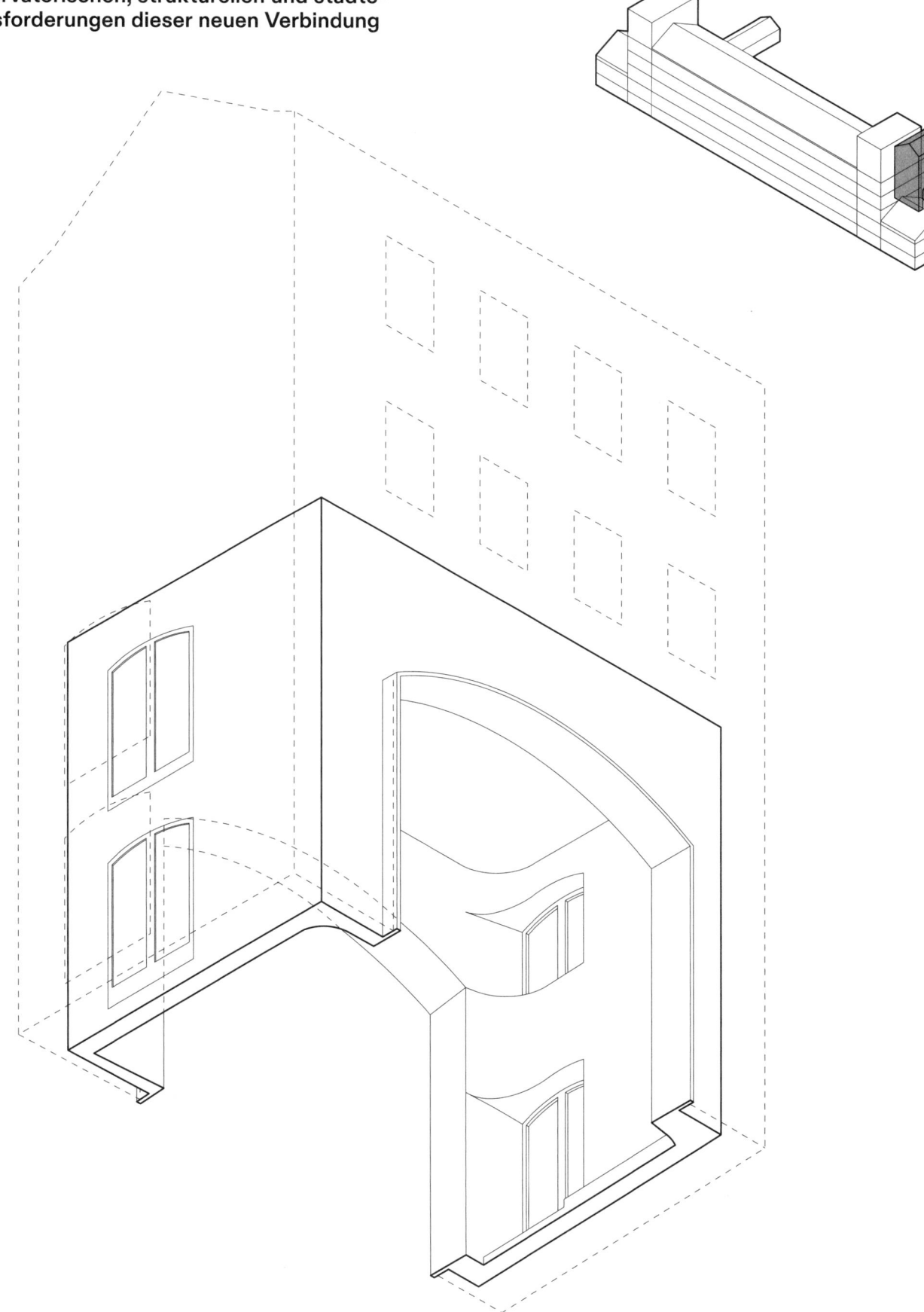

Aussenansicht

Die Türen und Fenster warfen ihre eigenen spezifischen Fragen auf. Bei den bestehenden Fenstern bestand die Herausforderung darin, die ursprünglichen Profile und Proportionen zu reproduzieren. Die neuen Türen auf der Hofebene ahmen die vorhandenen Holztüren nach (wobei sie ihre Position leicht verändern, um die neuen Haupteingänge kenntlich zu machen), während die neuen Nebeneingänge wie die vorhandenen Fenster weiss sind. Die Türen auf der Ebene des Flusses sind rahmenlose Öffnungen, für die eine sorgfältige Proportionsstudie durchgeführt wurde, um ein einziges Glaselement zu finden, das für jede Art von Tür passt – von den beiden normalen Türen über die Einzeltüren in den Kernen bis hin zur Dreifachöffnung im Turm. Die einzige Abweichung von dieser Regel findet sich bei den Haupttüren zum Fluss, wo sich die Form von einer geradlinigen Innenöffnung zu einer bogenförmigen Aussenöffnung wandelt, wie es den übrigen Haupteingängen der Kaserne entspricht.

External Aspect

The doors and windows raised their own specific questions. The existing windows presented the challenge of reproducing original profiles and proportions. The new doors at courtyard level mimic the existing wooden doors (subtly changing their position to mark the new main entrances), while the new secondary doors have turned white, like the existing windows. The doors at river level are openings without frames, while a careful proportional study was carried out to identify a single glass element that would fit each type of door – from the two normal doors to the single doors in the cores and the triple opening in the tower. The only deviation from this rule is found in the main doors to the river, where the shape transforms from a rectilinear internal opening to an arcuated external aperture which is similar to all the main entrances of the Barracks.

Ist die Kaserne ein nachhaltiges Gebäude?

Kevin M. Rahner

Is the Barracks a Sustainable Building?

Kevin M. Rahner

Autor

Kevin M. Rahner ist Partner bei Schnetzer Puskas Ingenieure. Er ist in Freiburg (Deutschland) geboren und machte 2003 seinen Abschluss an der Universität Stuttgart. Er begann seine berufliche Karriere in Basel bei Walther Mory Maier Bauingenieure AG und war anschliessend für Weiß Beratende Ingenieure GmbH, Freiburg, mit dem Bau von Achterbahnen befasst. Seit 2006 ist Kevin bei Schnetzer Puskas Ingenieure in Basel tätig, wo er 2013 in die Geschäftsleitung eintrat und 2016 Partner wurde. In den letzten Jahren war er unter anderem mit dem Aufbau des neuen Standortes in Berlin beschäftigt. 2013 wurde Kevin an der ETH Zürich mit einer Arbeit über «Effiziente und wandelbare Tragwerke für Hochhäuser aus Stahlbeton» promoviert. Daraus ist ein vertieftes Interesse an der Effizienz von Strukturen und an der Entwicklung von nachhaltigen Tragwerken entstanden. Kevin ist Vater von zwei Kindern.

Author

Kevin M. Rahner is a partner at Schnetzer Puskas Ingenieure. Born in Freiburg, Germany, he graduated from the Universität Stuttgart in 2003. Kevin began his career as an engineer at Walther Mory Maier Bauingenieure AG in Basel and then worked on rollercoasters at Weiß Beratende Ingenieure GmbH in Freiburg. He has been at Schnetzer Puskas in Basel since 2006, joining the management team in 2013 and becoming a partner in 2016. Over the last few years he has been busy setting up a new office in Berlin. In 2013 Kevin completed a doctorate at ETH Zurich with a dissertation on 'Efficient and Flexible Load-Bearing Structures for High-Rise Buildings in Reinforced Concrete'. This led to a profound interest in structural efficiency and the design of sustainable load-bearing structures. Kevin is father to two children.

Ist die Kaserne ein nachhaltiges Gebäude?

Betrachtet man den massiven Hauptbau der Kaserne äusserlich, wird nur ein Bruchteil der Besucher in ihm ein Beispiel für ein nachhaltiges Bauen erkennen. In heutigen Diskussionen wird das Thema der Nachhaltigkeit in der Regel stark vereinfachend auf die Ebene der Materialwahl herabgebrochen. Ein Gebäude wird als nachhaltig bezeichnet, wenn der überwiegende Teil der Gebäudestruktur in Holzbauweise ausgeführt wurde. Eine solch vereinfachende Betrachtungsweise ist sowohl bei der Konzeption eines Neubaus als auch aus dem Blickwinkel der Umnutzung eines bestehenden Gebäudes zu einseitig.

Das Konzept der Nachhaltigkeit wurde erstmalig 1713 durch Hans Carl von Carlowitz in Bezug auf die Forstwirtschaft formuliert. Die Nachhaltigkeit beschreibt die Nutzung von Ressourcen oder die Verwendung eines Systems in einer Weise, dass die Ressourcen oder ein System in seinen Kerneigenschaften dauerhaft erhalten bleiben. Die Verwertung und die natürliche Regeneration stehen miteinander im Gleichgewicht. Die Weltkommission für Umwelt und Entwicklung der Vereinten Nationen präzisierte 1987 den Begriff der nachhaltigen Entwicklung im Zusammenhang mit ökologischer Gerechtigkeit dahingehend, dass in einer dauerhaften Entwicklung die Bedürfnisse der Gegenwart befriedigt werden, ohne den kommenden Generationen die Grundlagen zur Befriedigung künftiger Bedürfnisse zu entziehen.

In Bezug auf die Tragstruktur bei Umbauvorhaben bedeutet dieser Grundsatz zunächst den maximalen Erhalt von Gebäudesubstanz. Wird ein Gebäude zurückgebaut, so ist die ehemals beim Bau in die Substanz gesteckte Energie unwiederbringlich verloren. Es sind flexible Gebäude zu projektieren. Nur flexible Strukturen können zukünftige Umnutzungen ohne massive Eingriffe in das primäre Tragwerk ermöglichen. In Erdbebengebieten wie Basel ist ausserdem das Aussteifungssystem zu Beginn des Projektes als integraler Bestandteil der Struktur zu denken. Es sollte nicht erst im Nachhinein und damit ineffizient ergänzt werden müssen. Um den ökologischen Fussabdruck zu minimieren, sollte das Tragwerk von grösstmöglicher statischer Effizienz sein und Baumaterialien verwendet werden, deren graue Energie minimal ist und die möglichst aus nachwachsenden Rohstoffen gewonnen sind.

Is the Barracks a Sustainable Building?

Looking at the main building from the outside, only a fraction of visitiors to the Barracks would regard it as a model of sustainable architecture. Contemporary discourse tends to oversimplify sustainability by reducing it to a question of materials. A building is thought to be sustainable when the majority of the structure is made of wood. But whether you're designing a new building or repurposing an existing one, this oversimplified view of sustainability is simply too narrow.

The concept of sustainability was first formulated by Hans Carl von Carlowitz in relation to forestry in 1713. Sustainability describes an approach to the utilization of resources or systems such that the basic properties of those resources and systems are preserved in the long term. A balance is struck between the exploitation of resources and their natural regeneration. In 1987 the United Nations' World Commission on Environment and Development further defined the concept of sustainable development to include the idea of ecological justice, such that sustainable development would meet the needs of the present without depriving future generations of the ability to meet their own needs.

Applied to the refurbishment of an existing load-bearing structure, this principle primarily calls for the greatest possible preservation of the substance of the building. When a building is dismantled, all the energy that went into constructing it in the first place is irrevocably lost. Buildings need to be flexible. The only buildings that allow future conversions without the need for drastic interventions into their primary load-bearing structures are flexible buildings. In an earthquake zone like Basel, the bracing system also needs to be conceived as an intergral part of the structure. Leaving this to the end will make it an inefficient afterthought. In order to minimize the ecological footprint, the statics of the load-bearing structure need to be as efficient as possible and the construction materials employed should have minimal grey energy and be derived from renewable raw materials.

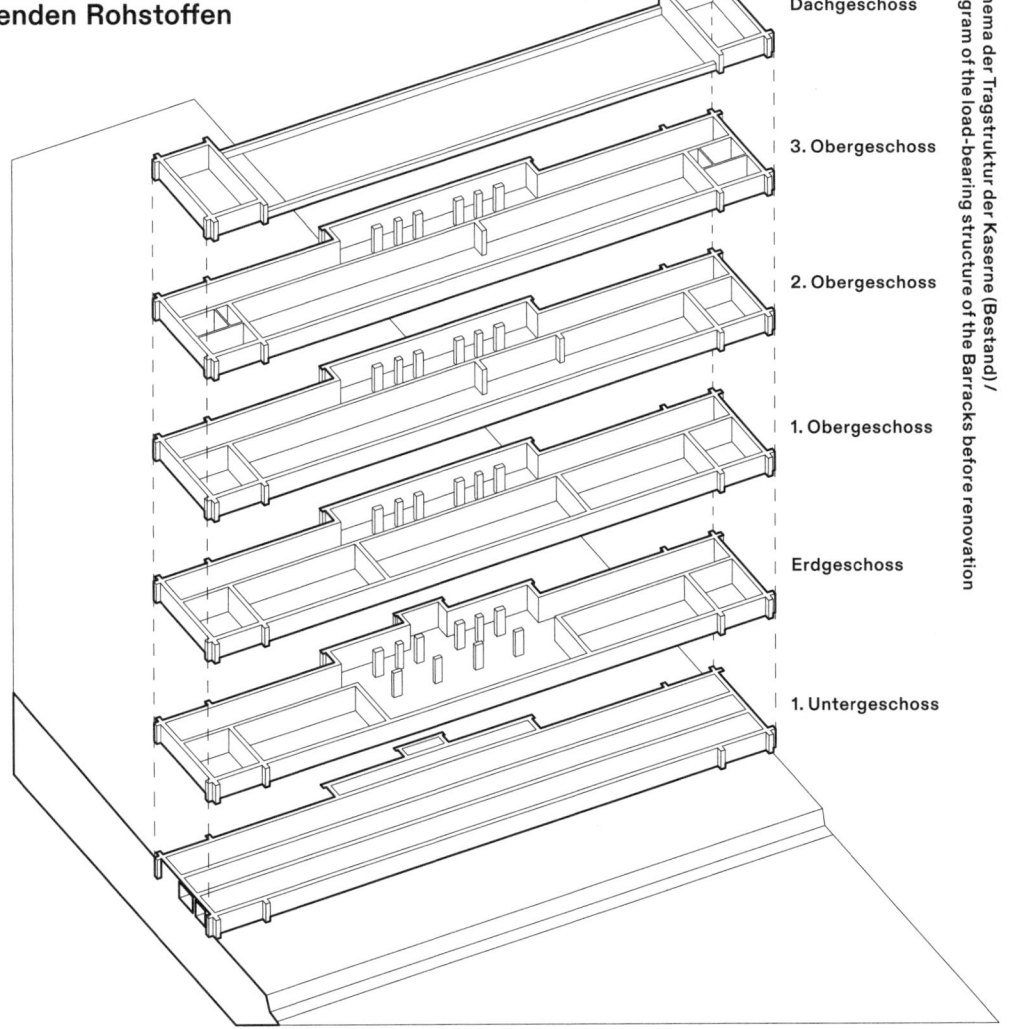

Schema der Tragstruktur der Kaserne (Bestand) / Diagram of the load-bearing structure of the Barracks before renovation

Ist die Kaserne ein nachhaltiges Gebäude? / Is the Barracks a Sustainable Building?

Der sechsgeschossige Hauptbau der Kaserne ist parallel zum Rheinufer angeordnet. Die Grundstruktur des Hauptgebäudes ist in fünf Teile unterteilt. Die Gesamtlänge der Aussenkante von Turm Nord zu Turm Süd beträgt 85 Meter, die Gebäudebreite beläuft sich auf ca. 15 Meter. Das Gebäude ist ab dem Kellerboden bzw. der Terrainseite Rhein 24 Meter sowie ab der Terrainoberfläche Kasernenhof ca. 21 Meter hoch. Beidseitig sind zwei dreigeschossige Anbauten angehängt. In Längsrichtung wird das Gebäude durch eine durchlaufende, massive Bruchsteinwand in zwei Schichten unterteilt. Die Aussenwände aus Bruchsteinmauerwerk sind ausnahmslos tragend ausgebildet. Jeder der fünf Gebäudeteile wird in Querrichtung durch eine ebenfalls tragende Mauerwerkswand abgegrenzt.

In der Aufgabenstellung des Wettbewerbsprogramms war aus denkmalpflegerischer Sicht im äusseren Bereich die Konservierung und Restaurierung im Sinne des ursprünglichen Erscheinungsbildes unter Bewahrung der original überlieferten Bausubstanz das oberste Ziel. Im Inneren sollte grundsätzlich die Gebäude- und Raumstruktur beibehalten werden. Das heute umgesetzte Wettbewerbsprojekt bewahrt mit Ausnahme der Brückenöffnung im Zwischentrakt die Bausubstanz der massiven Bruchsteinwände. Die Eingriffe in die Fassadenlängs- und -querwände wie auch in die innenliegende Bruchsteinlängswand wurden auf ein Minimum beschränkt. Bei den bestehenden Deckenkonstruktionen konnten ein Grossteil der Balken der Holzdeckenkonstruktion der beiden nördlichen und der beiden südlichen Gebäudeteile bewahrt werden. Um die bestehenden Holzbalken trotz grösserer Verformungen weiter in eine neue und zeitgemässe Nutzung überführen und die aussteifenden Bauteile über die scheibenartig wirkenden Decken miteinander zu einem Gesamttragwerk verknüpfen zu können, wurden die bestehenden Holzbalken seitlich aufgedoppelt und oben mit einer Furnierschichtholzplatte statisch ertüchtigt.

The six-storey main building of the Barracks is aligned with the banks of the Rhine. The basic structure is subdivided into five sections. The total length of the building from the outer corners of the north and south towers is 85 m. It is around 15 m deep. The height of the building is 24 m from the floor of the basement on the Rhine side and around 21 m from ground level on the courtyard side. A three-storey annexe has been added each side of the building. Longitudinally, a continuous rubble stone wall divides the interior of the building into two long shafts. All the external masonry walls are load-bearing walls. Similarly, all five sections of the building are separated by transverse load-bearing masonry walls.

The task as formulated in the competition brief gave the highest priority to the conservation and restoration of the original appearance of the building and the preservation of its existing fabric. The internal layout and structure of the building were to be retained. With the exception of the passage under the connecting building, the competition project as implemented retains the built fabric of the massive masonry walls. Changes to the facades, the transverse walls and the longitudinal masonry walls on the interior were minimized. The majority of the wooden beams in the existing floor structures of the four sections to the north and south of the building were retained. In order to prepare the existing beams for new use and continued service (despite severe deformation), and in order to use the plate-like floor slabs to connect the bracing elements together into a single coherent structure, the existing wooden beams were sistered on either side and reinforced on top with laminated veneer lumber panels.

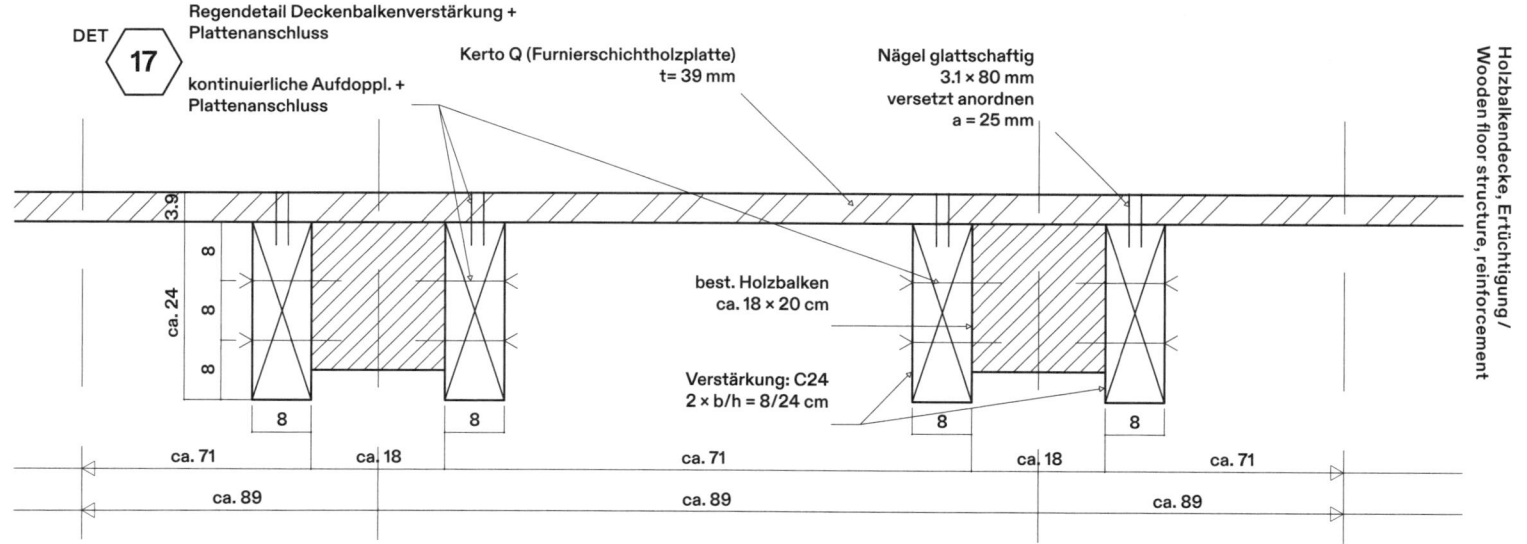

Holzbalkendecke, Ertüchtigung / Wooden floor structure, reinforcement

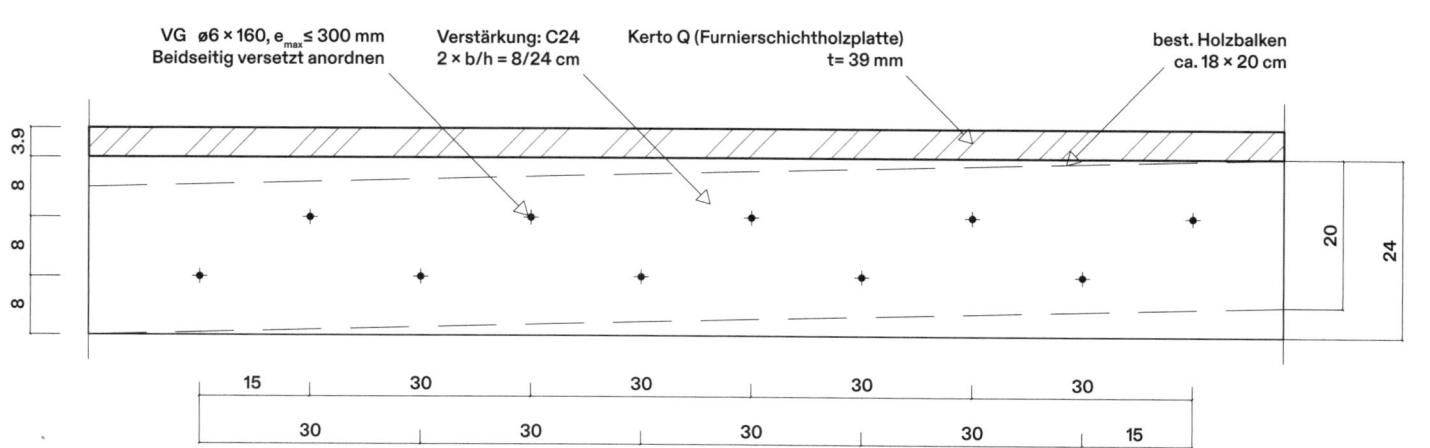

Schnitt der Balken mit Ertüchtigung / Existing and new beam elevation

Ist die Kaserne ein nachhaltiges Gebäude? Is the Barracks a Sustainable Building?

Lediglich im mittleren der fünf Gebäudeteile erfolgten grössere Eingriffe. Die neue Nutzung sieht in der Mitte einerseits eine Durchwegung in Form einer Plaza vor (siehe Abbildung unten), andererseits darüber einen doppelgeschossigen Veranstaltungssaal mit erheblichen Ausbau- und Nutzlasten. Um die neun Meter zu überspannen, wurden Betonfertigteile im Abstand von 2,20 Meter verlegt, mit sechs Zentimeter starken Filigranplatten als integrierte Schalung ergänzt und mit einer durchgehenden Ortbetonschicht zu einem monolithischen Gesamtsystem ergänzt. Die Stahlbetonfertigteile wurden im Spannbett vorgespannt, um den Verformungen vor allem im Bauzustand entgegenzuwirken und im Endzustand die Schwingungsanfälligkeit der schlanken Bauteile zu begrenzen. Mit dem beschriebenen System betrug die mittlere Deckenstärke lediglich 20,5 Zentimeter bei einer Spannweite von neun Metern.

The only major interventions were made in the middle section of the building. The new use of the building envisages a thoroughfare in the form of a plaza (see fig. below) and, above this, a double-height events venue with considerable additional and live loads. The 9 m span was bridged with prefabricated concrete components placed at 2.20 m intervals; these were combined into a single monolithic system using integrated shuttering (60 mm deck panels) and a layer of cast-in-place concrete. The prefabricated reinforced concrete elements were prestressed, primarily to counteract deformation during construction but also to minimize the vibrational vulnerability of these slender components. This structural system meant that the thickness of the central ceiling could be kept to just 205 mm for a span of 9 m.

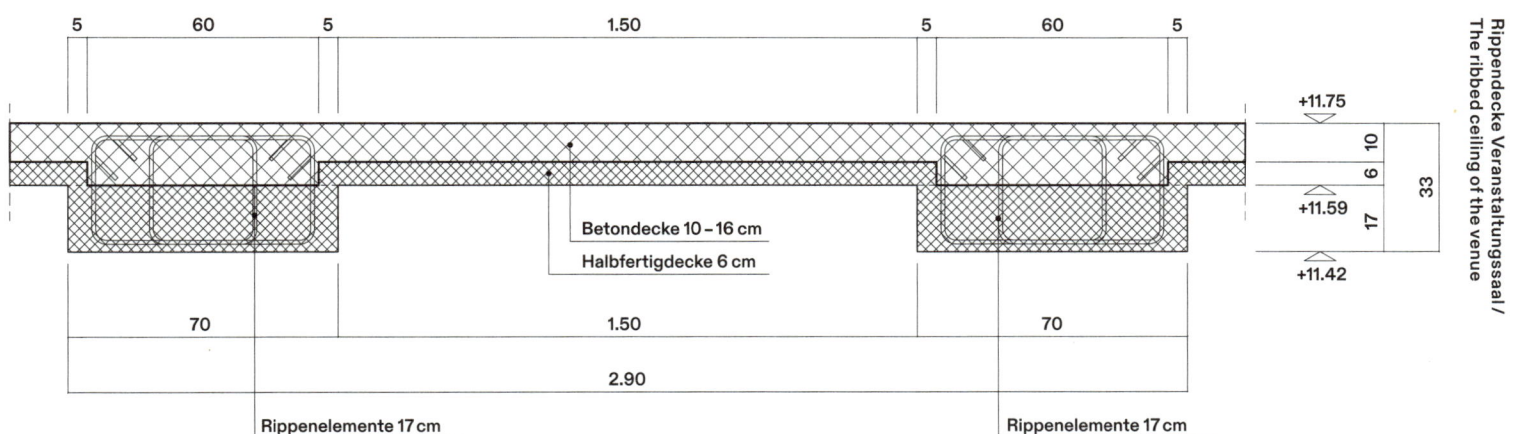

Rippendecke Veranstaltungssaal / The ribbed ceiling of the venue

Die flexible Bespielbarkeit bedingte die Setzung von zwei zusätzlichen Erschliessungskernen in der tiefen, flussseitigen Raumschicht quer zur Hauptfassade, angrenzend an Nord- und Südturm. Zusätzlich zur grosszügigen, bestehenden Treppenanlage versorgt eine dritte Vertikalverbindung den zentralen Bereich der Kaserne. Die beiden niedrigeren Anbauten im Norden und Süden werden separat erschlossen. Auf diese Weise können die Räume im Kasernenhauptbau horizontal wie auch vertikal nahezu beliebig zusammengeschaltet werden, und das Gebäude gewinnt eine enorme Nutzungsflexibilität. Die neuen Erschliessungskerne sind derart platziert, dass die Aussteifung mit Hilfe der scheibenartig wirkenden, statisch ertüchtigten Holzdecken und der neuen Stahlbetonrippendecken über die beiden neuen Kerne und den zentralen Hilfskern erbracht werden kann. Die Kerne befinden sich leicht exzentrisch innerhalb des Gebäudegrundrisses; über verschieden starke Wandquerschnitte befinden sich Steifigkeits- und Massezentrum geometrisch im Grundriss übereinander, und ineffiziente Torsionsbeanspruchungen auf das Aussteifungssystem können vermieden werden.

The desired flexibility of the building called for two additional circulation cores in the deep shafts of space adjacent to the north and south towers, behind and perpendicular to the main facade on the river side. In addition to the generous existing staircase, a third vertical connection serves the central section of the Barracks. Separate access is provided to the two lower annexes at north and south. These provisions allow the spaces in the Barracks to be connected both horizontally and vertically almost at will, which makes the building extremely flexible. The new circulation cores are placed in such a way that the required bracing is achieved by a combination of the plate-like static reinforcement of the wooden floors, the new ribbed reinforced concrete ceiling, the two new cores and the supplementary central core. The cores are oriented slightly eccentrically within the footprint of the building so that centres of mass and stiffness are geometrically superimposed in the ground plan via cross-sections of wall with varying thicknesses, and inefficient torsional stresses on the bracing system can be avoided.

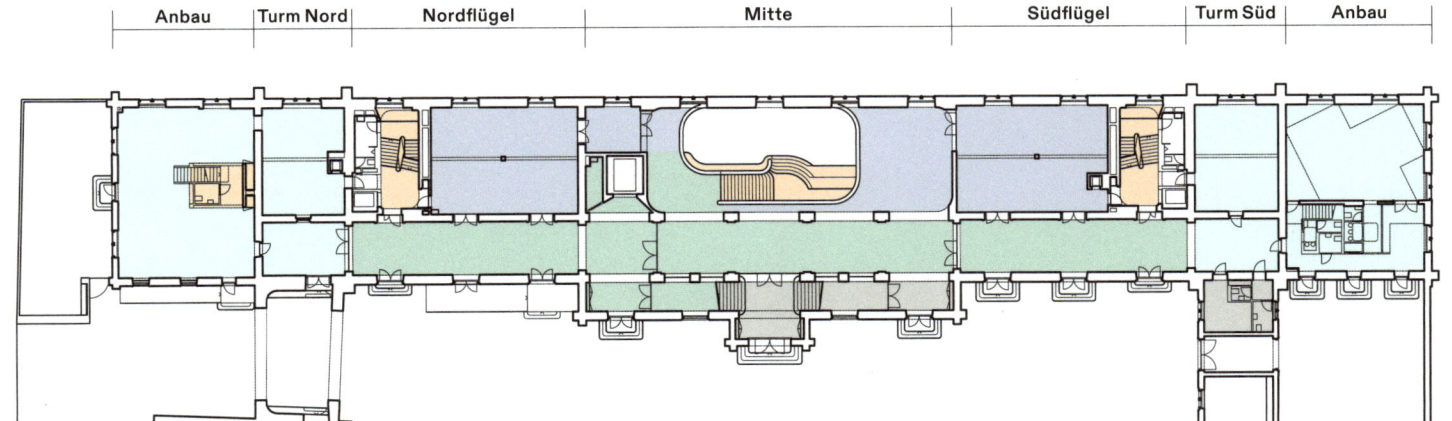

Übersicht der Gebäudestruktur nach dem Umbau / Overview of the structure of the building after renovation

Ist die Kaserne ein nachhaltiges Gebäude?

Diese übergeordnete Strategie aus Bewahrung und Ertüchtigung wurde stringent durch das gesamte Gebäude verfolgt. Teilbereiche wurden interdisziplinär gedacht, um auf zusätzliche Massnahmen verzichten zu können. Sogar die Holzkonstruktion im Dachbereich wurde nach Fertigstellung der Rippendecken zunächst aus- und anschliessend wieder eingebaut, wobei die Anschlüsse auf den heutigen Stand der Technik ertüchtigt wurden. Im Sinne der Nachhaltigkeit wurde der zusätzliche Materialverbrauch bei hoher statischer Effizienz minimiert. Die Ergänzung der Querschnitte und die Ertüchtigungsmassnahmen erfolgten grösstenteils – mit Ausnahme der Kerne und der Rippendecken – in Holzbauweise. Durch die statische Etablierung eines Aussteifungskonzeptes gegen Erdbeben und Windeinwirkungen sowie einer höchstmöglichen variablen Bespielbarkeit wurde der Hauptbau der Kaserne fit für heutige und zukünftige Nutzungen. Durch den grösstmöglichen Erhalt der Gebäudesubstanz bleiben die Ressourcen in ihren Kerneigenschaften dauerhaft erhalten, und der Hauptbau der Kaserne stellt einen gelungenen Umbau zu einem nachhaltigen Gebäude nach heutigem Stand der Technik dar.

Is the Barracks a Sustainable Building?

This overarching strategy of preservation and reinforcement was followed throughout the building. Subsections were conceived as interdisciplinary in order to obviate the need for supplementary measures. Even the wooden structure in the roof section was dismantled and then reinstalled once the new ribbed floor was in place, with all connections updated to the state-of-the-art versions. In terms of sustainability, material consumption was minimized by high static efficiency. With the exception of the cores and the ribbed ceiling, the reinforcements and additions to the cross-sections were done largely in wood. With the greatest possible flexibility and a bracing concept to counteract the effects of wind and earthquakes, the main Barracks building is now fit for present and future use. Its resources and core characteristics have been safeguarded by the greatest possible preservation of the built fabric. The main building of the Barracks can be regarded as an accomplished refurbishment of a sustainable, state-of-the-art structure.

Erstes Geschoss auf der Rheinseite vor dem Umbau und ohne Trennwände / First floor on the river side with original structure and no partition walls

Zweites Geschoss auf der Rheinseite vor dem Umbau und ohne Trennwände / Second floor on the river side with original structure and no partition walls

Umbau, März 2019 — Construction, March 2019

Vorbereitungen für die neue Betonstruktur im Veranstaltungssaal / Preparing for new structural concrete in the venue

Umbau, März 2019 — Construction, March 2019

Hofseite – Ausschachtung auf Flussniveau / Excavation to river level on the courtyard side

Umbau, März 2019 — Construction, March 2019

Freiraum im Zentrum zur Aufnahme der späteren Plaza und des Veranstaltungssaals / Central void for future plaza and venue

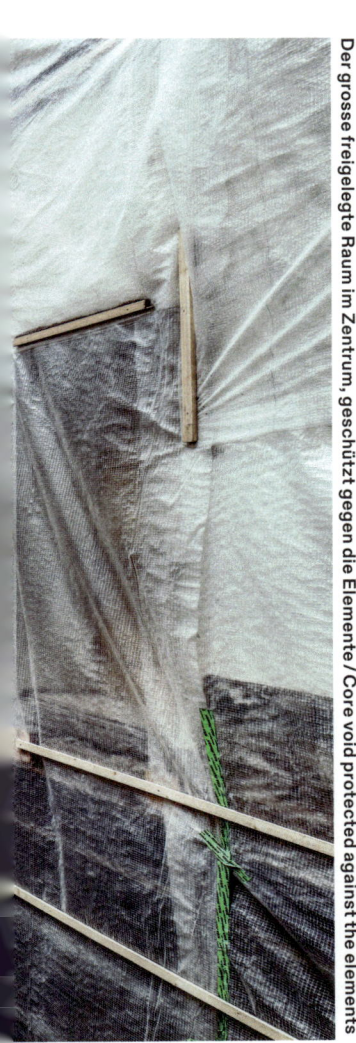

Der grosse freigelegte Raum im Zentrum, geschützt gegen die Elemente / Core void protected against the elements

Die Wandabwicklung im Inneren gibt die Matrix der Räume zu erkennen / Interior elevation of river façade showing room matrix

Umbau, März 2019 — Construction, March 2019

Freiliegende Dachkonstruktion / Exposed roof structure

Freiliegende Dachkonstruktion von unten / Exposed roof structure from below

Fundamente für Erschliessungskern auf Flussniveau / Core foundations at river level

Fundamente für Erschliessungskern auf Flussniveau mit bestehendem Gewölbe / Core foundations at river level with existing vaults

Veranstaltungssaal im Bau / The venue in its unfinished state

Umbau, Oktober 2019 — Construction, October 2019

Vorbereitungen für den neuen Eingang auf der Rheinseite / Temporary structure for new riverside entrance

Nördlicher Anbau (Probenraum und Moschee) mit entfernter Geschossdecke / North annexe (rehearsal room and mosque) with floor structures removed

Unterer Teil eines Erschliessungskerns aus pigmentiertem Beton / First levels of core in pigmented concrete

Neuer Erschliessungskern und altes Fenster / New core meets existing window

Umbau, Oktober 2019 — Construction, October 2019

Neuer Gang im ausgeschachteten Bereich mit Heizungsrohren / New corridor in excavated area with heating infrastructure

Neues Treppenhaus aus gegossenem Beton / New staircase in poured concrete

Erschliessungskern auf Erdgeschossebene / Core at ground floor level

Blick auf die Plaza von den Projekträumen aus / View of plaza from project rooms

Erschliessungskern auf Ebene eines Geschosses / Core at typical floor level

Die Entstehung eines öffentlichen Gebäudes

Miquel del Río Sanín

The Making of a Public Building

Miquel del Río Sanín

The Making of a Public Building

1. What Was Here Before Us?

The Barracks complex lies at the heart of Basel and is one of the most important nodes of the city. Originally built as a military barracks in 1863 by architect Johann Jakob Stehlin the Younger, it consists of a generous courtyard surrounded by buildings. It was and still is the only public building with a river frontage on this side of the Rhine and it stood as a representation of power even while it neglected the river. Visible from the city's main bridge and even from the cathedral, it dominated the surroundings with its characteristic coronated roofline, stretching more than a hundred metres along a facade without a single door. With the courtyard open at one end and the main building as a theatrical terminus at the other, it created a classic space of representation – to be seen but not used by the citizens of Basel.

This distanced relationship to the city continued until the Barracks complex was vacated in 1966, at which point the courtyard was opened and the ensemble embarked on a journey that would see it given over to a variety of uses: schools, sports centres, restaurants, mosques, shopping centres, parking facilities and so on. There was a time when any one of these functions might have colonized the entire site. Happily the Barracks resisted these opportunistic uses and turned towards cultural functions that created stronger links to the wider city.

When the competition for the refurbishment of the Barracks was announced in 2013, the site had long been an essential cultural and communal space for Basel. It is now a popular meeting point for diverse groups and communities, both in the City of Basel and in the broader metropolitan region spanning Switzerland, France and Germany. Today the existing uses include the Kaserne Basel performing arts centre, the Jungestheater, the Spielestrich play centre, artists' studios in the old Klingental abbey, a small sports hall, the K-bar and the Parterre One restaurant and venue, also designed by FOCKETYN DEL RIO STUDIO. The public courtyard mirrors these activities and hosts major events such as open-air concerts and seasonal festivals. For the rest of the year, people of all ages gather around the lawns and the basketball courts.

In parallel with this new-found public courtyard, the City of Basel also started to discover the river as a place of social interaction. The right bank of the Rhine was gradually furnished with seating steps that connect the

Historische Fotografie mit Umzäunung / Historical photograph with fencing

Die Entstehung eines öffentlichen Gebäudes / The Making of a Public Building

Blick auf die Kaserne von der Mittleren Brücke aus / Barracks from Mittlere Brücke

Parkende Autos am Flussufer / Cars parked on the riverfront

Jahres versammeln sich Menschen aller Altersgruppen auf den Rasenflächen und den Basketballplätzen.

Parallel zu diesem neu entstandenen öffentlichen Hof begann die Stadt Basel, auch den Fluss als Ort der sozialen Interaktion zu entdecken. Das rechte Rheinufer wurde nach und nach mit Sitzstufen ausgestattet, die die Stadt mit dem Wasser verbinden, und die Promenade wurde mit mobilen Sommerbars, den sogenannten Buvetten, bevölkert. Die erste dieser Buvetten wurde vor der Kaserne aufgestellt. Mitten in der Stadt, durch eine Fähre mit der anderen Seite des Flusses verbunden und mit einem fabelhaften Gebäude als Kulisse für die Sonnenuntergänge war sie die perfekte Pionierin.

Unbeeindruckt von all den Aktivitäten auf beiden Seiten verharrte das Hauptgebäude herausfordernd immobil. Als Schule genutzt – die gleichgültigste aller Funktionen –, existierte das letzte «Pièce de Résistance» an diesem Ort in einer eigenen Welt. Wir stellen uns die Geschichte der Kaserne gerne als einen kulturellen Tsunami vor, der den zentralen Hof und die Seitenflügel überflutete, aber nie das Hauptgebäude durchbrach und den Fluss erreichte. Aber wie wir alle wissen, lassen sich Tsunamis nicht so leicht aufhalten.

Vor zehn Jahren beschloss die Stadt Basel, das Hauptgebäude der Kaserne zu sanieren. Nach einer Machbarkeitsstudie, die eine kommunale Einrichtung für die Region vorsah, wurde ein offener Wettbewerb ausgeschrieben. Das Wettbewerbsprogramm war äusserst locker, nannte aber drei Hauptanforderungen. Erstens sollte das Projekt ein kulturelles Zentrum schaffen, ein klassischer Sammelbegriff, dessen Tragweite wir erst noch zu erkennen hatten. Zweitens sollte das Gebäude auf den neuesten Stand gebracht werden, d. h., es sollte renoviert und modernen Standards angepasst werden, damit es den aktuellen Vorschriften für Brandschutz, Wärmedämmung und Erdbebensicherheit entspricht. Drittens sollte das Siegerprojekt den Innenhof mit dem Fluss verbinden, eine grosse städtebauliche Geste, die die Baslerinnen und Basler schon lange gefordert hatten. Diese drei Ideen sollten den repräsentativen Bau zu einem öffentlichen Gebäude und zu einem wichtigen Akteur im Gefüge der Stadt machen.

Zu diesem Zeitpunkt hatten wir gerade unser Büro FOCKETYN DEL RIO STUDIO gegründet und beschlossen, uns an dem Wettbewerb zu beteiligen. Es schien weit hergeholt zu sein, aber für ein neues Büro war die Gelegenheit, ein wichtiges Zeichen im Stadtzentrum zu setzen, zu gut, um sie zu verpassen – auch wenn wir nie gedacht hätten, dass wir tatsächlich gewinnen könnten.

city to the water, and the promenade has been populated with mobile summer bars called 'buvettes'. The first of these appeared in front of the Barracks. In the centre of the city, connected to the other side of the river by ferry, and with a fabulous building as a backdrop to the sunsets, it was the perfect pioneer.

Unmoved by all this activity on both sides, the main building stood defiantly immobile. Used as a school – the most impervious of functions – the final pièce de résistance on the site was living in a world of its own. We like to imagine the history of the Barracks as a cultural tsunami that flooded the central courtyard and the lateral wings but never managed to breach the main building and reach the river. But as we all know, tsunamis are not easily held back.

Ten years ago the City of Basel decided to refurbish the main Barracks building. After a feasibility study that envisaged a communal facility for the region, an open competition was announced. The competition programme was extremely loose but it mentioned three main requirements. First, the project would have to create a cultural centre, a classic catch-all category whose implications we were yet to discover. Second, it would have to bring the building up to modern standards, which involved renovating the structure and updating the building to comply with modern regulations on fire safety, thermal performance and earthquake resilience. Third, the winning project would have to connect the courtyard to the river, a grand urban gesture that people in Basel had long been calling for. These three ideas would turn this representative building into a public building and a major player in the fabric of the city.

At that point we had just set up our practice, FOCKETYN DEL RIO STUDIO, and we decided to enter the competition. It seemed like a long shot, but for a new practice the opportunity to make a major statement in the city centre was too good to miss – even if we never thought we might actually win. Then, in a completely unexpected turn of events, this new studio set up by a guy from Barcelona and a guy from Belgium managed to win one of the most important building commissions in the architectural arcadia of Basel.

2. What to Do With This Building?

When we first looked at the plans of the Barracks we were struck by the typology of the building. It was a classic example of a bearing wall structure, with wooden

Die Entstehung eines öffentlichen Gebäudes — The Making of a Public Building

Wettbewerbsentwurf / Competition panels

Im Hof befinden sich diverse Bars und Restaurants als Besuchermagneten und lassen neue städtische Aufenthaltsorte vom Innenhof bis zum Rhein entstehen.

Ostfassade, Ansicht Hof M. 1/200

Westfassade, Ansicht Rhein M. 1/200

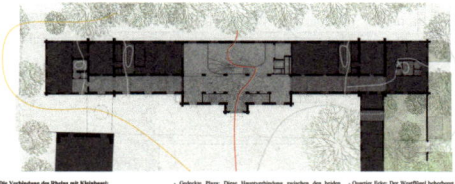

Die Durchgangshalle wird zu einem gedeckten öffentlichen Platz, bestückt mit verschiedenen Nutzungen.

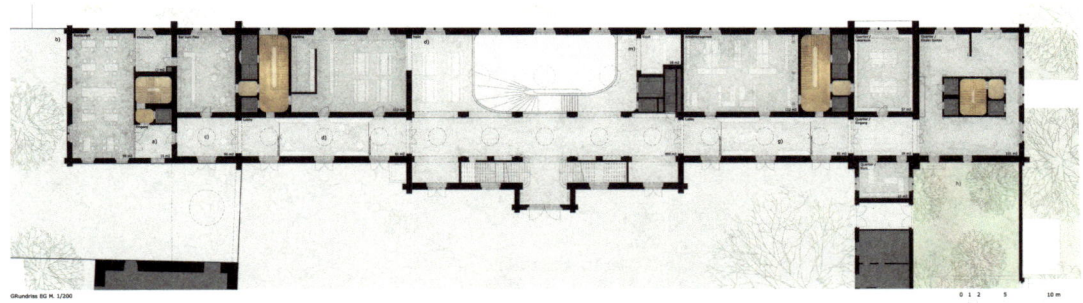

Grundriss EG M. 1/200

Grundriss UG M. 1/200

Die Entstehung eines öffentlichen Gebäudes — The Making of a Public Building

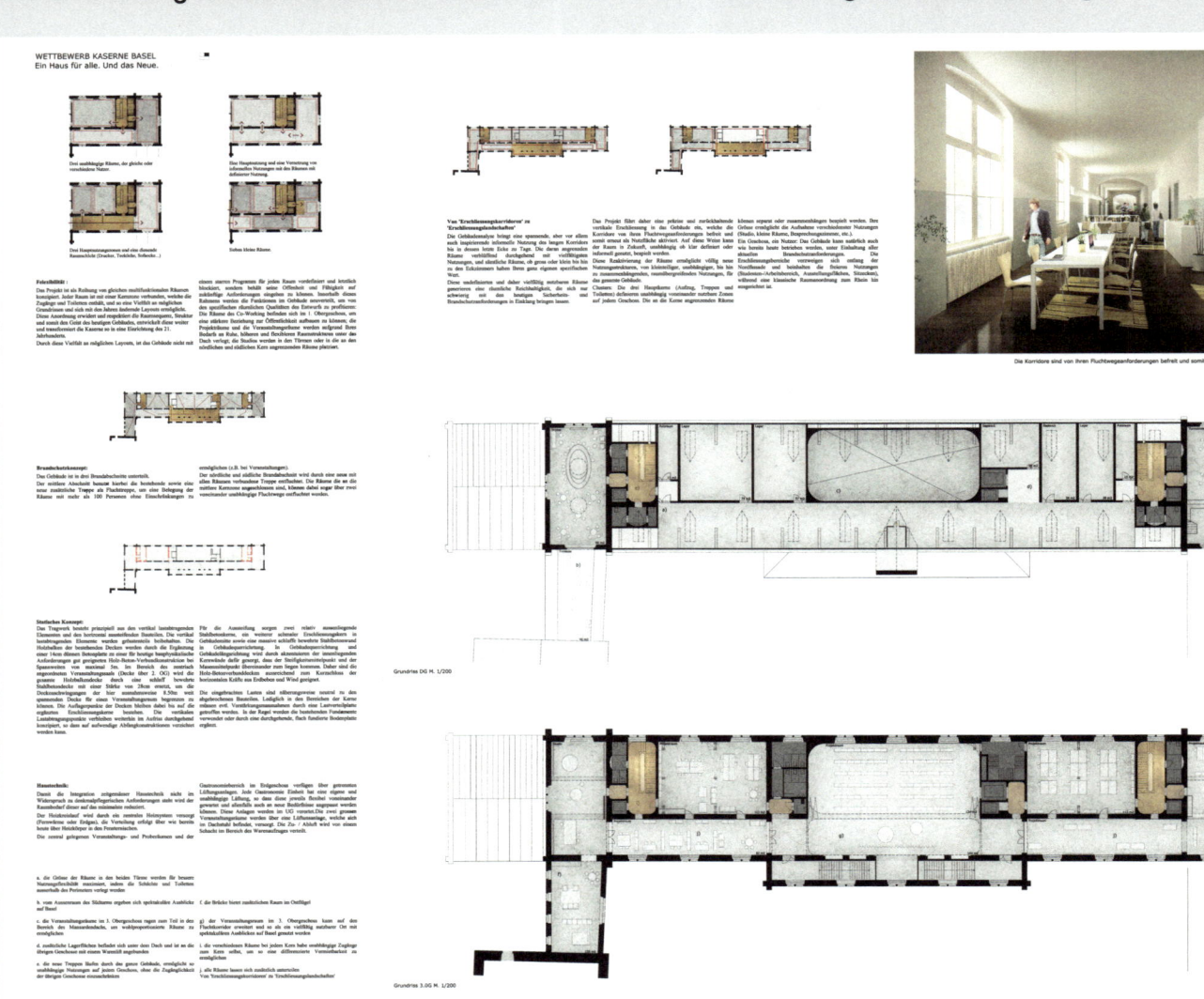

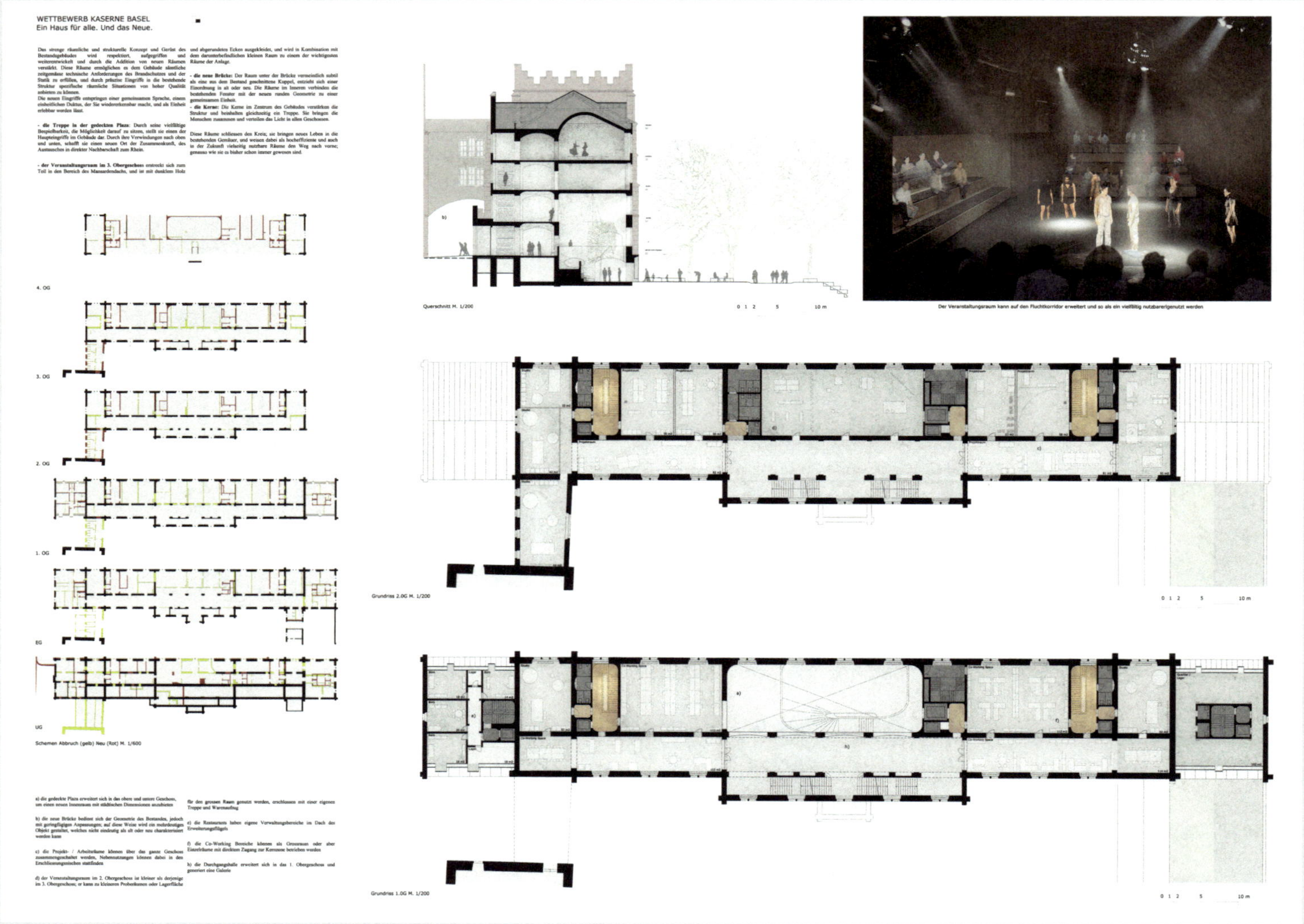

Dann, völlig unerwartet, gewann dieses neue, von einem Mann aus Barcelona und einem Mann aus Belgien gegründete Büro, einen der wichtigsten Bauaufträge im architektonischen Arkadien von Basel.

2. Was soll mit diesem Gebäude geschehen?

Als wir zum ersten Mal die Pläne der Kaserne sahen, waren wir von der Typologie des Gebäudes beeindruckt. Es handelte sich um ein klassisches Beispiel für eine tragende Wandstruktur, überspannt von Holzbalken zwischen Wänden aus massivem Mauerwerk. Der klassische Aufriss ist in fünf Abschnitte gegliedert: den Eingangstrakt in der Mitte, zwei Hauptabschnitte, die von den Türmen auf beiden Seiten eingerahmt werden, und zwei niedrigere Anbauten an den jeweiligen Enden.

Die Beziehung zwischen dem Hof und dem Fluss machte der Querschnitt deutlich, er zeigte, dass der Höhenunterschied zwischen der Flussfront und der Hoffassade ein ganzes Stockwerk betrug. Dieser Höhenunterschied erklärt den Gebäudesockel, der als unterirdischer Bereich mit zwei gewölbten Abschnitten parallel zum Fluss und einem ganz mit Erde verfüllten Abschnitt auf der Hofseite ausgeführt worden war. Es wurde aber auch klar, dass dieser gewölbte Sockel mit seinen winzigen Fenstern in Wirklichkeit ein ganzes Stockwerk mit einer vielversprechenden Front zum Fluss darstellte.

Darüber befand sich die repräsentative Ebene, die einen Zugang zum Hof und einen wunderbaren Blick auf den Fluss bot. Zusammen mit den drei darüber liegenden Geschossen folgte es einer klaren typologischen Regel: einen halben Meter dicke, tragende Wände definieren Räume in einem räumlichen und strukturell kohärenten Raster. Auf der Hofseite befand sich der sogenannte Korridor, ein lang gestreckter Raum mit einer Breite von etwa vier Metern und einer Länge von hundert Metern, aus dem die Treppe zum Empfang der Besucher herausführt. Auf der Flussseite finden wir hinter dreizehn Fenstern eine Abfolge von etwa neun Meter tiefen Kammern, die in unterschiedlichen Grössen gruppiert sind – Räume mit einem, zwei oder drei Fenstern, die eine breite Palette von Nutzungen beherbergen. Oben, unter dem Dach, erstreckten sich wunderschöne Holzbinder über die gesamte Breite des Gebäudes. Der neue Entwurf sollte diese Strukturelemente beibehalten und sie an die verschiedenen Nutzungsmöglichkeiten des Gebäudes anpassen und gleichzeitig die Kaserne für das 21. Jahrhundert ausstatten.

Bei unserem ersten Besuch vor Ort konnten wir unsere vorläufigen Eindrücke von der Typologie erhärten: Die Bewohner des Gebäudes hatten die grossen Korridore für andere Zwecke genutzt. Zu dieser Erkenntnis gesellte sich eine wichtige Entdeckung über die Öffnungen in den Aussenwänden: Es gab nur drei Zugänge an der Hoffassade, aber alle Fenster im Erdgeschoss waren durch ihre Steinrahmung typologisch als Türen definiert. Noch überraschter waren wir von dem, was wir in den sogenannten «unterirdischen» Bereichen vorfanden: Den kleinen Fenstern auf der Rheinseite entsprachen deutlich sichtbar türgrosse Öffnungen im Inneren des Gebäudes, und es gab nur eine dünne Wand zwischen innen und aussen. Es war, als hätte das Gebäude bereits ein neues Leben mit mehreren Öffnungen an beiden Fassaden vorausgesehen. Mit diesen Eindrücken waren wir bereit, mit der Arbeit an unserem Wettbewerbsbeitrag zu beginnen.

3. Wie kommen wir durch dieses Gebäude?

Die städtebauliche Hauptaufgabe des Kaserne-Projekts bestand darin, eine stadträumliche Verbindung zwischen zwei der ikonischsten öffentlichen Räume Basels zu

beams spanning solid masonry walls. The classical elevation was articulated in five transverse sections: the entrance in the middle, two main sections framed by the towers at both sides and two lower annexes at the extremities.

The relationship between the courtyard and the river was clear from the transverse section, which showed that the level difference between the riverfront and the courtyard facade amounted to a whole storey. This height difference explained the socle, which was formalized as an underground area with two vaulted sections running parallel to the river and a whole section filled with earth on the courtyard side. But it was also clear that this vaulted socle with its tiny windows actually constituted a whole storey with a promising river frontage.

Above this area the representative level provided access to the courtyard and wonderful views of the river. Together with the three floors above, it followed a clear typological rule: rooms defined by half-metre load-bearing walls in a coherent spatial and structural grid. On the courtyard side we found the so-called corridor, a longitudinal space measuring around four metres across and a hundred metres long, with the stairs protruding to receive visitors. On the river side we found a sequence of chambers about nine metres deep behind thirteen windows grouped into different sizes – rooms with one, two or three windows accommodating a wide range of uses. At the top of the structure, under the roof, beautiful wooden trusses spanned the entire width of the building. The new proposal would have to retain these structural elements and adapt them to the various uses of the building while also equipping the Barracks for the twenty-first century.

When we first visited the site we were able to confirm our first impressions about the typology: the occupants of the building had been using the large corridors for other purposes. To this insight we added an important discovery about the apertures in the external walls: there were only three points of access on the courtyard facade, but all the windows at ground-floor level were typologically defined as doors by their stone frames. We were even more surprised by what we found in the so-called 'underground' areas: the small windows on the Rhine side corresponded to well-defined door-sized openings inside the building, and there was only a thin wall between inside and outside. It was as if the building had already envisioned a new life with multiple openings on both facades. Having gathered these impressions we were ready to start work on our competition entry.

3. How Do We Get Across This Building?

The main urbanistic issue with the Barracks project was creating a connection at the scale of the city between two of the most iconic public spaces in Basel: the river and the courtyard of the Barracks, one being the main public space of the city and the other a major gathering space for the immediate surroundings. This self-evident link conflicted with the original use of the Barracks, which neglected the river as an industrial backwater and minimized its connection to the courtyard. In order to turn this sealed perimeter into a linking element we decided to pursue two parallel strategies: on the one hand we would provide a physical connection at the scale of the city and on the other we would ensure that the refurbished building had uses on both facades so as to avoid any dead areas at front or back. These strategies would help this large and prominent building to reclaim its role as a freestanding urban generator.

As for getting across the building, it was clear to us that there would have to be more than one way through in order to create an urban gesture at the appropriate scale. Now the building can be traversed in various ways at

| Die Entstehung eines öffentlichen Gebäudes | The Making of a Public Building |

schaffen: dem Fluss und dem Innenhof der Kaserne, wobei der eine der bedeutendste öffentliche Raum der Stadt ist und der andere ein wichtiger Treffpunkt für die unmittelbare Umgebung. Diese selbstverständliche Verbindung stand im Widerspruch zur ursprünglichen Nutzung der Kaserne, die den Fluss als industriell genutzten Wasserweg kaum wahrnahm und seine Verbindung zum Innenhof auf ein Minimum reduzierte. Um diese versiegelte Einfriedung in ein verbindendes Element zu verwandeln, beschlossen wir, zwei parallele Strategien zu verfolgen: Zum einen wollten wir eine physische Verbindung im Massstab der Stadt schaffen und zum anderen dafür sorgen, dass das sanierte Gebäude an beiden Fassaden Nutzungen aufweist, um tote Bereiche an der Vorder- oder Rückseite zu vermeiden. Diese Strategien würden diesem grossen und prominenten Gebäude dazu verhelfen, seine Rolle als freistehender urbaner Generator zu reklamieren.

Was die zu schaffende Durchlässigkeit des Gebäudes betrifft, so war uns klar, dass es mehr als einen Weg geben musste, um eine städtebauliche Geste in angemessenem Massstab zu schaffen. Nun kann das Gebäude zu verschiedenen Tageszeiten auf unterschiedlichen Wegen durchquert werden. Am südlichen Ende des Hofes wurde aus der bestehenden Verbindung zur Kirche eine neue Öffnung herausgeschnitten. Diese Öffnung, ein klassischer Bogen mit einem Betonrahmen, stellt rund um die Uhr und an jedem Tag des Jahres einen öffentlichen Zugang zum Fluss her. Am nördlichen Ende des Hofes haben wir eine bestehende Verbindung als Knotenpunkt für nachbarschaftliche Nutzungen reaktiviert – sie dient sowohl der Moschee als auch dem SpielEstrich und lässt diese selbst entscheiden, wann sie geöffnet und ge-

different times of day. On the south side of the courtyard a new opening has been carved out of the existing connection to the church. This opening, a classic arch with a concrete frame, provides public access to the river twenty-four hours a day, every day of the year. To the north side of the courtyard we have reactivated an existing connection as a node for neighbourhood uses – serving both the mosque and the Spielestrich play centre, and letting them decide when to open and close it. These two external connections are complemented by the plaza, an interior space at the centre of the building that mediates between the two facades. At more than thirteen metres in height, it creates an urban void and hosts activities all year round. The plaza is activated by public uses like the café on the north side and offers all the services people expect of a public building. It also incorporates a sculptural stairway that solves the height difference between courtyard and river. Conceived as the main public access to the building, the plaza as a whole is intended for everyone in the city: a place to go on wet winter days or hot summer afternoons.

The three main routes through the building are supplemented by other internal staircases: one serving all levels on the way up to the bar in the south section, another providing private users with various ways to traverse the building in the north section and an internal staircase for the restaurant in the south annexe. Reinforcing these connections, all the openings that provide access to the river and courtyard are doors of equal size, their dimensions defined by the existing stone frames on either side. The exception to this is the main opening to the plaza on the riverfront, which combines three of the existing openings.

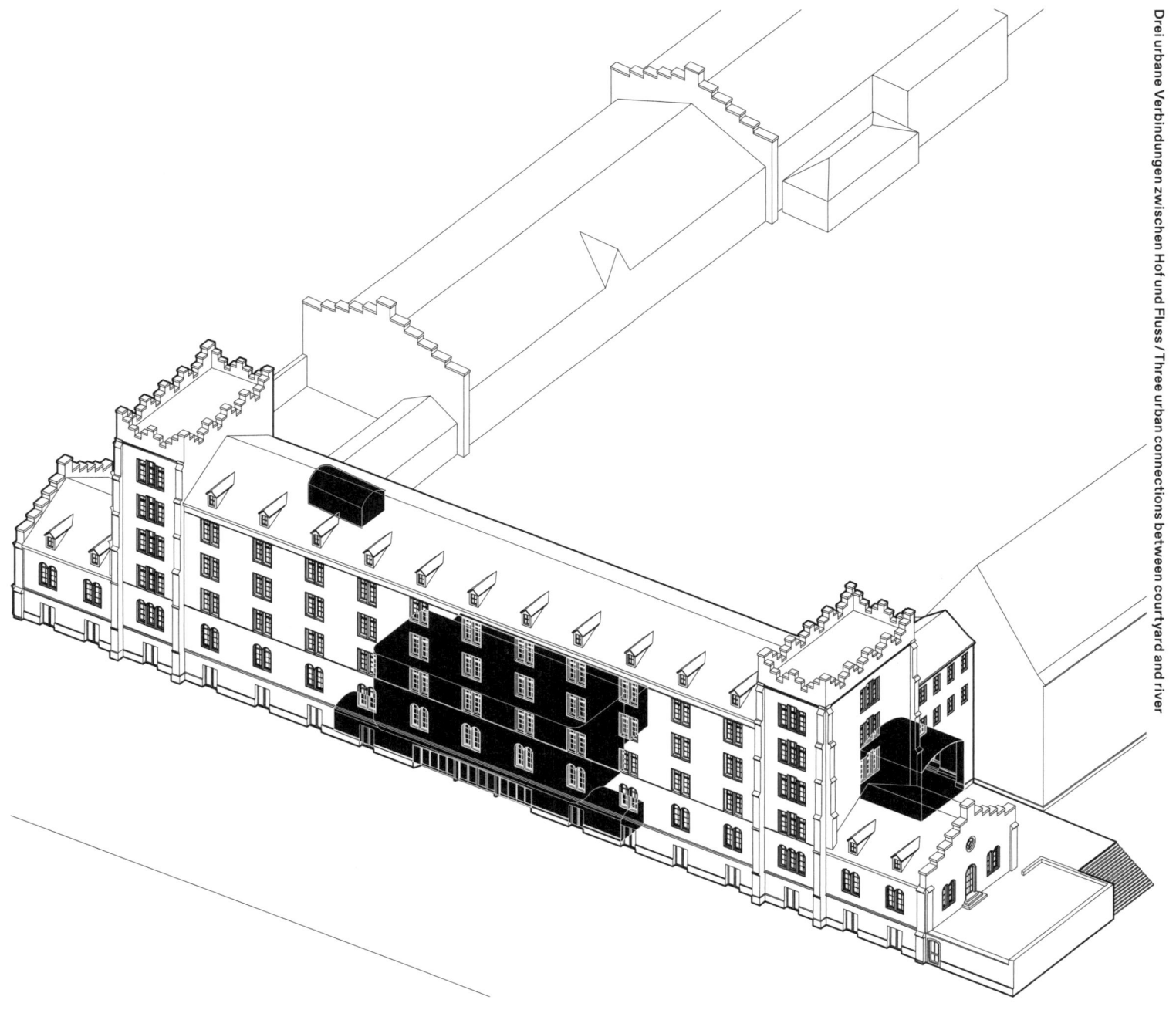

Drei urbane Verbindungen zwischen Hof und Fluss / Three urban connections between courtyard and river

Die Entstehung eines öffentlichen Gebäudes

schlossen wird. Ergänzt werden diese beiden Aussenverbindungen durch die Plaza, einen Innenraum in der Mitte des Gebäudes, der zwischen den beiden Fassaden vermittelt. Mit einer Höhe von mehr als dreizehn Metern schafft sie einen urbanen Freiraum und bietet das ganze Jahr über einen Ort für Aktivitäten. Die Plaza wird durch öffentliche Nutzungen wie das Café auf der Nordseite aktiviert und bietet alle Dienstleistungen, die man heute von einem öffentlichen Gebäude erwartet. Sie enthält auch eine skulpturale Treppe, die den Höhenunterschied zwischen Innenhof und Fluss überwindet. Der Platz als Hauptzugang zum Gebäude ist für alle Bürger der Stadt gedacht: ein Ort, an dem man sich an nassen Wintertagen oder heissen Sommernachmittagen aufhalten kann.

Die drei Hauptwege durch das Gebäude werden durch weitere interne Treppen ergänzt: eine, die alle Ebenen auf dem Weg zur Bar im südlichen Teil bedient, eine weitere, die den privaten Nutzern im nördlichen Teil verschiedene Möglichkeiten bietet, das Gebäude zu durchqueren, und eine interne Treppe für das Restaurant im südlichen Anbau. Um diese Verbindungen zu verstärken, sind alle Öffnungen, die den Zugang zum Fluss und zum Innenhof ermöglichen, gleich grosse Türen, deren Abmessungen sich aus den vorhandenen Steinrahmen auf beiden Seiten ergeben. Eine Ausnahme bildet die Hauptöffnung zum Platz an der Flussfront, zu der drei der vorhandenen Öffnungen zusammenfasst sind.

Dank dieser subtilen Umgestaltung des Äusseren behält die Kaserne ihr charakteristisches Aussehen und fügt sich zugleich vollständig in ihre Umgebung ein. Die Kaserne ist zu einem schwammartigen Bauwerk geworden, das seine Umgebung aufsaugt und durch die zahlreichen Öffnungen wieder nach aussen abgibt. Diese neue, durchlässige Struktur hat das Kleinbasel tiefgreifend und positiv verändert, das nun endlich eine bedeutende Verbindung zum Fluss hat.

4. Wie reaktivieren wir dieses Gebäude?

Das zweite Problem bestand darin, das Gebäude mit neuen Nutzungen zu besiedeln und dabei seine Materialität und räumliche Logik zu bewahren. Nach fünfzig Jahren der Vernachlässigung forderte der Wettbewerb eine «leichte Sanierung», um das Gebäude an die neuen Vorschriften anzupassen: neue Fenster, zusätzliche Isolierung, Brandschutzmassnahmen und Erdbebensicherheit. Aber für ein so prominentes Gebäude wie dieses fehlte es dem Wettbewerb an Visionen, vielleicht als Ergebnis übereilter politischer Entscheidungen. Rückblickend konnten wir das Gebäude natürlich auf den neuesten Stand bringen, um die neuen Vorschriften zu erfüllen und die baulichen Mängel zu beheben. Vor allem aber haben wir einen tiefgreifenden Denkprozess in Gang gesetzt, der die Kaserne unter Beibehaltung und Aktualisierung ihrer Werte in das einundzwanzigste Jahrhundert versetzte.

In räumlicher Hinsicht hatten wir bereits die ursprüngliche «Raummatrix» entdeckt. Auf der Flussseite umfasste sie eine Reihe klar abgegrenzter Räume, die grosszügig dimensioniert und auf verschiedenen Wegen miteinander verbunden waren. Auf der Hofseite gab es diese atemberaubenden, hundert Meter langen Räume, die durch verschiedene Vorschriften in Mitleidenschaft gezogen wurden. Aus Respekt vor der Gebäudestruktur war es von entscheidender Bedeutung, diese langen Räume zu reaktivieren, die zuvor als Reserveschlafsäle und zusätzliche Proberäume genutzt worden waren. Der Ausgangspunkt war also, ein Schlupfloch in den Vorschriften zu finden, das es uns ermöglichen würde, nutzbaren Raum aus dem zu schaffen, was sonst zu einer Reihe ungenutzter Korridore zwischen den Treppenhäusern geworden wäre. In Bezug auf die Nutzung hätte dies eine völlig «tote» Fassade zur Folge gehabt.

The Making of a Public Building

Thanks to this subtle reconfiguration of the exterior, the Barracks retains its characteristic appearance while being fully integrated with its surroundings. It has become a sponge-like structure, soaking up its environment and letting it out through its many openings. This new porous structure has profoundly and positively changed the district of Kleinbasel, which now, at last, has a major connection to the river.

4. How Do We Reactivate the Building?

The second problem was how to repopulate the building with new uses while retaining its materiality and spatial logic. After fifty years of neglect, the competition called for a 'light refurbishment' to bring the building into line with new regulations: new windows, additional insulation, fire safety measures and earthquake resilience. But for a building as prominent as this, the competition lacked vision, perhaps as a result of hasty political decisions. Looking back, we were of course able to update the building to meet the new regulations and to remedy its structural deficiencies. More importantly, though, we started a deep thinking process that has brought the Barracks into the twenty-first century by retaining and updating its values.

Spatially, we had already discovered the original 'room matrix'. On the river side this comprised a series of clearly distinct spaces, generous in dimensions and interconnected in several ways. On the courtyard side there were those breathtaking hundred-metre spaces, maltreated by various regulations. Out of respect for the building's structure it was crucial to reactivate these long spaces, which had previously been used as overflow dormitories and extra rehearsal space. So the starting point was to find a loophole in the regulations that would allow us to create usable space out of what might otherwise have become a series of idle corridors between stairways. In terms of use, this would have created a whole 'dead' facade.

After several iterations it became clear that each of the two new stairs would have to rise from one of the existing chambers on the river side, leaving the courtyard section as found but carefully subdivided to generate usable rooms. Once the new cores had been laid out in their symmetrical positions next to the towers, this solution began to reveal its advantages. For one, the cores, along with careful reinforcement of the floor beams, would provide the ideal vertical reinforcement against earthquakes. Second, the cores would also convey services including lifts and toilets to each level of the building. Last but not least, this arrangement would elegantly solve the issue of fire escape provision by creating three compartments with independent access to stairways: the tower, the courtyard section and the river section. This compartmentalized solution created a significant degree of flexibility, allowing each space on both facades to be used both separately and in conjunction with others, even across levels.

It also yielded a large amount of additional floor space. Whereas the competition brief had indicated that the courtyard sections were just corridors, by dispensing with these rooms we were able to improve the quality of the spaces in the building. We removed several floors from the central section, leaving a triple-height space (the plaza) and a double-height space (the venue) above it.

We see our refurbishment project as a genuinely sustainable process that 'upcycles' an existing building, avoiding the need to demolish and rebuild. We see the Barracks as a 'stable form' that has come down to us over the years with a clearly defined external appearance and internal organization. Externally, the Barracks was an icon that had to be preserved, whereas internally it had

Die Entstehung eines öffentlichen Gebäudes
The Making of a Public Building

Nach mehreren Planungsdurchgängen wurde klar, dass jede der beiden neuen Treppen von einem der bestehenden Räume auf der Flussseite ausgehen musste, wobei der zum Hof orientierte Bereich belassen wurde, wie er war, allerdings behutsam unterteilt, um nutzbare Räume zu schaffen. Nachdem die neuen Kerne in ihrer symmetrischen Position neben den Türmen angelegt worden waren, begann diese Lösung, ihre Vorteile zu offenbaren. Zum einen würden die Kerne zusammen mit einer sorgfältigen Verstärkung der Bodenbalken die ideale vertikale Verstärkung gegen Erdbeben bieten. Zum anderen würden die Kerne auch Einrichtungen wie Aufzüge und Toiletten auf jede Ebene des Gebäudes bringen. Nicht zuletzt würde diese Anordnung auf elegante Weise das Problem der Fluchtwege im Brandfall lösen, indem drei Abschnitte mit unabhängigem Zugang zu den Treppenhäusern geschaffen würden: der Turm, der Hofbereich und der Flussbereich. Diese Aufteilung bietet ein hohes Mass an Flexibilität, da jeder Raum an beiden Fassaden sowohl separat als auch in Verbindung mit anderen genutzt werden kann, sogar geschossübergreifend.

Ausserdem wurde dadurch eine grosse zusätzliche Nutzfläche gewonnen. Während die Wettbewerbsvorgabe vorsah, dass es sich bei den Hofbereichen nur um Flure handelte, konnten wir durch den Verzicht auf diese Verkehrsflächen die Qualität der Räume im Gebäude verbessern. Wir haben mehrere Stockwerke aus dem Mittelteil entfernt, so dass ein Raum mit dreifacher Höhe (die Plaza) und ein Raum mit doppelter Höhe (der Veranstaltungsort) darüber entstanden sind.

Wir sehen unser Sanierungsprojekt als einen wirklich nachhaltigen Prozess, bei dem ein bestehendes Gebäude «upgecycelt» wird, ohne dass es abgerissen und neu gebaut werden muss. Wir sehen die Kaserne als eine «stabile Form», die uns über all die Jahre hinweg mit einem klar definierten äusseren Erscheinungsbild und einer inneren Organisation überliefert wurde. Äusserlich war die Kaserne eine Ikone, die es zu erhalten galt, während sie im Inneren an die Grenzen ihrer Möglichkeiten gestossen war: Im Gegensatz zu ihrer ursprünglichen Funktion als geschlossenes Militärgelände fanden wir mit der Kaserne ein Gebäude im Zentrum der Stadt vor, das zu kultureller Nutzung bereit stand, aber räumliche Variabilität benötigte. Wenn wir oft von einem «Upcycling»-Prozess sprechen, dann in dem Sinne, dass mit alten Worten neue Sätze gesagt werden bzw. dass ein neues Objekt geschaffen wird, bei dem die ursprünglichen und die hinzugefügten Komponenten zwar noch

reached the limits of its potential: in contrast to its original use as an enclosed military compound, we found the Barracks as a building at the centre of the city that was ready for cultural uses but required spatial variability. We often talk of this 'upcycling' process in terms of saying new sentences with old words, or as a process of creating a new object which, while the original and the added components can still be distinguished, creates a coherent new reality from the existing elements. The Kaserne is now fit for the twenty-first century and ready for the generations who will come to use it over the next 150 years. The new Barracks has achieved everything it set out to do: it creates new connections, meets current regulations, activates both facades, links the river to the courtyard and, thanks to the various spaces in the building, is flexible enough to accommodate a wide range of uses. For now it is a cultural centre. Who knows what it will become. We often said the Barracks has lived a hundred lives in the past. Now it's ready to live a hundred more in the future.

5. How Will the Building Be Used?

The Barracks is a cultural centre. Such buildings are common in Europe and are often linked to refurbishments of old industrial structures. Although the designation 'cultural centre' seems clear enough, it actually leaves room for different interpretations: it generally has a public area with a bar or restaurant and a generous foyer that can be used for a variety of purposes; it may include a venue for use during festivals and other cultural programmes; it

Drei Projekträume gruppiert um einen Erschliessungskern / Three project rooms connected by a core

Öffentliche Nutzungen / Public uses

Halböffentliche Nutzungen / Semi-public uses

Spezifische Nutzungen anhand Bestand / Specific pre-existing uses

1 Moschee / Mosque
2 Probenraum / Rehearsal room
3 Seminarraum / Function room
4 Projekträume / Project rooms
5 Theater Büros / Theatre offices
6 Ruderklub + Fähre / Rowing club + ferry
7 Lager + Technik / Storage + plant rooms
8 Cafeteria + Buvette / Cafeteria + buvette
9 Saal / Venue
10 Plaza
11 Terrasse / Roof terrace
12 Pop-up store
13 Bar
14 Restaurant + Café / Restaurant + café

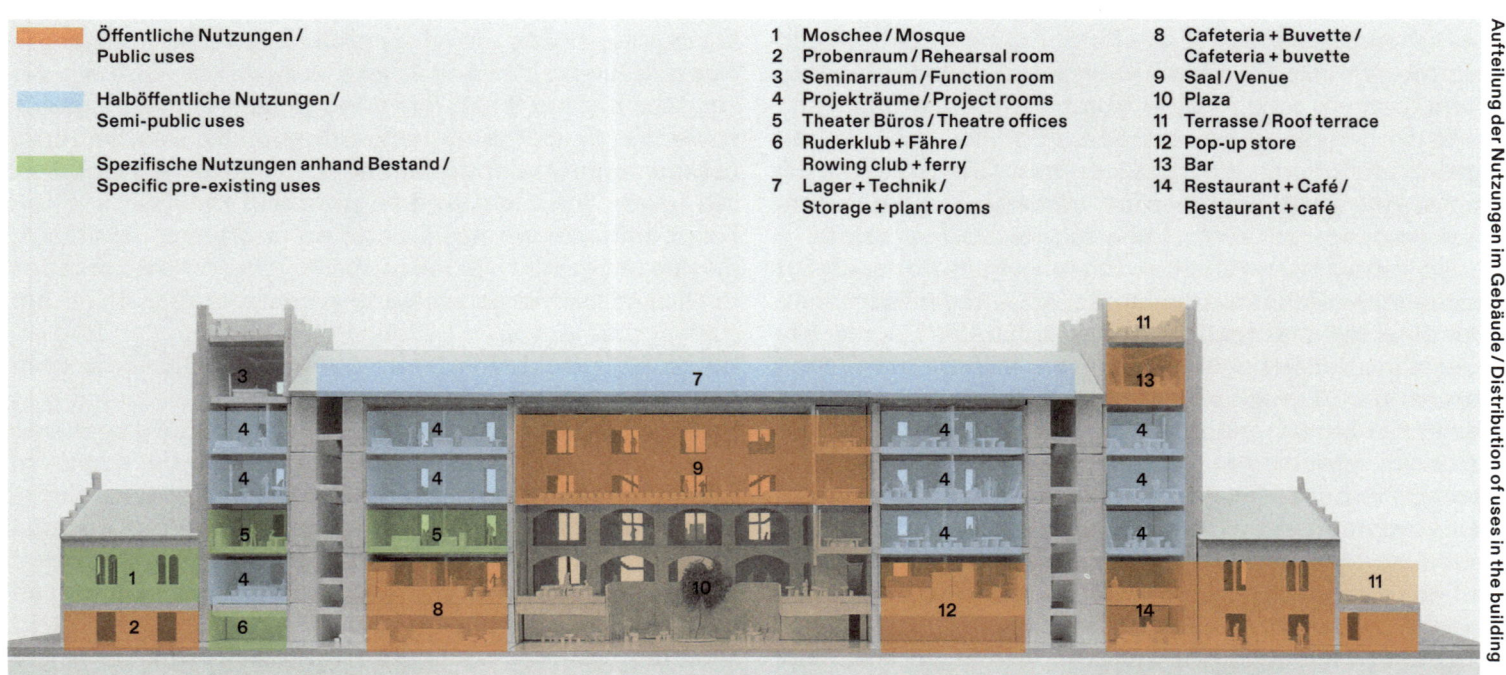

Aufteilung der Nutzungen im Gebäude / Distribution of uses in the building

unterscheidbar sind, aber aus den vorhandenen Elementen eine kohärente neue Realität entsteht. Die Kaserne ist nun fit für das einundzwanzigste Jahrhundert und steht bereit für die Generationen, die sie in den nächsten hundertfünfzig Jahren nutzen werden. Die neue Kaserne hat alles erreicht, was sie sich vorgenommen hat: Sie schafft neue Verbindungen, entspricht den aktuellen Vorschriften, aktiviert beide Fassaden, verbindet den Fluss mit dem Hof und ist dank der verschiedenen Räume im Gebäude flexibel genug, um eine Vielzahl von Nutzungen zu ermöglichen. Im Moment ist sie ein Kulturzentrum. Wer weiss, was sie einmal werden wird? Wir haben oft gesagt, dass die Kaserne in der Vergangenheit bereits hundert Leben gelebt hat. Nun ist sie bereit für weitere hundert in der Zukunft.

5. Wie wird das Gebäude genutzt werden?

Die Kaserne ist ein Kulturzentrum. Solche Gebäude sind in Europa weit verbreitet und entstehen oft im Zusammenhang mit der Umgestaltung alter Industriestrukturen. Obwohl die Bezeichnung «Kulturzentrum» recht eindeutig erscheint, lässt sie Raum für unterschiedliche Interpretationen: In der Regel verfügt es über einen öffentlichen Bereich mit einer Bar oder einem Restaurant und einem grosszügigen Foyer, das für verschiedene Zwecke genutzt werden kann; es kann einen Veranstaltungsort für Festivals und andere Kulturprogramme enthalten; es verfügt häufig über eine Reihe von Ateliers oder Büros für kulturelle Aktivitäten; und es arbeitet in der Regel mit einer oder mehreren Nachbarschaftseinrichtungen zusammen, die eine gewisse Verbindung zum lokalen Umfeld herstellen.

Alle diese Elemente waren in unserem Wettbewerbsbeitrag mehr oder weniger vorhanden und wurden durch eine Reihe zusätzlicher Nutzungen ergänzt, die sich im Laufe des Projekts ergaben, wie die Moschee und der Probenraum. In einem Kristallisationsprozess wurden all diese bereits vorhandenen und zusätzlichen Nutzungen einzelnen Orten innerhalb der von uns definierten Raummatrix zugeordnet, wobei wir auch die städtebauliche Bedeutung der Räume im Sinn hatten und wie sie zur Schaffung eines «öffentlichen Gebäudes» beitragen konnten. So sind die repräsentativsten und öffentlichsten Nutzungen im zentralen Teil des Gebäudes übereinander angeordnet. Die dreistöckige Plaza verbindet die beiden Fassaden und der doppelstöckige Veranstaltungsort befindet sich darüber, bequem erreichbar über die bestehende Treppe, die zu einem Foyer auf mehreren Ebenen wird. Die gastronomischen Nutzungen sind strategisch so verteilt, dass sie das Gebäude mit Leben erfüllen. Das Café wird zu einem neuen Treffpunkt für die Stadt. Es belebt die Fluss- und die Hofebene an der Nordseite der Plaza, sowohl innen als auch aussen. Das Restaurant nimmt beide Ebenen des südlichen Anbaus ein, mit einer Terrasse auf zwei Niveaus. Die Skybar erweitert das Gebäude im Südturm vertikal. Sie nimmt die obere Etage und die Dachterrasse ein und bietet Zugang zur Spitze des Gebäudes mit einem atemberaubenden Panoramablick über die Stadt. Der nördliche Anbau belebt den Hofbereich mit nachbarschaftlichen Nutzungen und enthält einen Probenraum auf Flussebene und darüber eine Moschee. Räume für den Ruderverein und die Vogel Gryff Fähri (eine Fähre, die den Fluss direkt vor dem Gebäude überquert) schaffen weitere Verbindungen mit umliegenden Nutzern.

Der Rest des Gebäudes wird von Projekträumen eingenommen. Sie sind die Träger des Erbes des Gebäudes: Während die öffentlichen Räume eine neue Materialität erhalten haben, die ihren neuen Verwendungen entspricht, wurden in den Projekträumen, soweit möglich, die bestehenden Böden und Wände erhalten. Diese Räume sind

will often feature a suite of studios or offices for cultural activities; and it will usually be associated with one or more neighbourhood facilities that provide some sort of connection to the local environment.

All these elements were more or less present in our competition entry and were complemented by a number of additional uses that came up during the progress of the project, such as the mosque and the rehearsal space. In a process of crystallization, all these pre-existing and additional uses were assigned to locations within the room matrix we defined while bearing in mind the urban significance of the spaces and their impact on the creation of a 'public building'. Hence the most representative and public uses are stacked in the central part of the building. The triple-height plaza connects the two facades and the double-height venue sits on top of it, conveniently served by the existing stair, which becomes a multi-level foyer. The gastronomic uses are strategically distributed to bring the building to life. The café will become a new meeting point for the city. It activates the river and the courtyard levels, both inside and outside on the north side of the plaza. The restaurant occupies both levels of the south annexe, with a terrace on two levels. The sky bar extends the building vertically in the south tower. It occupies the upper level and roof terrace and provides access to the very top of the building, with a breathtaking panorama of the city. The north annexe contains a rehearsal room at river level and a mosque above, activating the internal courtyard with neighbourhood uses. Spaces for the rowing association and the Vogel Gryff Fähri (a ferry that crosses the river from just in front of the building) further connect the building to its surrounding uses.

The rest of the building is occupied by project rooms. These are the bearers of the building's heritage: whereas the public spaces have a new materiality that corresponds to their new uses, where possible, the existing floors and walls have been retained in the project rooms. These rooms are equipped with new lighting, acoustic absorption and open channels that will allow for future infrastructure upgrades. Users should be free to imagine a new world in every room – and free to leave without the need to do anything more than apply a new coat of paint to the existing walls.

As well as serving these purposes, the Barracks is also a heat relay for the whole ensemble. The district heating enters the main building and is then distributed throughout the complex. These heating conduits originally passed through what is now the plaza, preventing any public use at river level on this side of the building. So in order to open the building up to the Rhine we had to excavate the part of the lower ground floor adjacent to the courtyard. This generated some beautifully proportioned rooms – and caused several sleepless nights for our structural engineers during construction.

These are the initial uses envisaged for the building, but we want to look beyond that. The rooms with fixed uses that will remain stable over time are easy to identify: the project rooms, the restaurants, the mosque and the three apartments for artists' residencies. By contrast,

Open-Air-Festival im Hof / Open air festival in the courtyard

mit neuer Beleuchtung, Schallabsorption und offenen Kabelkanälen ausgestattet, die eine künftige Aufrüstung der Infrastruktur ermöglichen. Die Nutzer sollen sich in jedem Raum eine neue Welt vorstellen können – und sie sollen ihn wieder verlassen können, ohne mehr tun zu müssen, als einen neuen Anstrich auf die bestehenden Wände aufzutragen.

Ausser all diesen Zwecken zu dienen, verteilt die Kaserne auch die Wärme für das umgebende Ensemble. Die Fernwärme gelangt in das Hauptgebäude und wird dann im gesamten Komplex verteilt. Ursprünglich verliefen diese Heizungsleitungen dort, wo sich heute die Plaza befindet, so dass auf dieser Seite des Gebäudes keine öffentliche Nutzung auf Flussniveau möglich war. Um das Gebäude zum Rhein hin zu öffnen, mussten wir den an den Hof angrenzenden Teil des unteren Erdgeschosses ausheben. Dadurch entstanden einige schön proportionierte Räume – und bescherten unseren Statikern während der Bauzeit einige schlaflose Nächte.

Dies sind die vorläufig ersten Nutzungen, die für das Gebäude vorgesehen sind, aber wir wollen darüber hinausblicken. Die Räume mit festen Nutzungen, die über die Zeit Bestand haben werden, sind leicht zu identifizieren: die Projekträume, die Restaurants, die Moschee und die drei Wohnungen für Künstlerresidenzen. Im Gegensatz dazu haben Räume wie die Plaza, der Veranstaltungsraum, der Probenraum und die Foyers im ersten und zweiten Stock keine eindeutige Funktion und müssen kuratiert werden. Wir stellen uns das Gebäude gerne in Form von Elementen vor, die Nutzungen «produzieren», und Elementen, die Nutzungen «empfangen» – fast wie ein lebender Organismus mit hochverdichteten Organen, die Energie für den Rest des Körpers produzieren. Diese kuratorische Arbeit wird den ständigen Nutzern wunderbare Gelegenheiten dazu bieten, mit Pop-up-Events in die nicht fest zugewiesenen Räume auszugreifen: ein Wintermarkt auf der Plaza, Ramadan im Veranstaltungssaal, After-Work-Kurse im Turm oder Mittsommerpartys in den Probenräumen. Wir betrachten die Kaserne als eine Kulturmaschine, einen Palast des Vergnügens, der ständig Inhalte produziert und diese zu den verschiedenen Zeiten des Jahres auf unterschiedliche Weise an die Stadt zurückgibt. Wir freuen uns, dass wir mit der Sanierung der Kaserne aus einem unbetretbaren repräsentativen Gebäude ein zugängliches öffentliches Gebäude gemacht haben, einen Ort, an dem die Menschen zusammenkommen und eine neue Realität für die Stadt Basel schaffen können.

spaces like the plaza, the venue, the rehearsal room and the foyers on the first and second floors don't have clear uses and will need curating. We like to think of the building in terms of elements that 'produce' uses and elements that 'receive' uses – almost like a living organism with high-density organs producing energy for the rest of the body. This curatorial work will provide a wonderful opportunity for the fixed uses to expand into the unassigned spaces with pop-up events: a winter market in the plaza, Ramadan in the venue, after-work courses in the tower or midsummer parties in the rehearsal spaces. We see the Barracks as a culture machine, a palace of fun that's constantly producing content and giving it back to the city in different ways at different times of the year. We're delighted that our refurbishment of the Barracks has turned an inaccessible representative building into an open public building, a place for people to come together and create a new reality for the City of Basel.

Originales Aquarell von J. J. Stehlin / Original watercolour by J. J. Stehlin

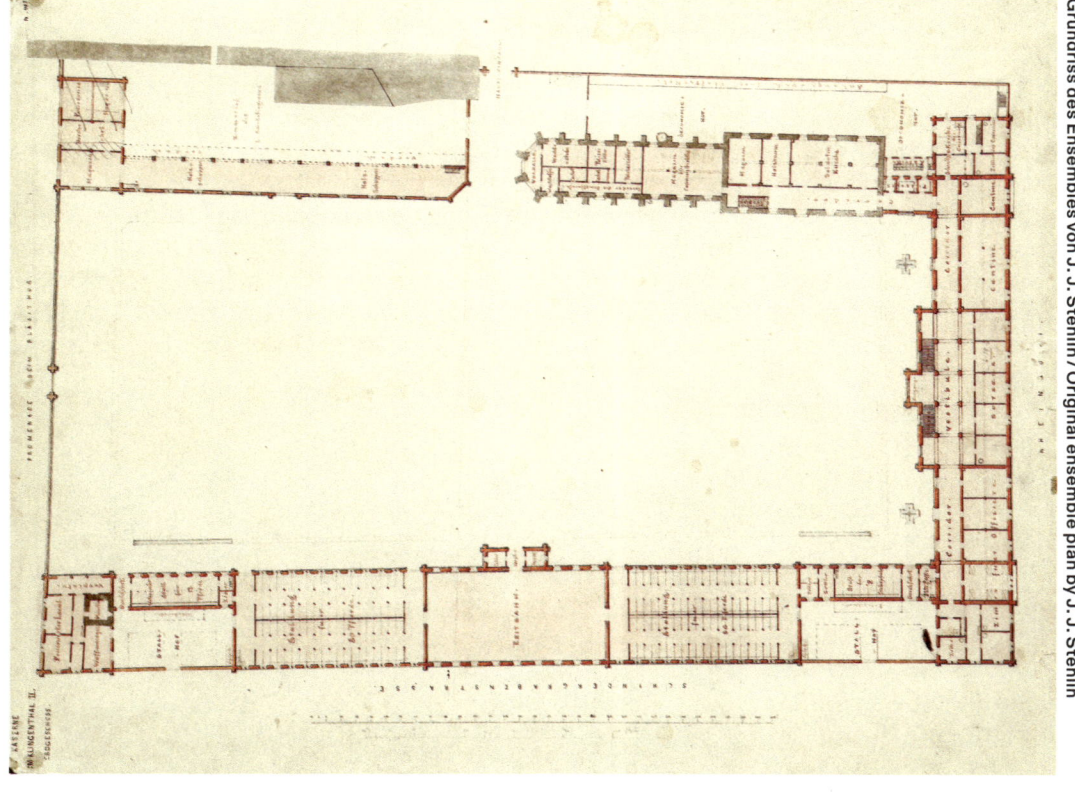

Grundriss des Ensembles von J. J. Stehlin / Original ensemble plan by J. J. Stehlin

Die Kaserne in Basel
Bauen am Selbstverständnis einer Stadt

Beat Aeberhard

Basel's Military Barracks
Building on the Self-Conception of a City

Beat Aeberhard

Autor

Beat Aeberhard ist Kantonsbaumeister von Basel-Stadt. Geboren wurde er in Zug, aufgewachsen ist er in Zürich und New Orleans. In seiner Funktion leitet er seit 2015 die Dienststelle Städtebau & Architektur, welche die Abteilungen Raumplanung, Städtebau, Stadtraum, Hochbau, Gebäudemanagement und die Kantonale Denkmalpflege umfasst. Zuvor war er während sieben Jahren Stadtarchitekt von Zug. Er war selbstständiger Architekt in Zürich und arbeitete als Assistent für architektonisches Entwerfen am Lehrstuhl von Prof. Adrian Meyer an der ETH Zürich sowie als wissenschaftlicher Mitarbeiter am Urban Design Program der Columbia University. Seine Lehrjahre absolvierte er bei Burkhalter Sumi Architekten in Zürich, Silvio Schmed Architekt in Zürich und Burkard Meyer Architekten in Baden. Beat Aeberhard studierte Architektur an der ETH Lausanne und Zürich sowie Urban Design an der Columbia University in New York als Fulbright Stipendiat.

Author

Beat Aeberhard is cantonal architect for Basel-Stadt. He was born in Zug and grew up in Zurich and New Orleans. Since 2015 he has been head of the Office of Architecture and Town Planning, which encompasses the cantonal departments for regional planning, town planning, public realm, structural engineering, building management and conservation. Previously he was city architect in Zug for seven years. He has also worked as an independent architect in Zurich, as assistant to Professor Adrian Meyer, chair of design at ETH Zurich, and as a research fellow at the Urban Design Program at Columbia University in New York. He completed his studies with Burkhalter Sumi Architekten in Zurich, Silvio Schmed Architekt in Zurich and Burkard Meyer Architekten in Baden. Beat studied architecture at ETH Lausanne and Zurich and, as a Fulbright scholar, urban design at Columbia University.

Die Kaserne in Basel

Als Johann Jakob Stehlin der Jüngere (1826–1894) zwischen 1860 und 1863 auf dem Gelände des ehemaligen Klosters Klingental die Kaserne erbaute, gelang dem jungen Architekten nicht nur ein beachtliches Frühwerk in seinem Opus von bedeutenden Bauten für Basel, sondern auch ein sichtbares Zeichen des Aufbruchs in eine neue Zeit. Als Bekenntnis Basels zum jungen Bundesstaat markierte die Kaserne die Grenze zwischen dem mittelalterlichen Stadtkern und den gründerzeitlichen Quartieren. In einer Reihe von damals neuen Repräsentationsbauten im bürgerlichen Basel war der Kasernenhauptbau der einzige öffentliche Bau von Rang in Kleinbasel, was ihn damit auch zu einem überragenden Wahrzeichen des minderen Basel machte. Stehlin schuf unter Einbezug der alten gotischen Klosterkirche eine U-förmige Gesamtanlage mit einem grossen Exerzierplatz im Hof, der bis heute für unterschiedliche Veranstaltungen genutzt wird. Seit über hundertfünfzig Jahren prägt die Fassade des rötlich verputzen Hauptbaus nunmehr unangefochten die Kleinbasler Rheinfront. Fürwahr wuchtig, überzeugt der Bau architektonisch durch seine geschickte Gliederung: Der viergeschossige Korpus auf einem Sockel aus rotem Sandstein mit insgesamt dreizehn Achsen ist zwischen zwei Ecktürmen aufgespannt. An diese fügen sich jeweils niedrige, lediglich zweigeschossige Nebengebäude mit Satteldach an, denen im Stadtgefüge Vermittlerrollen zukommen. Die mächtigen Türme sind mit Zinnen bekrönt und stehen damit für die zeittypische Rückbesinnung auf das Mittelalter. Stilistisch weckt die Kaserne neben Assoziationen an eine Burg aber auch solche an eine Fabrik.

Das Selbstverständnis einer Stadt erwächst nicht zuletzt aus der Überwindung von sozialen Differenzen innerhalb der Zivilgesellschaft. Hierzu braucht es die entsprechenden Bauten; Architekturen, die sich als Orte der Begegnung und des Austauschs zwischen den Generationen ebenso wie zwischen den verschiedenen gesellschaftlichen Gruppen anbieten. Diesbezüglich hat die Kaserne Wesentliches geleistet. Sie hat im Verlauf ihrer wechselvollen Geschichte eindrücklich demonstriert, dass ihre robuste Raumstruktur problemlos verschiedene Nutzungen aufnehmen kann. Bis 1966 von der Schweizer Armee genutzt, der integrativen und sozialisierenden Institution schlechthin, folgte 1980 der Kulturbetrieb. Die Freie Kultur entdeckte das Haus, und in der Folge wurden immer weitere zivilgesellschaftliche Initiativen lanciert. Mit der Öffnung ging eine polarisierte Debatte einher, wodurch die Kaserne wiederholt Gegenstand von hitzigen politischen Streitereien wurde. Diese betrafen gleichermassen die Finanzierung wie die inhaltliche Ausrichtung des Betriebs. In diesem Zusammenhang erklangen regelmässig Forderungen nach einem Abbruch des Kasernenhauptbaus, ja nach dessen Sprengung oder mindestens nach erheblichen Durchbrüchen, um eine Öffnung des Areals an den Rhein zu ermöglichen. Das wirkt heute reichlich überspannt. Gewiss schwang bei den Abbruchforderungen auch der Wunsch mit, das Militärische aus dem Stadtbild zu vertreiben. Vergessen ging dabei, dass der Zugang zum Rhein auch mittels subtilerer Eingriffe bewerkstelligt werden kann, der Stehlin'sche Hauptbau über gut brauchbare Raumstrukturen verfügt und überdies zwingender Teil des Kaserne-Bezirks ist. Und nur in seiner Vollständigkeit ist das Geviert funktional, nachhaltig und schön, weil es eben als Ganzes geplant wurde. Unabhängig davon wuchs die Kaserne in den Jahren der Auseinandersetzungen heran zu einem «lieu de mémoire», einem Ort von symbolischer Bedeutung. Zweifellos verkörpert das Areal einen gesellschaftlichen Wert. Zwar ist der Kasernenhauptbau nicht als eigentliches Baudenkmal klassifiziert – diese Ehre kommt lediglich der Klingental-Kirche zu –, aber sein langfristiger Erhalt dürfte heute unbestritten sein.

In dieser dichten Gemengelage galt es, die passende Strategie zu finden, um den Hauptbau in ein zeitgenössi-

The Barracks in Basel

When Johann Jakob Stehlin the Younger (1826–1894) built the Barracks on the site of the former Klingental cloister between 1860 and 1863 he not only created an impressive early work in a corpus of major buildings for Basel, he also erected a visible symbol of a new era. As an affirmation of the recently created Canton of Basel-Stadt, the Barracks marked the boundary between the medieval core of the city and its *Gründerzeit* districts. One of a series of new representative buildings in middle-class Basel, the main Barracks building was the only public edifice of rank in Kleinbasel, which meant it also became a prominent symbol of this 'lesser' Basel. By incorporating the old Gothic church from the medieval cloister into his design, Stehlin created a U-shaped complex around a courtyard with a large parade ground which is still used for a variety of events to this day. The red facade of this rendered building has been the defining feature of the Kleinbasel riverfront for some 150 years now. It certainly has gravitas. Its architectural quality is evident in the articulation: the four-storey torso of the main building rests on a pedestal of red sandstone with a total of thirteen bays between two corner towers. To each of these towers is appended a low, two-storey annexe with saddleback roof which mediates between the main building and the fabric of the city. The mighty towers are crowned with battlements and thus stand for the retrospective interest in the Middle Ages so typical of this period. Besides the obvious associations with a fortress, the style of the Barracks is also evocative of a factory.

A significant part of the self-conception of a city arises from the overcoming of social differences within civil society. But this requires a certain type of building, an architecture that makes space for encounters and interactions between different generations and social groups. In this respect the Barracks has already made a substantial contribution. Over the course of its colourful history it has emphatically shown that its robust structural framework is easily capable of accommodating various functions. Used until 1966 by the Swiss army – an integrating and socializing institution if ever there was one – the cultural sector took over from 1980. The building had been discovered by independent culture, and this led to an ever-increasing number of civil society initiatives. Access went hand in hand with polarized debate, and the Barracks repeatedly became the object of heated political controversies. These affected both the financing and the substance of the cultural activity at the Barracks. In this context there were regular calls for the main building to be blown up, demolished or at least substantially perforated for the sake of establishing a connection between the courtyard and the Rhine. That all seems quite excessive now. Certainly the calls to demolish the building were bound up with a desire to banish the military from the city. But people seemed to forget that there were more subtle means of obtaining access to the Rhine, that Stehlin's building contained plenty of eminently adaptable space and, moreover, that it is an indispensable part of the city district in which it stands. The quad is functional, sustainable and beautiful only in its entirety, precisely because it was planned as a whole. Irrespective of this, the years of controversy and debate have turned the Barracks into a *lieu de mémoire*, a place of symbolic importance. The site clearly embodies a social value. The main building has not yet been listed – so far this honour pertains only to the Klingental church – but the case for its long-term preservation has surely been made.

From within this dense crossfire of controversy the task was to find a way to convert the main Barracks building into a contemporary centre for culture and creativity. It seems only logical that one of the major topics of discussion among the judges of the architectural competition was the 'appropriate level of intervention'. Ultimately the competition jury selected a proposal that took a

sches Kultur- und Kreativzentrum umzubauen. Dass im Projektwettbewerb die Suche nach der *angemessenen Eingriffstiefe* eines der wesentlichen Diskussionsthemen innerhalb der Jury war, erscheint dabei nur folgerichtig. Vom Preisgericht ausgewählt wurde schliesslich ein Vorschlag, der die Aufgabe relativ offensiv anging. Die Architekten von FOCKETYN DEL RIO STUDIO wollten beweisen, wie radikal eine zeitgenössische und fantasievolle Intervention in einem Bestandesbau möglich ist – unter gleichzeitiger Stärkung seiner Qualitäten. Nun, der Nachweis ist ihnen zweifellos geglückt. Mit ihrer Entwurfsstrategie vertrauten sie ganz auf den unmittelbaren Kontext. Sie stellten die Beziehungen zum Rhein und zum Kasernenhof ins Zentrum ihrer Überlegungen. Das monumental anmutende, dreigeschossige Forum, das als Herzstück die beiden Seiten verbindet, verweist zugleich auf den grösseren städtebaulichen Zusammenhang wie auch der seitliche neue Durchbruch im Zwischenbau zum Klingentalweglein die Scharnierstelle der Kaserne im städtebaulichen Gefüge unterstreicht. Dabei ist die Grösse der Kaserne keine einfache Vorgabe. Der Hauptbau der Kaserne ist und bleibt ein Einzelbau, aber er wirkt heute angekommen in der städtischen Ordnung. Als Mitglied der bedeutenden Familie von grossen öffentlichen Bauten Basels darf und muss die Kaserne ihre starke Präsenz bewahren. Die Fassade am Rhein ist dabei exemplarisch zum Vermittler zwischen innen und aussen geworden. Das Sockelgeschoss öffnet sich zur Rheinpromenade, am eingängigsten erkennbar im Bereich des zentralen Forums. Der bauliche Eingriff mit dem Zusammenlegen von drei Geschossen und der Einführung der geschwungenen Treppenanlage ist gewiss alles andere als zurückhaltend, aber als neuer Ort der Begegnung, des Aufenthalts oder des raschen Durchgangs ist er zweifellos tragfähig und – noch fast wichtiger – entwicklungsfähig. Da die Raumsequenz der neuen Halle von allen durchquert werden kann, um vom Rhein auf den Kasernenhof und umgekehrt zu gelangen, und weil der Durchgang ferner nicht vom Geschehen im Innern entkoppelt ist, werden sich das Erd- und das Sockelgeschoss gewiss zu sehr lebendigen Bereichen entwickeln. Unterstrichen wird der Bezug zum Öffentlichen auch mit dem gut proportionierten zweigeschossigen Veranstaltungsraum im zweiten Obergeschoss mit seiner spektakulären Sicht auf die andere Rheinseite.

Als weitere wirkungsvolle Intervention zu einem zeitgemässen und offenen Haus sind die zwei neu gesetzten Erschliessungskerne angrenzend an den Nord- und den Südturm zu nennen. Es handelt sich um veritable Raumskulpturen, die dem Hoch- oder Hinabsteigenden ein erhabenes Gefühl vermitteln, interessante Blickbeziehungen zur Rheinpromenade und zur Stadtsilhouette eröffnen und einfach das Auge erfreuen. Während Architekten nur zu oft mehr damit beschäftigt sind, ihre eigene Geschichte zu erzählen, als sich zu bemühen, gut nutzbare Räume zu schaffen, wurde hier Entscheidendes richtig gemacht. Denn die kluge Setzung dieser Vertikalverbindungen verleiht dem Haus eine enorme Flexibilität und eröffnet die Möglichkeit, die bestehenden, gut proportionierten Räume für unterschiedliche Nutzergruppen horizontal wie auch vertikal zusammenzuschliessen. Damit dienen die Treppen mehr als nur der simplen vertikalen Verteilung auf den Geschossen.

Mit der Aktivierung der Türme oder dem Einbau eines Restaurants im südlichen Nebengebäude respektive der Moschee im nördlichen Annexbau wird die Kaserne schliesslich zu einem Ort mit sozialer Funktion. Damit ermöglicht die Architektur die politisch geforderte Öffnung und Dynamik, ohne dass ihre wesentliche Charakteristik verloren ginge, nämlich weiterhin ein kraftvolles Haus der robusten Räume zu sein, ergänzt durch eine zeitgemässe Infrastruktur. Und ja, die Eingriffe sind aus denkmalpflegerischer Sicht gewagt, in Teilen wohl auch

relatively aggressive approach to the given task. The architects FOCKETYN DEL RIO STUDIO wanted to show that a radically imaginative and contemporary intervention into an existing structure was possible and could even enhance its qualities. Well, they've certainly shown that. Their design strategy relied entirely on the immediate context of the site. They focused on the relationships between the main building, the Rhine and the courtyard. The monumental three-storey forum at the heart of the main building connects the two sides while also pointing to the wider urban context, just as the lateral passageway through the connecting building to the Klingentalweglein underscores the pivotal position of the Barracks within the fabric of the city. The size of the Barracks is not insignificant either. The main building is still a freestanding structure, but now it seems to have found its place in the urban order. As a member of the important family of Basel's major public buildings, the Barracks can and should retain its robust presence in the city. That said, the facade on the Rhine side has become an exemplary intermediary between inside and out. The basement opens up onto the Rhine promenade, and this is immediately evident in the area of the central plaza. The architectural intervention of a triple-height space with the insertion of a sweeping staircase is anything but restrained, but it's certainly sustainable and, perhaps even more importantly, viable as a place to pause, a place to meet or a place to pass through in a hurry. Since the sequence of spaces in this new plaza is publicly accessible, so that anyone can get from the Rhine to the courtyard and back again, and since the thoroughfare is not cut off from events inside the building, the ground floor and basement levels will certainly be very lively. The public character of the building is further underscored by the well-proportioned double-height space of the venue on the second floor, with its spectacular views of the other side of the Rhine.

Another impactful intervention in the name of this modern and open building are the two new circulation cores next to the north and south towers. These cores are veritable sculptures in space; they convey a sense of elevation to those climbing and descending, they provide interesting visual links to the Rhine promenade and they're simply pleasing to the eye. While architects are often more interested in telling their own stories than in creating good, serviceable spaces, here the important things are done right. The intelligent placement of these vertical connections lends the building a huge amount of flexibility and opens up the possibility of combining well-proportioned pre-existing spaces both horizontally and vertically for the benefit of the various user groups. So these staircases do more than just vertical distribution to the floors of the building.

With the activation of the towers, the incorporation of a restaurant in the south annexe and the mosque in the north annexe, the Barracks is ultimately a place with a social function as well. The architecture facilitates the political expectations of openness and dynamism without relinquishing its essential character; it remains a strong building with robust spaces, though these have now been updated with modern infrastructure. And yes, the interventions are deep, sometimes too deep from the architectural heritage perspective, but they respect the scale of the building. In this context it might be best to speak of 'transformative preservation'. The right levers have been applied. We know we shouldn't overestimate architecture, but we shouldn't underestimate it either. Architecture is not a particularly nimble tool. It's an affirmative medium. Here the architects have managed to open up the Barracks and create spaces in which people will feel comfortable. It will be a building for all, and more so than it was.

The new architecture of the old Barracks seems to have passed muster. Now's the time to focus our energies on populating it. The physically porous building needs to

überzogen, aber sie respektieren den Massstab des Hauses. In diesem Zusammenhang muss man vielleicht am ehesten von einem *transformativen Erhalt* sprechen. Die Mittel sind richtig eingesetzt, gerade wenn man weiss, dass man Architektur nicht überschätzen sollte, aber sie auch nicht unterschätzen darf. Denn Architektur ist kein sonderlich agiles Werkzeug. Sie ist ein affirmatives Medium. Und vorliegend haben es die Architekten geschafft, Räume zu gestalten, in denen man sich wohlfühlt, und die Kaserne weiter zu öffnen: Sie wird noch mehr zu einem Haus für alle.

Die Architektur der neuen alten Kaserne scheint somit bestätigt. Nun gilt es, die Energie ganz auf das Bespielen zu lenken. Das physisch porösere Haus muss nun durchlässig für die Dynamik des Programmatischen, des Sozialen werden, um das Versprechen eines «Hauses voller Möglichkeiten»[1] einzulösen. Denn wenn die Kaserne letztlich im wahrsten Sinne des Wortes durchlässiger wird, dann entfaltet sie sich zum neuen Magneten für Kleinbasel. Das ist nicht hoch genug zu schätzen, denn es ist längst überfällig, dass das Kleinbasel neben einem Polizeiposten, einem RAV und dem taumelnden Messebetrieb endlich auch über einen zivilgesellschaftlich über das eigentliche Quartier hinaus strahlenden Leuchtturm verfügt. Womit Basel insgesamt ein weiteres Stück Selbstverständnis gewinnt.

be made permeable to the dynamics of culture and society if this 'house of possibilities' is to live up to its potential.[1] If the Barracks does eventually become more open and permeable in the true sense of those words, it will also become a new magnet for Kleinbasel. The importance of this can't be overstated. Kleinbasel already has a police station, a regional employment office and the teeming masses of the congress centre. A lighthouse of civil society to shine over Kleinbasel and beyond is long overdue. It will be another piece in the rich mosaic of Basel's self-conception.

---

1 Broschüre Ausschreibung Betreiberorganisation: *Zukunft Kaserne: Ein Haus voller Möglichkeiten*, Präsidialdepartement des Kantons Basel-Stadt, Februar 2020.

1 Präsidialdepartement des Kantons Basel-Stadt, *Zukunft Kaserne: Ein Haus voller Möglichkeiten* (Basel: Präsidialdepartement Basel-Stadt, 2020).

Die Kaserne in Basel

Bibliografie

Verena Stössinger, *Baustelle Kaserne Basel*, in: *Basler Stadtbuch*, Jg. 125 (2004), S. 96–99.

David Tréfás, *Die Kaserne in Basel. Der Bau und seine Geschichte*, Basel, 2012.

Dorothee Huber, *Architekturführer Basel. Die Baugeschichte der Stadt und ihrer Umgebung*, 2., überarb. und erw. Auflage, Basel 2014.

Rose Marie Schulz-Rehberg, *Architekten des Klassizismus und Historismus. Bauen in Basel 1780–1880*, Basel, 2015.

Bau- und Verkehrsdepartement des Kantons Basel-Stadt (Hg.), *Kaserne Basel. Umbau und Sanierung Hauptbau für ein zeitgenössisches Kultur- und Kreativzentrum. Bericht des Preisgerichts*, Basel, 2013.

Broschüre Ausschreibung Betreiberorganisation: *Zukunft Kaserne: Ein Haus voller Möglichkeiten*, Präsidialdepartement des Kantons Basel-Stadt, 2020.

The Barracks in Basel

Bibliography

Stössinger, Verena. 'Baustelle Kaserne Basel'. *Basler Stadtbuch* 125 (2004), 96–99.

Tréfás, David. *Die Kaserne in Basel. Der Bau und seine Geschichte*. Basel: Merian, 2012.

Huber, Dorothee. *Architekturführer Basel. Die Baugeschichte der Stadt und ihrer Umgebung*. 2nd rev. and enl. ed. Basel: Merian, 2014.

Schulz-Rehberg, Rose Marie. *Architekten des Klassizismus und Historismus. Bauen in Basel 1780–1880*. Basel: Merian, 2015.

Bau- und Verkehrsdepartement des Kantons Basel-Stadt. *Kaserne Basel. Umbau und Sanierung Hauptbau für ein zeitgenössisches Kultur- und Kreativzentrum. Bericht des Preisgerichts*. Basel: Bau- und Verkehrsdepartement des Kantons Basel-Stadt, 2013.

Präsidialdepartement des Kantons Basel-Stadt. *Zukunft Kaserne: Ein Haus voller Möglichkeiten*. Basel: Präsidialdepartement Basel-Stadt, 2020.

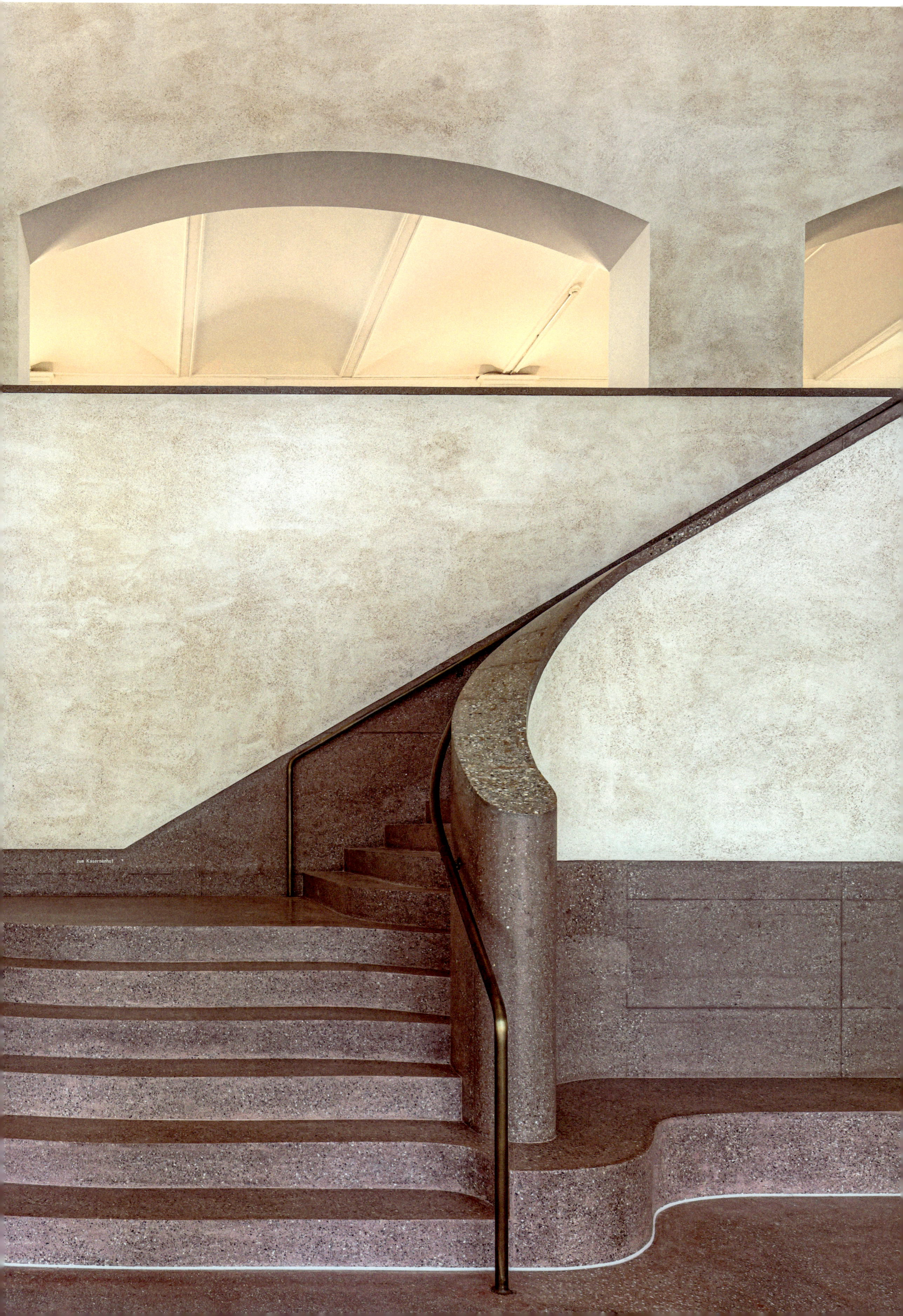
zum Kasernenhof

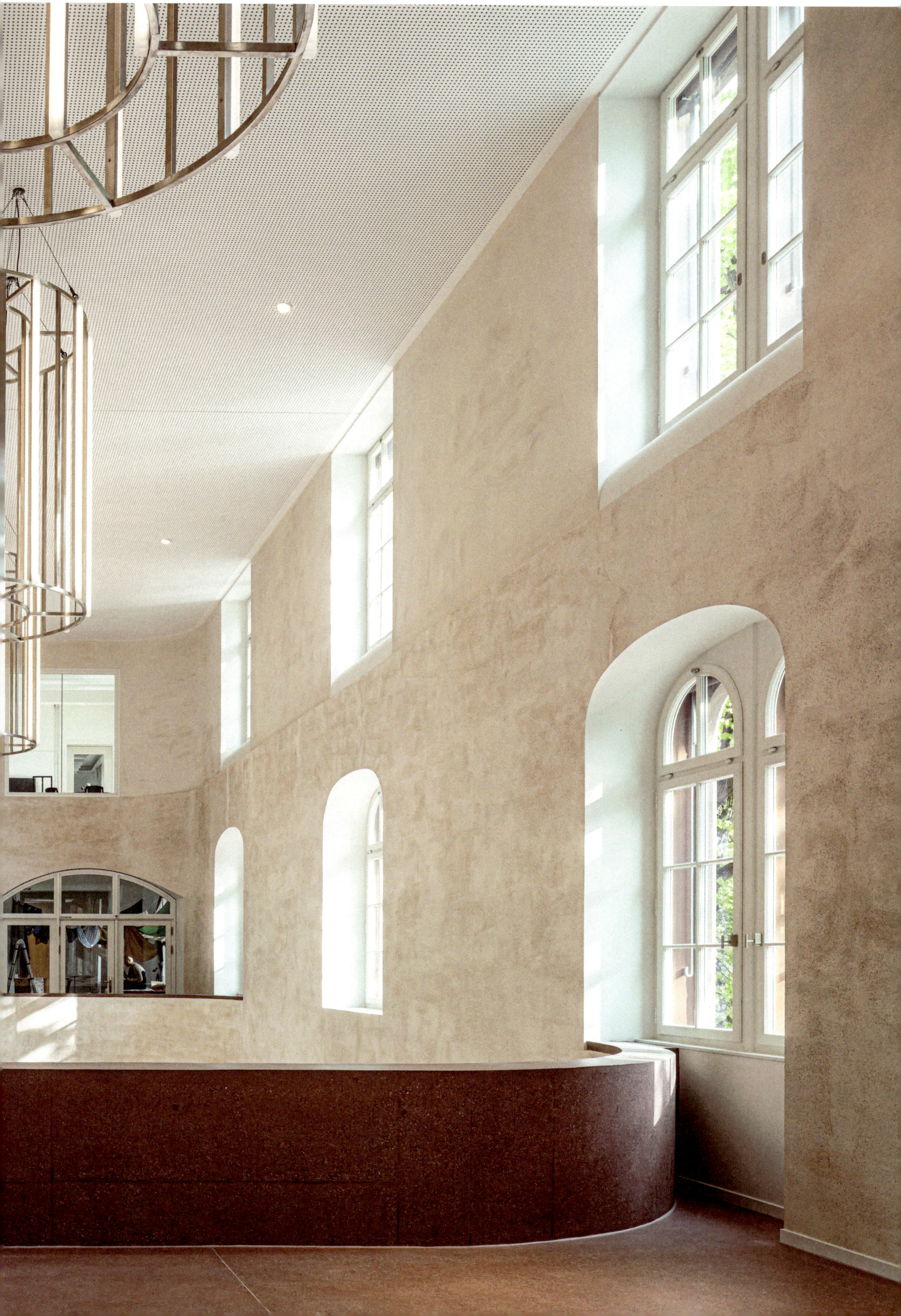

Fenster im Erschliessungskern | Window Detail in the Core | 146

Klause Süd 301

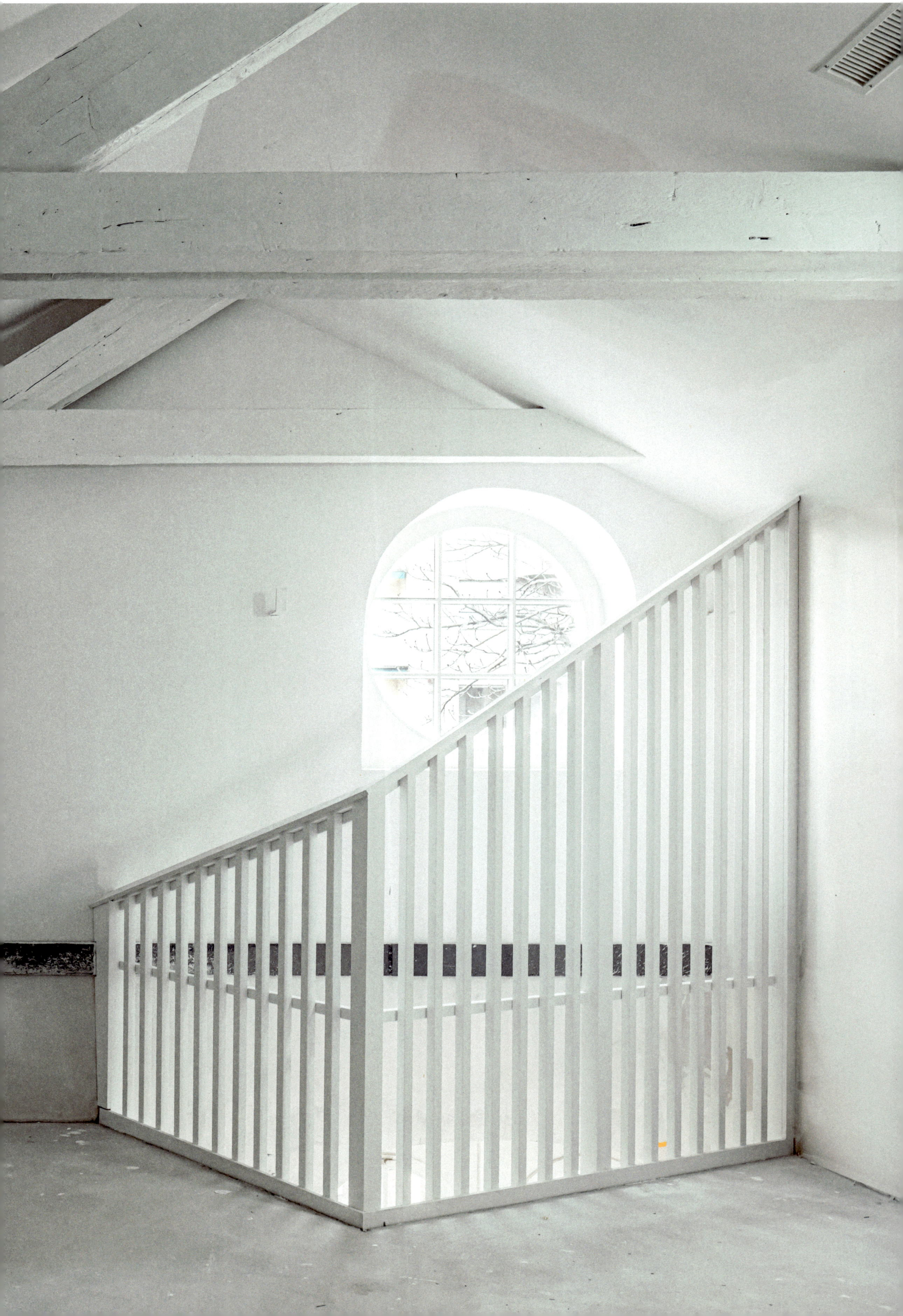

Detail der Rückwand — Rear Wall Detail

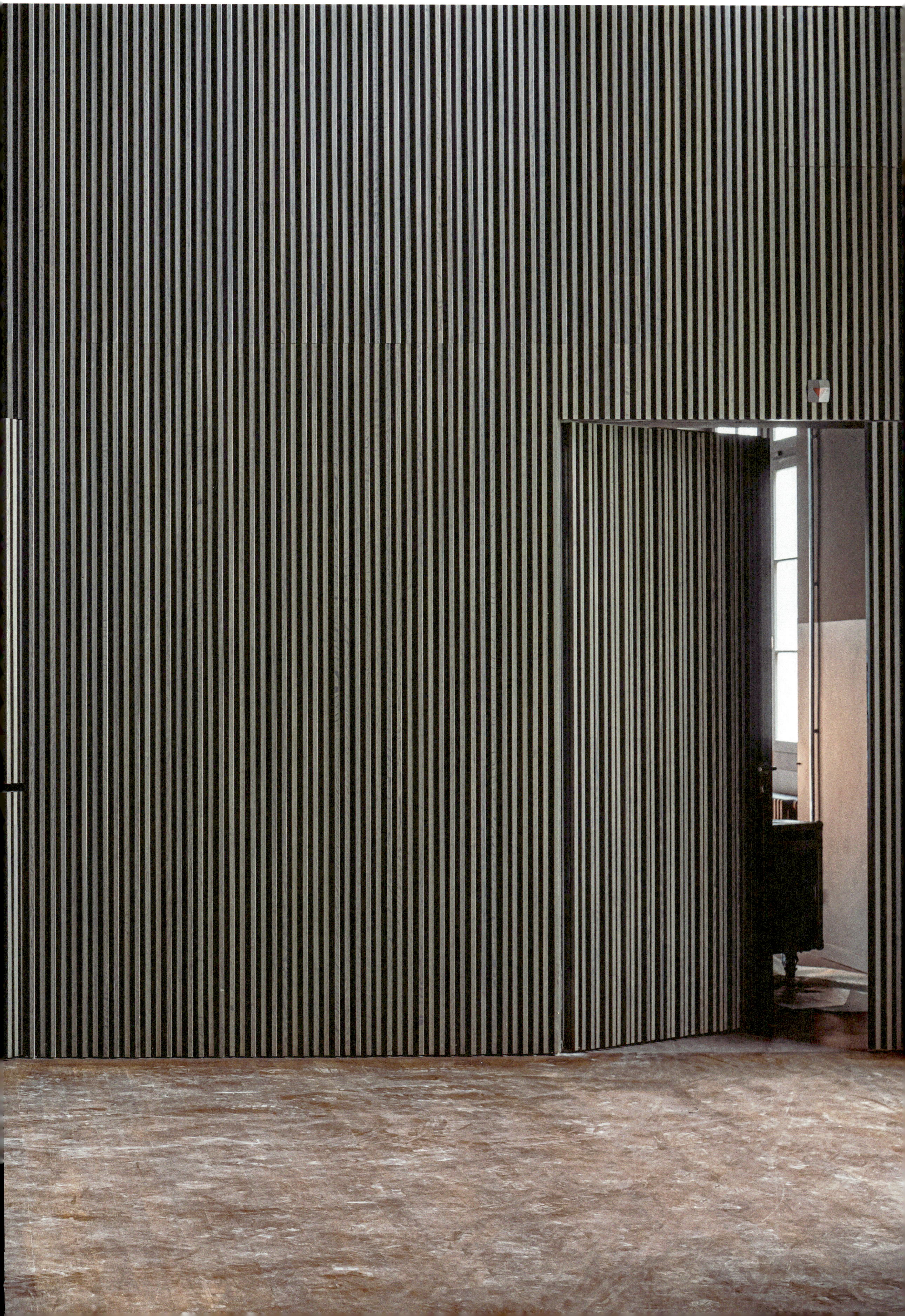

Aktivierende Räume

Katrin Grögel

Activating Spaces

Katrin Grögel

Autorin

Katrin Grögel studierte Kunstgeschichte, Klassische Archäologie und Neuere Deutsche Literatur an der Universität Basel und der Humboldt-Universität Berlin. Nach ihrer Promotion in Kunstgeschichte an der Universität Basel bildete sie sich in den Bereichen Museumsrecht und Kulturförderung weiter und absolvierte an der Hochschule St. Gallen ein Certificate of Advanced Studies in Leadership, Strategic Management und Financial Management. Seit 2013 arbeitet Katrin in der Abteilung Kultur des Kantons Basel-Stadt an Kulturprojekten. Seit 2015 unterstützt sie den Aufbau neuer Förderlinien für Film- und Medienkunst in Basel und ist verantwortlich für die Verwaltung des Kunstfonds Basel-Stadt. Zuvor lehrte sie Kunst und visuelle Kultur an verschiedenen Hochschulen und Universitäten. Sie hat als wissenschaftliche Mitarbeiterin für Institutionen wie das Schaulager Basel gearbeitet und verschiedene freie kuratorische Projekte durchgeführt. Im Jahr 2021 übernahm Katrin die Gesamtleitung der Abteilung Kultur in Basel-Stadt, die sie seit 2018 gemeinsam mit Sonja Kuhn innehat.

Author

Katrin Grögel studied art history, classical archaeology and modern German literature at the Universität Basel and the Humboldt Universität Berlin. After gaining her doctorate in art history at the Universität Basel, she continued her education in the fields of museum law and cultural funding, completing a certificate of advanced studies in leadership, strategic management and financial management at Hochschule St. Gallen. Katrin has been working on cultural projects at the Division of Cultural Affairs in the Canton of Basel-Stadt since 2013. Since 2015 she has been helping to establish new funding streams for film and media art in Basel and has been responsible for the management of the Basel-Stadt art fund. Previously Katrin has taught art and visual culture at various colleges and universities. She has worked as a research assistant for institutions such as Schaulager Basel and has carried out various independent curatorial projects. In 2021 Katrin became overall head of the Division of Cultural Affairs in Basel-Stadt, a position she held together with Sonja Kuhn from 2018.

Aktivierende Räume

Wie viele andere Städte hat Basel eine lange Tradition der Umnutzung und Aneignung von Arealen und Gebäuden durch die Kultur. Obsolet gewordene Kirchen, Industriegebäude, aufgelassene Areale und Strukturen sowie Brachen bieten Freiräume und ziehen Kreative und Kulturschaffende an. Während die Umnutzung von Kirchen zumeist im Bereich der klassischen Musik und der Hochkultur liegt, kommt bei der Umnutzung von Industriearealen häufig eine Konzeption des soziokulturellen Werkraums zum Zug. Sie bieten Raum für eine breite Mischnutzung, soziale Begegnungen und dafür, einen Kulturbegriff zu pflegen, der die engen Grenzen der Künste sprengt. Sie sind nicht zufällig häufig in Quartieren beheimatet, die in der Vergangenheit am Rande der Stadt lagen. Die Menschen, die sie prägen, begreifen Kultur als Praxis der gesellschaftlichen Teilhabe und versuchen, das Diktum der Achtzigerjahre «Kultur für alle!» im täglichen Miteinander zu leben.

Versucht man, die kulturpolitischen Erwartungen an das künftige Kultur- und Kreativzentrum im Kasernenhauptbau zu formulieren, so lohnt sich ein Blick auf die DNS des Ortes und seines Umfelds. Denn der Hauptbau, der nach dem Umbau einer für die breite Bevölkerung öffentlichen Nutzung zugeführt wird, ist Teil eines insgesamt rund 21.000 Quadratmeter umfassenden Areals mit mehreren Gebäuden. Das Kasernenareal liegt heute in der Mitte der Stadt, in exponierter und zugleich privilegierter Lage. Auf der Sonnenseite des Rheinufers, im «minderen Basel» beheimatet, ist es seit den Siebzigerjahren ein Quartiertreffpunkt und Gravitationszentrum der Jugend- und Alternativkultur, die sich längst zu einem Treiber der künstlerischen Avantgarde gemausert hat. Neben Boxclub, Kindergarten, SpielEstrich und Moschee sind hier der älteste von Kunstschaffenden selbst betriebene Ausstellungsraum der Schweiz, ein Atelierhaus und das grösste Produktionszentrum für die freie, experimentelle Tanz-, Theater- und Musikszene der Nordwestschweiz beheimatet. Dazu kommen Bar, Musikclub und Sonnenterrasse, eine grosse Wiese, auf der gespielt, gelacht, getrunken und manchmal auch gestritten wird. Zudem ein Platz, den Stadtplaner gerne als tote Fläche bezeichnen, der aber an Sommerabenden hochfrequentiert ist von Jugendlichen, die Basketball spielen, shooten oder skaten. Das Kasernenareal ist der Schauplatz von Festivals und Grossanlässen. Während der Basler Herbstmesse ist er Vergnügungspark, Standort von Geisterbahn, Autoscooter und «Freiem Fall». Jeweils im Sommer nutzt das Basel Tattoo das ehemalige Kasernengebäude als Kulisse für eine Grossveranstaltung der Militärmusik. Der Theater- und Musikbetrieb Kaserne Basel (beheimatet in der ehemaligen Reithalle mit Rossstall) ist darüber hinaus Zentrum für viele Events, die die ganze Stadt umspannen. Als grösstes sei hier das alle zwei Jahre stattfindende Theaterfestival Basel genannt, an dem sich eine Vielzahl von Spielstätten der Stadt und des gesamten Dreilands beteiligen.

Der prominente Hauptbau der Kaserne war lange Jahre der «tote Winkel» des Kultur- und Quartierareals. Er wurde nach dem Auszug des Militärs im Jahr 1966 von Schulen und Fachhochschulen genutzt. In seinen breiten Gängen nahmen nun Schulklassen und nicht mehr Soldaten Aufstellung, Klassenzimmer ersetzten Truppenunterkünfte. Als Riegel zwischen Areal und Rheinpromenade trennte der Kasernenhauptbau touristisches Sightseeing und Sonntagsspaziergang auf der einen Seite vom erweiterten Wohnzimmer der Kreativszene und der Migrationsgesellschaft des Kleinbasels auf der anderen. «Sprengt die Kaserne», riefen Herzog und de Meuron Ende der Neunzigerjahre und wünschten das Schlagen einer Schneise – verbunden mit dem Vorschlag eines neuen architektonischen Highlights, eines Konzertsaals. Vonseiten der damaligen Arealnutzer wurde das als der Versuch einer feindlichen Übernahme harsch zurück-

Activating Spaces

Like many other cities, Basel has a long tradition of appropriating and converting buildings and land for cultural purposes. Obsolete churches and industrial buildings, disused plots and brownfield sites offer the kind of spaces that attract people from the cultural sector and the creative industries. While the repurposing of churches tends to be the realm of classical music and high culture, former industrial areas are often reconceived as socio-cultural workspaces. These areas present opportunities for a range of mixed uses, social encounters and a conception of culture that goes beyond the narrow confines of the arts. It is no coincidence that most of them are in districts that were formerly on the fringes of the city; the people who define these spaces tend to understand culture in terms of social participation and try to live their daily lives in the communal spirit of culture for all.

In order to understand the cultural policy expectations for the future of the cultural and creative centre at the Barracks it is worth taking a closer look at the DNA of the site and its surroundings. The main Barracks building, which will be made accessible to the public once the refurbishment is complete, is part of a group of buildings on a piece of land covering a total area of around 21,000 m². The Barracks complex now finds itself on a prominent and prestigious site in the middle of the city. Located on the sunny side of the Rhine in so-called 'lesser' Basel, it has been a local meeting point and a centre of gravity for young people and alternative cultures ever since the 1970s, and has for many years been a driver of the artistic avantgarde. Besides the boxing club, kindergarten, playground and mosque, resident here are Switzerland's oldest self-organized exhibition space, a studio building and the largest centre of production for experimental dance, theatre and music in north-west Switzerland. There is also a bar, a music venue with a sun terrace, and an expanse of grass where people play, laugh, drink, and sometimes quarrel. Not to mention the courtyard, which town planners like to call a dead space, though on most summer evenings it soon fills up with young people playing basketball, shooting films or skating. The Barracks complex also serves as a venue for festivals and major events. During Basel's autumn festival it becomes a fairground with rollercoasters, bumper cars and a free fall. Every summer the Basel Tattoo uses the former Barracks as the backdrop for a festival of military music. The music and theatre business headquartered in the old riding school and stables is another centre for events that embrace the whole city. One of the largest of these is the Basel Theatre Festival, which happens every two years and involves theatre groups from across the city and the wider trinational region.

For many years the prominent principal building of the Barracks has been a 'dead spot' in this local cultural complex. When the military moved out in 1966 it was repurposed for use by schools and vocational colleges. Its wide corridors teemed with school pupils instead of soldiers, troop dormitories were converted into classrooms. Like a barricade between the Rhine promenade and the extensive compound behind it, the main Barracks building separated Sunday strollers and sightseers on the one hand from the expansive living room of the creative scene and the cultural diversity of Kleinbasel on the other. At the end of the 1990s Herzog and de Meuron called for the demolition of the Barracks. They wanted to dismantle the barricade and proposed a concert hall as a new architectural highlight in its place. At the time this was vehemently rejected by users of the Barracks complex as a hostile takeover bid. In 2010 the local cultural committee 'Kulturstadt Jetzt!' started a popular initiative calling for stronger connections between the Barracks and the Rhine for a second time. But then a counter-proposal for the complete refurbishment of the building stipulating a substantial opening onto the Rhine was approved by

Aktivierende Räume

gewiesen. 2010 lancierte das Komitee «Kulturstadt Jetzt!» mit der Volksinitiative «Öffnung zum Rhein» die Idee zum zweiten Mal. Im Parlament wurde dann allerdings der Gegenvorschlag zur Gesamtsanierung mit der Auflage einer grosszügigen Öffnung des Hauptbaus zum Rhein hin angenommen, woraufhin die Initiative zurückgezogen wurde. Wie häufig in demokratischen Prozessen der Konsensfindung, in denen in diesem Fall auch die Denkmalpflege ein gewichtiges Wort mitzureden hatte, wurde aus der Revolution eine Transformation.

Nach einem Referendum gegen das Bauprojekt und einem kontrovers geführten Abstimmungskampf wurde im Februar 2017 per Volksentscheid die Finanzierung für Gesamtsanierung und Umbau des Hauptbaus zum «Kultur- und Kreativzentrum» bewilligt. Auf der Grundlage des von den Architekten FOCKETYN DEL RIO STUDIO vorgelegten Bauprojekts konnte die Stimmbevölkerung von Basel vom Mehrwert für die Stadt überzeugt werden. Damit sich dieser einstellen kann, ist es entscheidend, dass das gesamte Areal mit der Eröffnung des Hauptbaus mehr noch als bisher ein vernetzter Ort mit Ausstrahlung, Charakter, Dynamik und Möglichkeiten zur Partizipation wird. Die Vision des Kultur- und Kreativzentrums der Zukunft ist somit mehr als eine schlichte Vergrösserung oder das Hinzufügen von weiteren Mieterinnen und Mietern sowie Veranstaltungen. Sie zielt auf eine radikale Offenheit und Nachhaltigkeit in der Aktivierung des ehemals für die Bevölkerung unzugänglichen Hauptbaus.

Was wird hierfür benötigt? Benötigt wird eine Architektur, die flexible Nutzungen und noch nicht vorhersehbare Entwicklungen über längere Zeit hinweg zulässt und fördert. Eine Architektur, die Zonen der Begegnung schafft, in denen sich Menschen verschiedenen Alters, aus diversen Kulturen und Milieus willkommen fühlen. Aktivierbare Räume, die temporär von unterschiedlichsten Gruppen in Besitz genommen werden können, die Sharing-Konzepte und produktive Nachbarschaften ermöglichen. Um dies zu erreichen, haben FOCKETYN DEL RIO STUDIO die Kaserne zwar nicht gesprengt, aber ihre innere Struktur aufgebrochen und umcodiert, so dass neue Möglichkeiten geschaffen werden. Sie haben – im Auftrag der öffentlichen Hand – den Baukörper aktiviert. Mit der Plaza und dem zentralen, grosszügigen Treppenhaus entstanden Aufenthaltsräume ohne Konsumzwang, die zugleich Durchgangsräume sind und die den Charakter eines Parks oder Dorfplatzes haben. Im ganzen Gebäude gibt es nur wenige, strategisch situierte Räume, deren Nutzung festgelegt ist. Dazu zählen die Gastronomie, die Theaterprobebühne, der Veranstaltungssaal, der Seminarraum, die Wohnstudios für Künstlerresidenzen, die Moschee (die vom Seitenflügel in den Hauptbau umzieht). Abgesehen von Moschee und Gastronomie, die per se Orte sind, an denen Menschen zusammenkommen, sieht das Konzept vor, dass diese sehr attraktiven Räume immer nur für eine beschränkte Zeitdauer einzelnen Organisationen, Veranstaltern oder Personen zur Verfügung stehen. Denn das Kasernenareal soll künftig in seiner Funktion für das öffentliche städtische Leben über sich hinauswachsen und zu einem echten Leuchtturm und Magneten werden. Der aktivierte Baukörper des Hauptbaus hat als neues Herzstück das Potenzial, zum «Verbindungstrakt» zu werden, nicht nur für das Areal und das Stadtquartier, sondern weit darüber hinaus.

Dafür braucht es allerdings auch ein Betriebskonzept, das die Räume animiert und dafür sorgt, dass das Potenzial, das sie bergen, genutzt wird. Auf der Basis einer öffentlichen Ausschreibung wurde mit der Firma Fluxdock ein Betreiber gefunden, der mit einem ambitionierten Konzept antritt. Fluxdock aktualisiert die Vision des Schmelztiegels kultureller und sozialer Teilhabe – seit den Neunzigerjahren State of the Art für Kultur- und Kreativzentren –, indem ergänzend zur Programmation von Veranstaltungen aller Art eine flexible Arbeitswelt

Activating Spaces

parliament, at which point the popular initiative was withdrawn. As so often happens in the democratic process of consensus-building, which in this case involved important considerations concerning the architectural heritage of the site, revolution became transformation.

After the calling of a referendum and a controversial campaign against the project, funding for the complete refurbishment and conversion of the main building into a 'Cultural and Creative Centre' was approved by popular vote. On the basis of designs submitted by architects FOCKETYN DEL RIO STUDIO, the Basel electorate was convinced that the project would be of benefit to the city. For this benefit to accrue it was crucial that the whole complex and the newly accessible main building should be better connected, with more character, charisma, dynamism and opportunities for participation than before. So this vision for the Cultural and Creative Centre of the future is more than a mere expansion or addition of users and events. It sets out to achieve a radical openness and sustainability in the activation of a main building that has previously been inaccessible to the population.

But how can this be achieved? What's needed is an architecture that permits and promotes flexible use and as yet unforeseen development in the long term. An architecture that makes room for encounters, places where people of different ages and diverse cultures will feel welcome. Spaces that can be activated and temporarily occupied by all sorts of groups. Places that facilitate sharing and productive proximity. FOCKETYN DEL RIO STUDIO have achieved this not by demolishing the Barracks but by breaking up its internal structure and recoding it to create new possibilities. They have activated the fabric of the building on behalf of the city. With their plaza and its generous stairway they have created a transitional space where people can stop and pass the time without being exposed to the pressures of consumerism, a place with the character of a park or a village square. The whole building contains just a few strategically located fixed-use spaces. These include the restaurants, the rehearsal room, the events venue, the seminar room, the studio apartments (for artist residencies) and the mosque (which is moving from the side wing to the main building). Besides the mosque and the restaurants, where people naturally come together, the design concept stipulates that these attractive spaces should be made available to individuals, groups and organizations for limited periods. In future the Barracks complex should grow and become a genuine lighthouse and magnet serving the civic life of the city. As a new centrepiece, the activated fabric of the main building has the potential to become a 'connecting wing' to the site, the district and beyond.

But this also calls for a management concept to animate the spaces and to make sure they are used to their full potential. Through the public tender process the Fluxdock management company came forward with an ambitious concept. Fluxdock have produced an updated vision of the 'crucible of social and cultural participation' – a concept that has been state of the art for cultural and creative centres since the 1990s – by creating a flexible world of work alongside the programming of events, a place where individuals and organizations from various disciplines can draw inspiration from each other. This concept goes beyond bringing together young and established creatives and cultural workers. It includes people from the world of civil society engagement in the processes of co-creation. The preconditions are the imperative to collaborate, the demand for curiosity, engagement and discursivity. Principles and methods for agile working organizations and participation have been defined. Beyond this Fluxdock expect to see innovation and social and cultural benefits from collaborative projects – a whole that will be greater than the sum of its parts. The realization of these opportunities calls for 'users' rather than 'owners', which

Aktivierende Räume

geschaffen wird, in der sich Einzelpersonen und Organisationen aus verschiedenen Disziplinen gegenseitig inspirieren sollen. Dies bringt nicht nur junge und etablierte Akteure aus Kultur, Kreativschaffen und Sozialem, sondern darüber hinaus auch Akteure zivilgesellschaftlichen Engagements in Prozessen der Ko-Kreation zusammen. Vorausgesetzt werden der Imperativ der Mitgestaltung, die Forderung nach Neugierde, Engagement und Dialogbereitschaft. Definiert sind Prinzipien und Methoden der agilen Arbeitsorganisation und der Partizipation. Darüber hinaus vertraut Fluxdock darauf, dass sich Innovation und gesellschaftlicher und kultureller Mehrwert in gemeinsamen Projekten einstellen werden und das Ganze mehr sein wird als die Summe seiner Teile. Zur Realisierung dieser Möglichkeiten braucht es «Nutzer» und nicht «Besitzer», weshalb sich der Kanton als Eigentümer mit der Inbetriebnahme auf eine unterstützende Rolle zurückzieht.

Das Corona-Virus hat in den vergangenen zwei Jahren nicht nur das Kulturleben im engeren Sinn mit seinen Theateraufführungen, Ausstellungen, Konzerten, dem Tanzen und Lachen und der Gemeinschaftlichkeit in den Stillstand gezwungen. Es begrenzte unser Zusammenkommen in öffentlichen Räumen und behinderte die internationale Zusammenarbeit, die für den Kulturaustausch wie Sauerstoff benötigt wird. Das Projekt der Weiterentwicklung des Kasernenareals, mit seinem entscheidenden Baustein der Aktivierung des Kasernenhauptbaus als Ort der Begegnung und Kollaboration, erscheint vor diesem Hintergrund dringlicher und zukunftsweisender denn je. Das Kultur- und Kreativschaffen ist durch Corona einem erhöhten Transformationsdruck ausgesetzt. Dabei geht es um sehr viel mehr als einen Strukturwandel in einzelnen Berufsfeldern. Denn kulturelle Prozesse sind immer auch ein Angebot zur Demokratiebildung.

Activating Spaces

is why the Canton of Basel, as owner of the building, will be stepping back into a supporting role at handover.

Over the last two years the coronavirus pandemic has brought cultural life in the narrower sense – plays, exhibitions, concerts, dancing, laughter, communality – to a standstill. It has also limited our ability to come together in public spaces and it has hindered international collaboration, the oxygen of cultural exchange. Against this backdrop the development of the Barracks complex, with the activation of the main building as a place of encounter and collaboration, seems more pressing and prescient than ever. The cultural and creative sector has come under increased pressure to change as a result of the coronavirus. This transformation will have to involve far more than just structural changes to the individual professions. For cultural processes are always also an opportunity for democratic development.

Function Follows Form
Ein kurzer Blick auf den Entwurfsprozess

Miquel del Río Sanín

Function Follows Form
A Brief Look at the Design Process

165

Miquel del Río Sanín

Die Sanierung der Kaserne hat als Prozess rund zehn Jahre in Anspruch genommen – ein Prozess, in dem sich unser Verständnis des Gebäudes in mehrerlei Hinsicht verändert hat. Einige dieser Entwicklungen soll dieser Text nachzeichnen, um so zu einem umfassenderen Bild zu gelangen – eines, das möglicherweise schwerer zu beschreiben sein wird. Es wird darum gehen, wie FOCKETYN DEL RIO STUDIO sich weiterentwickeln und anpassen musste, um dieses komplexe Gebäude realisieren zu können.

Nachdem Hans und ich jeweils als selbstständige Architekten an verschiedenen Wettbewerben teilgenommen hatten, beschlossen wir, uns zusammenzuschliessen, als meine Frau und ich im Sommer 2013 nach Basel zogen. FOCKETYN DEL RIO STUDIO begann im Juni desselben Jahres als Zwei-Mann-Unternehmen. Sechs Monate später erhielten wir ein gewaltiges Weihnachtsgeschenk: ein Riesenprojekt mitten in der Stadt mit einem Budget von 45 Millionen Franken. Heute, im Sommer 2021, ist die Arbeit daran im Wesentlichen abgeschlossen, und wir haben eine Bürostruktur aufgebaut, die in mehreren Ländern und auf verschiedenen Kontinenten operiert – ein Netzwerk von Architekten, das eine Art Archipel bildet, in dem Hans und ich von unterschiedlichen Zentren aus arbeiten, um verschiedene Projekte gleichzeitig verfolgen zu können – manchmal als eigenständige Büros, manchmal als das Büro, das wir einmal waren. Zwischen 2013 und 2020 haben wir uns ausgedehnt und zusammengezogen wie ein schlagendes Herz oder wie ein Bär, der den Winter über schläft, um sich in der Wärme des Sommers wieder zu regen. Wir haben als Architekturfirma das Laufen gelernt, während wir die Stürme und politischen Turbulenzen dieses komplexen Renovierungsprojekts durchzustehen hatten.

Aber nicht nur das Büro hat sich in dieser Zeit verändert. Mit uns selbst änderte sich in mehrerlei Hinsicht auch unser Verständnis des Gebäudes. Für dieses Kapitel habe ich fünfzehn kurze Episoden zusammengetragen, die veranschaulichen sollen, was für Diskussionen wir geführt und welche Entwicklungen wir gemacht haben. Sie geben einen Einblick in einige der Zweifel, Fragen und Veränderungen, mit denen wir uns im Laufe des Projekts auseinanderzusetzen hatten.

The process of refurbishing the Barracks has taken around ten years to complete, and our understanding of the building has changed in various ways over that time. This text sets out to trace some of those changes in order to draw a bigger picture, one that's perhaps more difficult to describe. It looks at how FOCKETYN DEL RIO STUDIO had to develop and adapt to manage the construction of this complex building.

Having entered various competitions as independent architects, Hans and I decided to join forces when my wife and I moved to Basel in the summer of 2013. FOCKETYN DEL RIO STUDIO started as a two-man show in June that year. Six months later we received a massive Christmas present: a huge project in the middle of the city with a budget of 45 million francs. Now, in the summer of 2021, most of the work is complete and we've created an office structure that operates in various countries and on several continents – a network of architectural professionals that forms a kind of archipelago, with Hans and me working from different centres so we can pursue different projects at the same time, sometimes as different offices and sometimes as the office we once were. Between 2013 and 2021 we have expanded and contracted like a beating heart, or a bear hibernating over winter and emerging in the warmth of the summer. We have found our feet as an architectural practice while weathering the storms and political turbulence of this complicated refurbishment project.

But it wasn't just the office that changed over this period. Our understanding of the building has changed with us, and in various ways. For this chapter I've collected fifteen short stories that exemplify the discussions we've had and the developments we've been through over the last ten years. They provide an insight into some of the doubts, questions and changes we've had to deal with on the way.

1. Eine Art zu zeichnen

Bereits bevor Hans und ich uns mit den Entwürfen für den Kaserne-Wettbewerb befasst haben, hatten wir an einer Reihe von Projekten gearbeitet, die später den Charakter dieses grossen Vorhabens prägen sollten und geradezu Modellcharakter besassen. Wie in so vielen neuen Büros war unser erstes Projekt als FOCKETYN DEL RIO STUDIO ein Europan-Wettbewerb: der Masterplan für ein Areal zwischen zwei grossen Strassen in Wien. Wir suchten dabei nach einem Weg, das Lockere dieses neuen Quartiers darzustellen, ohne auf die Art von handgezeichneten Skizzen zurückzugreifen, wie sie typisch für stärker kommerziell orientierte Projekte sind. So entwickelten wir ein Verfahren mit einer konsistenten Textur, die abgedunkelt oder aufgehellt, gesättigt oder entsättigt werden konnte, um so digitale Bilder von variierender Dichte herzustellen, denen etwas von jenen Qualitäten innewohnt, wie wir sie mit den analogen Verfahren verbinden. Als wir die Arbeit an der Kaserne aufnahmen, stellte diese Art zu zeichnen das ideale Mittel dar, um auszudrücken, was wir erreichen wollten.

Wir wollten die positiven Aspekte des Alters bewahren, sie aber in radikal zeitgenössischen Formen visualisieren. Diese Art zu Zeichnen ist in unserem Büro zum Standard geworden, und wir haben sie bei verschiedenen Projekten für Museen und Masterpläne angewendet. Wir hätten die positiven Qualitäten des Kaserne-Baus in unserem Wettbewerbsentwurf mit Sicherheit nicht darstellen können, wenn wir nicht zuvor bereits diese neue Art zu zeichnen entwickelt hätten.

1. A Way of Drawing

Before Hans and I started work on our proposals for the Barracks competition we did a number of projects that would later define the character of this larger project and almost served as mock-ups for it. Like many new practices, the first project we did as FOCKETYN DEL RIO STUDIO was a Europan competition: a masterplan for a site between two major roads in Vienna. We wanted to find a way of representing the softness of this new quarter without resorting to the kind of hand-drawn sketches that are typical of more commercial projects. We developed a system with a consistent texture that could be darkened and lightened, saturated or desaturated to produce digital images of varied density that were nevertheless capable of encapsulating some of the values we associate with analogue methods. When we came to work on the Barracks, this way of drawing became the perfect means of expressing what we wanted to achieve. We sought to retain the positive aspects of age while visualizing them in radically contemporary forms. This approach to drawing has become standard practice in our office. We have used it on several other projects for museums and masterplans and we can safely say that our Barracks competition entry could never have depicted these positive values if we had not previously developed this way of drawing.

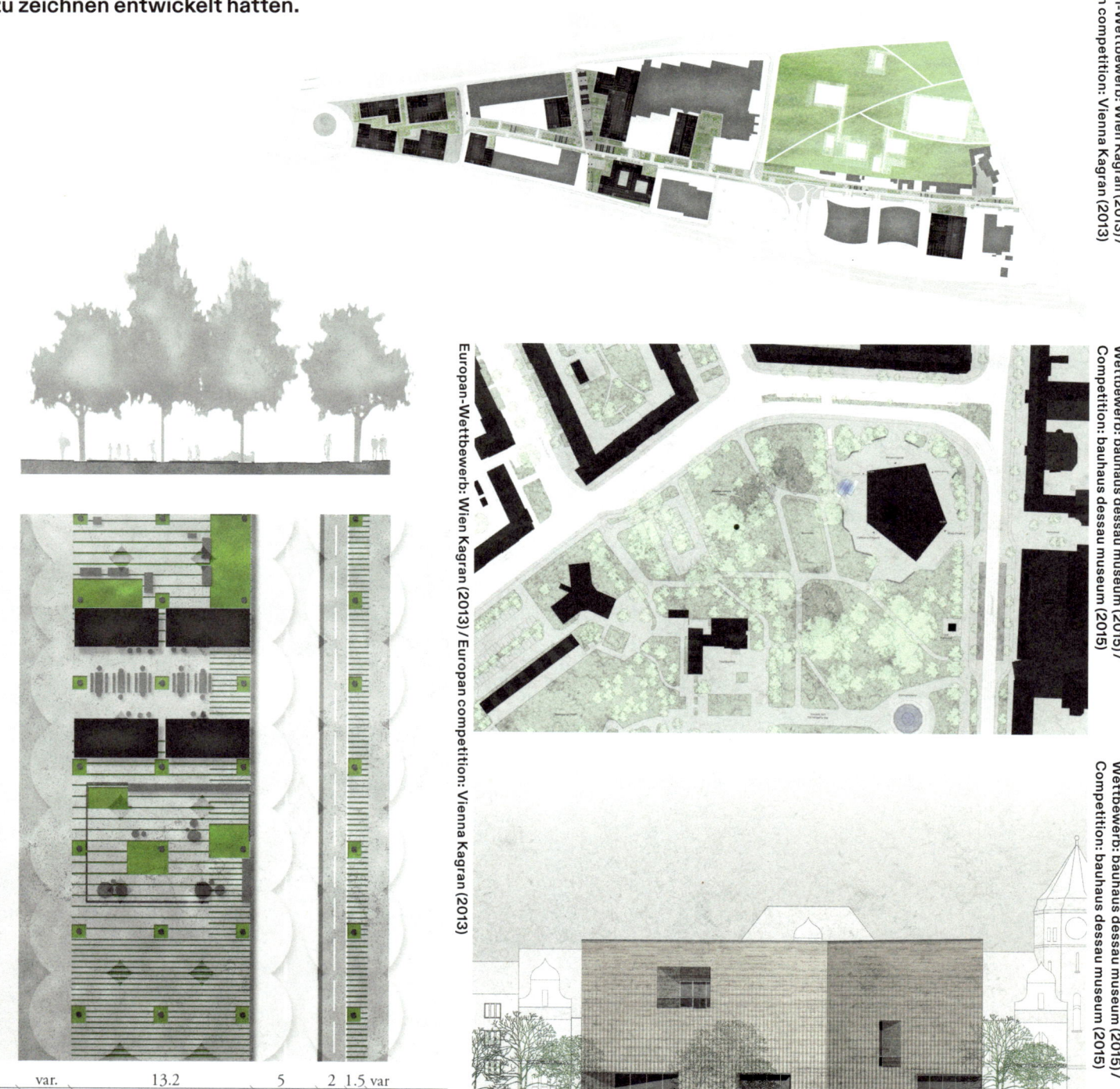

Europan-Wettbewerb: Wien Kagran (2013) / Europan competition: Vienna Kagran (2013)

Wettbewerb: bauhaus dessau museum (2015) / Competition: bauhaus dessau museum (2015)

2. Eine Art zu gehen

Während wir an diesen grundlegenden Projekten gearbeitet haben, wurden in der Schweiz zahlreiche Schulen und Pflegeeinrichtungen gebaut. Wir entschieden uns, an einigen Wettbewerben für diese Vorhaben teilzunehmen. Dabei wurden wir bald auf das Konzept der «Lernlandschaft» aufmerksam. Dieser Ansatz betrachtet das Schulgebäude selbst als ein pädagogisches Mittel und sucht seine Verkehrsflächen in nutzbare Räume zu verwandeln. Kaum hatten wir uns mit den Bestimmungen zur Feuersicherheit vertraut gemacht, die das ermöglichen, begannen wir diese Herangehensweise auch auf unsere übrigen Projekte anzuwenden. Als wir uns zum ersten Mal mit der Kaserne auseinandersetzten, war uns klar, dass wir über das Schema von «Verkehrsfläche» und «Raum» hinausgehen und eine Art «Raummatrix» entwickeln müssten. Diese Intuition bestätigte sich während einer Begehung des Gebäudes, als wir eine gelbe Linie bemerkten, die in der Mitte des «Korridors» im dritten Stock entlanglief. Dieser Korridor war auf der einen Seite der Linie zur Gänze in Beschlag genommen, auf der anderen jedoch völlig leer, da diese aus feuerpolizeilichen Gründen von allen Möbeln und Hindernissen freigehalten werden musste. Wir wussten nach dem Besuch, dass wir die ursprünglich angestrebte Nutzung dieses Korridors wieder ermöglichen wollten, indem wir die Zahl der als Fluchtwege genutzten Treppen minimierten und die nutzbare Fläche der Flure maximierten – ein Prozess, der das ganze Gebäude in jeder Beziehung aktivieren würde.

2. A Way of Walking

While we were working on these speculative projects, a large number of schools and nursing homes were being built in Switzerland. We decided to enter some of the competitions for these projects. The concept of the 'learning landscape' soon caught our attention. This approach to school design considers the school building itself as an educational tool and attempts to reclaim circulation areas as usable space. Once we had learnt the fire safety rules that allow for this, we applied the approach to the rest of our projects. When we were confronted with the Barracks, it was clear to us that we needed to go beyond mere 'circulation' and 'rooms' to develop some sort of 'room matrix'. This intuition was confirmed during a site visit when we noticed a yellow line running down the middle of the 'corridor' on the third floor. This corridor was fully occupied on one side of the line but completely vacant on the other, which had to be kept free from furniture and other obstructions in case of fire. After that site visit we knew we would need to reinstate the original use of that corridor by minimizing the number of stairs used as fire escapes and maximizing the usable floor space in the building – a process that would activate the whole building on every front.

Wettbewerb: Primarschulhaus Haldenacher (2013) / Competition: primary school Haldenacher (2013)

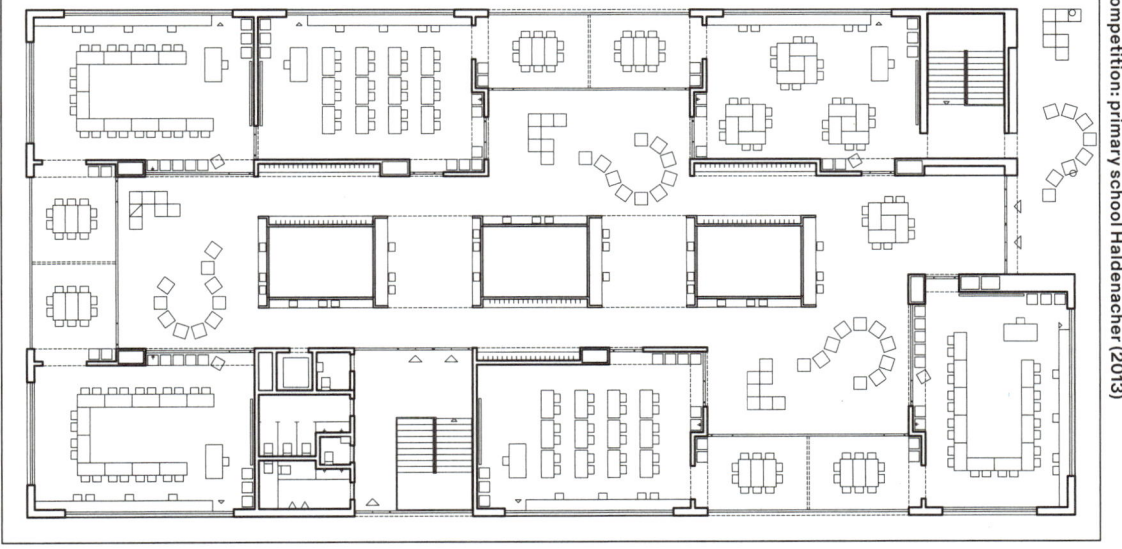

Wettbewerb: Primarschulhaus Haldenacher (2013) / Competition: primary school Haldenacher (2013)

Kaserne, Hofbereich, 3. Stock / Barracks courtyard section, third floor

Wettbewerb: Schule Bas-Vully (2013) / Competition: School Bas-Vully (2013)

3. Thinking Big

We've seen how tools from previous projects fed into the Barracks competition entry. We call this 'cross pollination' – a process where each project produces specific concepts that are later applied to other environments. But this process is also a two-way street. The Barracks gave us a taste for large-scale projects. Increasingly, masterplans and big buildings are the projects that interest us. When working on these big projects we recognize the simplicity of the Barracks. Often we'll try to find two or three discursive lines that create order in a very general way, allowing the smaller scale elements to appear more freely; it's an architecture based on spatial qualities rather than just joints. In a masterplan, for instance, we would find a common formal strategy that could be stretched to create different urban scenery in various combinations. When working on a large-scale building we tend to think of the structure as a series of nodes with different functions that leave the rest of the space free to be whatever it needs to be. In a way, this is the same strategy we applied at the Barracks, where the cores are tightly defined so the rest of the spaces can be 'independent realms' with their own internal rules. For each new building we try to devise a clear overall strategy that creates freedom in the design of the smaller elements – an approach that works really well when we're thinking big.

Eingeladener Wettbewerb: Masterplan in Creek Oris (2019) / Invited competition: Masterplan in Creek Oris (2019)

Eingeladener Wettbewerb: Masterplan in Creek Oris (2019) / Invited competition: Masterplan in Creek Oris (2019)

Eingeladener Wettbewerb: Playground headquarters (2017) / Invited competition: Playground headquarters (2017)

4. Ein Ensemblestück

Das erste Projekt, das wir gebaut haben, befand sich direkt neben der Kaserne: Parterre One liegt in der nordöstlichen Ecke des Ensembles und besteht aus einem kleinen Konzertsaal mit Bar und Restaurant, die saniert werden mussten. Wir begannen 2017, indem wir einen hochwertigen Konzertsaal errichteten; die Bar und das Restaurant wurden 2019 fertiggestellt. Diese Elemente wurden um einen Innenhof und einen zuvor unbeachteten Baum gruppiert. Unsere Strategie bei diesem Projekt bestand darin, die Leute in den zentralen Raum zu bringen – den Innenhof – und um ihn herum die anderen Elemente als autonome Einheiten anzuordnen. Angesichts eines sehr vergleichbaren Kontexts wie bei der Kaserne, die vom Parterre One aus gesehen auf der gegenüberliegenden Seite des Hofs liegt, haben wir die Gelegenheit genutzt, einige der Strategien zu erproben, die wir später in dem grösseren Bau angewendet oder auch verworfen haben. Für den Konzertsaal haben wir eine neue und unerwartete Form- und Materialsprache verwendet, um die bestehende Bausubstanz mit einem Zickzack-Balkon in einen lebendigen Ort für Livemusik zu verwandeln. Beim Restaurant dagegen haben wir den Charakter des existierenden Gebäudes bewahrt und sorgfältig Objekte eingefügt, die die Art der Nutzung des Raumes verändern, aber nicht seine Atmosphäre. Der Innenhof wurde komplett neu gestaltet, sieht aber aus, als sei er immer schon da gewesen. Drei grosse Interventionen mit sehr unterschiedlichem Ergebnis nach derselben Strategie.

4. An Ensemble Piece

Our first built project was right next to the Barracks: Parterre One is located at the north-east corner of the ensemble and comprises a small concert room with a bar and restaurant that needed refurbishing. We started by creating a first-class concert room in 2017; the bar and restaurant were completed in 2019. These elements were grouped around a patio and a previously neglected tree. Our strategy for this project was to bring the public into the central space – the patio – and to arrange the other elements around it as autonomous entities. Faced with a very similar context to the Barracks, which is just across the courtyard from Parterre One, we took the opportunity to rehearse some of the strategies that we would later use or discard in the larger building. For the concert room we employed a new and unexpected language of forms and materials to transform the existing fabric into a vibrant live music space with a zigzag balcony. For the restaurant, by contrast, we preserved the character of the existing building while carefully placing objects that change the way the space is used without changing its atmosphere. The patio was completely redesigned but looks as though it has always been there. Three major interventions with very different outcomes under the same strategy.

Renovierung des Clubs und Restaurants Parterre One / Parterre One club and restaurant refurbishment (2016)

5. Seamless Differentiation

In parallel with this large-scale project we have undertaken other cultural projects in a more collaborative way, working directly with the users, who often build the projects themselves. We call these our 'guerrilla projects'. Taken together, these refurbishment projects amount to a catalogue of relationships with pre-existing structures, though we approached them from a 'cultural' rather than a 'conservation' point of view. You could say that we understand pre-existing elements as a series of incomplete sentences that we add to in order to create new meanings. A first strategy is to paint the space and populate it with accessories, as with the NEBEL bar. A second strategy involves inserting large-scale objects that change the way a space is used, as in the Quartiertreffpunkt community centre. A third would be Parterre One and the new worlds we created within the existing fabric of the building. Finally there is the Barracks, where old and new are interwoven to the point where the subtle differences between them become almost indiscernible to the untrained eye, though the differences of shape, material and so on should be evident on closer inspection. This method could perhaps be defined as a quest for 'continuity without mixing' or 'differentiation without breaks' – an organic approach to the materiality and meaning of the pre-existing built substance: seamless differentiation.

NEBEL Bar (2015)

Gemeindezentrum KLŸCK QTP (2019) / Community centre KLŸCK QTP (2019)

NEBEL Bar (2015)

Gemeindezentrum KLŸCK QTP (2019) / Community centre KLŸCK QTP (2019)

6. Das Gebäude als Zeitmaschine

Diese «kulturelle» Sichtweise in Bezug auf bereits bestehende Strukturen entwickelte sich im Laufe unserer engen Zusammenarbeit mit der Denkmalpflege und deren Perspektive auf die «gebaute Substanz» in ungeahntem Masse. Unsere ersten eingehenderen Diskussionen betrafen die Art der Baukonstruktion: In unserem Wettbewerbsbeitrag hatten wir vorgeschlagen, alle hölzernen Deckenkonstruktionen durch Betonplatten zu ersetzen, und die Denkmalpflege war (zu Recht) dagegen. Damit begannen wir, das Gebäude als ein Gebilde zu verstehen, dessen physische Substanz nach einhundertfünfzig Jahren in der Gegenwart angekommen war – und das diese Reise in die Zukunft hinein fortsetzen würde. Man stelle sich einen Wissenschaftler im Jahr 2150 vor, der Bäume untersucht, die Mitte des neunzehnten Jahrhunderts für Bauzwecke gefällt worden sind. Dieser Wissenschaftler würde vielleicht Teile der Gipsdecke der Kaserne entfernen, um die originalen hölzernen Balken freizulegen und einige Proben zu entnehmen. Wenn wir die Holzbalken durch Betonplatten ersetzt hätten, hätten wir vielleicht ein identisches Aussehen erreicht, aber für den Wissenschaftler hätten sich der Bau und die in ihm enthaltene Information über die Vergangenheit dramatisch verändert. So kamen wir dazu, das Gebäude als ein Dokument zu betrachten, das durch die Zeit reist und Spuren der Vergangenheit in der Zukunft deponiert.

6. The Building as Time Machine

This 'cultural' point of view with regard to pre-existing structures grew to unexpected dimensions over the course of our close work with the heritage department and their perspective on 'the built substance'. Our first, broader discussions were about the building construction method: in our competition entry we had proposed replacing all the wooden floor structures with concrete slabs, and the heritage department (rightly) opposed that. This was when we started to understand the building as an entity whose physical substance had arrived in the present from 150 years ago – and would be continuing this journey into the future. Imagine a scientist from the year 2150 studying trees that were felled for construction in the mid-nineteenth century. That scientist might want to remove parts of the plaster ceiling of the Barracks to expose the original wooden floor beams and take some samples. If we had replaced the wooden beams with plastered concrete slabs, we might have achieved an identical appearance, but to the scientist, the structure and the information about the past that it contains would have changed dramatically. This was how we came to understand the building as a document that travels through time, depositing traces of the past in the future.

Verstärkung der ursprünglichen Balken durch neue Balken / Original beams reinforced with new beams

Raum zur Flussseite ohne Zwischenwände / River section without intermediate partitions

Plaza im Bau mit beseitigten Geschossdecken / Plaza section with floors removed

Neu ausgehobener Bereich auf der Hofseite / Newly excavated area next to courtyard

7. Der öffentliche Durchgang

Beispielhaft für diese Diskussion wurde der externe öffentliche Durchgang an der Südecke des Geländes. Der Ausschreibungstext des Wettbewerbs hatte den Abriss des vorhandenen Gebäudes und eine historisierende Neuinterpretation der Fassade vorgesehen, was für die Stadt ein Schritt in die falsche Richtung gewesen wäre. Stattdessen haben wir einen gänzlich neuen Bau an der Stelle des alten vorgeschlagen: Eine Brücke zwischen der Kirche und der Kaserne, die die Einheit des Ensembles bewahrt und zugleich eine öffentliche Verbindung zwischen Innenhof und Fluss ermöglicht. Die Denkmalpflege sprach sich auch in diesem Fall (zu Recht) dagegen aus und verlangte, dass das Gebäude erhalten und mit einer bogenförmigen Öffnung versehen werden sollte. Wir schlugen einen Kettenbogen als zeitgenössische Interpretation eines solchen Bauglieds vor. Um unsere Entscheidung zu begründen, nahmen wir eine sorgfältige Untersuchung aller öffentlichen Tordurchgänge in Basel vor – nur um zu dem Ergebnis zu kommen, dass unser Bogen in zweierlei Hinsicht von der Norm abwich: durch die Grösse und die Form. Bei der Grösse konnten wir keinerlei Kompromisse machen, da der Durchgang eine bedeutende städtische Verbindung herstellen sollte, wir mussten also eine zeitgemässe Art für die Behandlung des Segmentbogens finden, den man im Rest des Gebäudes sehen kann. Die Lösung dieses scheinbaren Widerspruchs bestand darin, jener massiven Betonkonstruktion zum Ausdruck zu verhelfen, die das Verbindungsgebäude trägt, und ihr die Farbigkeit des vorhandenen Sandsteins zu verleihen, indem wir sie rot einfärbten. Das Ergebnis ist eine klassische Anmutung, die aufgrund ihrer Materialität sofort als neu erkennbar ist, die aufgrund ihrer unaufdringlichen Form aber genauso gut unbemerkt bleiben kann.

7. The Public Passageway

The external public passage at the south corner of the site became exemplary of this discussion. The competition brief had envisaged the demolition of the existing building and a historicizing reinterpretation of the old facade, which would have been a bad move for the city. Instead we proposed a completely new structure in the position of the existing building: a bridge between the church and the Barracks that would preserve the unity of the ensemble while still allowing for a public connection between the courtyard and the river. The heritage department was again (rightly) opposed to this and made it clear that the building had to be preserved and given an arched opening. We proposed a catenary arch as a contemporary interpretation of this structural element. To justify our decision we carried out a careful survey of all the public gateways in Basel – only to find that our arch diverged from the norm in two respects: size and shape. We couldn't compromise on size because the passage needed to be a substantial urban connection, so we had to find a contemporary approach to the segmental arch you see in the rest of the building. The solution to this apparent contradiction was to give expression to the massive concrete structure that supports the connecting building while also imbuing it with the colour of the existing sandstone by colouring the concrete red. The result is a classic appearance that is immediately identifiable as new because of its materiality, though it can just as well go unnoticed thanks to its inconspicuous form.

Modelle verschiedener Bogenformen im Massstab 1:50 / Arch study models, 1:50

Rendering-Studie für den Durchgangsbogen / Render study of arch solution

Torbögen in Basel (gestrichelte Linien) / Archways of Basel (dashed lines) with intervention

1 Mittlere Brücke
2 Wettsteinbrücke
3 Kaserne-Tor
4 Zentralpost-Tor
5 Kunstmuseum
6 St. Johanns-Tor
7 Spalentor
8 St. Alban-Tor
9 Passage von Münster

Wettbewerbsentwurf / Competition entry

8. Why Are Basel's Buildings Red?

Public buildings in Basel are red because they were built and finished in stone rather than render. The quarries nearest the city produce a red sandstone, and this is what gives the buildings their characteristic colour. The Barracks is no exception. Its window and door surrounds are carved from this stone and complemented by red render on the walls – public but pragmatic! As we were designing the two cores of the main building we came to think of them metaphorically as blocks of red sandstone carved to accommodate the stairs. And so the cores were done in red concrete. As the project progressed, more and more elements came to benefit from this idea. The new external openings – the public passageway and the main door to the river – soon took on this colour and were adjusted to the existing stone frames. Later on, internal elements such as the stairway in the plaza and the internal openings on the ground floor were cast in red concrete to mark them out as public architecture: they extend through the building to the courtyard and turn the 'corridor' section on that side into something resembling a Parisian arcade. For each of these elements, structural concrete that would usually have been rendered was exposed to reveal its public condition – in the Basel red that we all know and love.

Rendering eines Erschliessungskerns in der Entwurfsentwicklung / Render study of core in design development

Rendering des Eingangs zum Flussufer / Render study of river entrance

Vorführmodell verschiedener roter Betonoberflächen / Mock-up of various red concrete finishes

Wiederverwendete Steinrahmungen für Öffnungen im Erdgeschoss / Reuse of stone surrounds for ground floor openings

9. Treppe zum Fluss — 9. Stairway to the River

Bislang haben wir uns einige der Projekte im Umfeld der Kaserne angesehen, und die Art, wie wir sie mit der Substanz der existierenden Gebäude in Beziehung gesetzt haben. Aber wir mussten auch eine neue Identität für die Kaserne schaffen. Einen wesentlichen Teil dieser Identität bildete die Treppe im Inneren, die das Problem der Höhendifferenz von einem Stockwerk zwischen den beiden Fassaden lösten sollte. Unser Wettbewerbsentwurf sah ursprünglich eine kompensierte Treppe vor, die aber später zu einem komfortableren Gebilde mit einem grosszügigen Treppenabsatz wurde, der auch als Sitzbereich für kleine, spontane Zusammenkünfte dienen kann. Im überarbeiteten Entwurf wurde die Treppe von den vorhandenen Bögen freigestellt und präsentierte sich als freistehendes Element – mehr als ein Möbel denn als eine Naht zwischen den Geschossen der Plaza. Sobald die Form und Position der Treppe festgelegt waren, machten wir uns Gedanken über die Form und das Material der Brüstung. Diese begann als eine Art «Felsen» in der Mitte der Treppe, nahm dann aber immer geometrischere Formen an und verwandelte sich schliesslich in ein poliertes Band aus rotem Beton, dass den starken Belastungen standhalten würde, für die es bestimmt war. Als architektonisches Element gelingt es der Treppe, eine Reihe von geometrischen Hürden zu überwinden, und dient letzten Endes als ein Fokus der Aufmerksamkeit, der sowohl Bewegung als auch Ruhe ermöglicht.

Up to this point we've looked at some of the projects that surrounded the Barracks and how we related them to the fabric of the pre-existing buildings. But we also had to create a new identity for the Barracks. A crucial part of that identity was the internal stairway that would solve the problem of the single-storey height difference between the two facades. Our competition entry had originally envisaged a compensated stair, but this later became a more comfortable configuration with a generous landing that would double up as a seating area for small, impromptu gatherings. In the modified design the stairway became detached from the existing arches and revealed itself as a freestanding element – more furniture than fissure between the levels of the plaza. Once the shape and position of the stairway had been decided, we moved on to consider the form and material of the balustrade. This started out as a kind of 'rock' in the middle of the stairway but became increasingly geometricized and finally metamorphosed into a polished ribbon of red concrete that would stand up to the heavy use expected of it. As an architectural element, the stairway in the plaza manages to navigate a series of geometrical hurdles and ultimately serves as a focus of attention that facilitates both movement and repose.

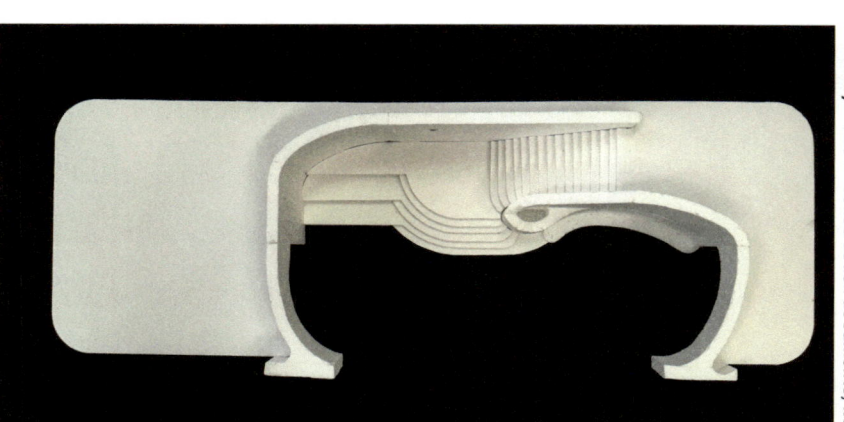

Modell der Treppe aus den Bauunterlagen, 1:33 / Stairway model in construction documents, 1:33

Treppenstudie in der Entwurfsentwicklung / Stairway study in design development

Studie der Treppe aus den Bauunterlagen / Stairway study in construction documents

10. Das Herzstück des Gebäudes

Obwohl der Wettbewerb es gar nicht verlangt hatte, war uns klar, dass ein so prominentes Gebäude wie die Kaserne der Stadt einfach einen öffentlichen Innenraum anbieten musste. Die von uns vorgeschlagene Umgestaltung des Hauptgebäudes sollte diesem Bedürfnis mit einem Verbindung stiftenden Raum über drei Geschosse sowie einer Treppe und einem öffentlichen Bereich entsprechen: Das Café würde die Plaza mit ihrer «Innenterrasse» beleben; auf der gegenüberliegenden Seite wären die Nutzungen nicht-kommerziell, aber insgesamt weniger stark vorgegeben. Dieses Konzept wurde bald von allen Parteien angenommen, auch wenn es einige Debatten um den «Innen-» bzw. «Aussencharakter» des Raumes gegeben hat. Entscheidend war etwa, dass die Plaza nicht an ein Shopping-Center erinnern sollte. Unser Wettbewerbsentwurf hatte einen Baum und Kopfsteinpflaster im unteren Erdgeschoss vorgesehen, was aber bald verworfen wurde. Der schwarze Fussboden, den wir vorgeschlagen hatten, wurde zu rotem Beton, um mit dem rauen Putz der Wände zu kontrastieren. Schliesslich entschieden wir uns, den Betonboden zu polieren. Diese glatte Oberfläche wurde auf die Betonbrüstung der Treppe übertragen und wanderte in den feineren Putz der Wände hinüber. Diese Entscheidungen haben am Ende die ruhige und kraftvolle Ästhetik hervorgebracht, die wir heute mit der Kaserne verbinden.

10. The Heart of the Building

Though not a requirement of the competition, for us it was clear that a building as prominent as the Barracks really had to provide the city with an indoor public space. Our proposed reconfiguration of the main building would meet this need through a connecting triple-height space with a stairway and a public area: the café would activate the plaza and its 'internal terrace' on one side; on the other side the uses would be non-commercial but generally less prescriptive. This concept was soon accepted by all parties, though there was some debate about the 'indoor' or 'outdoor' character of the space. It was crucial, for instance, that the plaza didn't resemble a shopping centre. Our competition entry had envisioned a tree and cobblestones on the lower ground floor, but this was soon rejected. The black floor we had suggested became red concrete, to contrast with the rough render of the walls. Finally, we decided to polish the concrete floor. This smooth finish was extrapolated to the concrete balustrade and migrated into the finer render of the walls. These decisions ultimately produced the calm and robust aesthetic that we now associate with the Barracks.

Studie der Plaza aus den Vergabeunterlagen / Plaza study from tender documents

Studie der Plaza aus den Bauunterlagen / Plaza study in construction documents

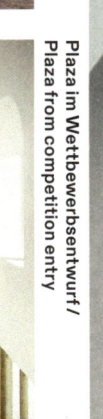
Plaza im Wettbewerbsentwurf / Plaza from competition entry

Schematische Studie der Plaza, 1:33 / Plaza study in schematic design, 1:33

11. Ein Treffpunkt über den Wolken

11. A Venue in the Clouds

Uns war von Anbeginn klar, dass das Gebäude sich sowohl horizontal wie vertikal entwickeln müsste; es sollte sich im Erdgeschoss nach aussen erweitern und zugleich öffentliche Nutzungen oberhalb dieser Kontaktbereiche schaffen. Die Idee fand sich bereits in unserem Wettbewerbsentwurf, der vorgesehen hatte, öffentliche Nutzungen zentral um das bestehende Treppenhaus herum übereinander zu schichten, und der später um strategische Nutzungen wie die Skybar und den Konferenzraum erweitert wurde. Der Veranstaltungssaal war als ein vertikal dynamisierender Faktor des Projekts gedacht und befand sich ursprünglich direkt unter dem Dach, wo er schon bald die gesamte Breite des Gebäudes einnahm. Später wurde er in das Raumgefüge zwei Etagen darunter verlegt, wo er einen zweigeschossigen Raum im zweiten und dritten Stock einnahm. Zu diesem Zeitpunkt untersuchten wir sehr genau die formalen Möglichkeiten dieses Raumes. Unsere Studie prüfte den möglichen Einsatz von Galerien, und von dort aus gelangten wir zu der Idee einer abstrakten Box aus ziemlich robusten Materialien: Beton, Metall und Putz. Diese Materialien haben wir nach und nach verfeinert und im Rahmen der neuen Betonkonstruktion an die neuen Funktionen des Ortes angepasst, so dass sie schliesslich bewegliche Holzpaneele umfassten, die mit der relativ rauen Oberfläche der Betonstruktur kontrastieren.

From the beginning it was clear to us that the building would have to develop both horizontally and vertically; it needed to expand outdoors at ground level while also creating public uses above those points of contact. This idea was already present in our competition entry, which envisaged public uses stacked centrally around the existing staircase, and would later be reinforced with strategic uses such as the sky bar and the conference room on the upper level. The venue had to be a vertical driver for the project and was originally located just below the roof, where it soon took up the entire width of the building. Later it would be relocated in the room matrix two floors below, occupying a double-height space on the second and third floors. At this point we carried out a careful investigation into the formal possibilities of the space. This study covered the possible use of galleries, and from here we arrived at the idea of an abstract box in quite robust materials: concrete, metal and plaster. These materials were gradually refined and adapted to the venue's new uses within the new concrete structure and would ultimately include moving wooden panels to contrast with the relatively coarse finish of the structural concrete.

Studie des Veranstaltungssaals in der Entwurfsentwicklung / Venue study in design development

Schematischer Entwurf des Veranstaltungssaals, 1:50 / Venue in schematic design, 1:50

Veranstaltungssaal im Wettbewerbsentwurf / Venue from competition entry

Modell des Veranstaltungssaals in der Entwurfsentwicklung, 1:33 / Venue model in design development, 1:33

12. Ein Ort des Gebets

Wir haben gesehen, dass die Nutzungsmöglichkeiten der verschiedenen Räume, wie wir sie in unserem Wettbewerbsentwurf vorgeschlagen hatten, in der späteren Projektentwicklungsphase noch angepasst worden sind. Aber Änderungen des Nutzungskonzepts gab es nicht bloss in der Zeit zwischen dem Wettbewerbsbriefing und dem Einreichen unseres Beitrages. Es stellte sich schon bald heraus, dass mehrere andere lokale Nutzungen in das Gebäude integriert werden sollten. Abgesehen von einigen auf den Fluss bezogenen Bedarfen (Lagerräume für den Fährbetrieb und andere lokale Vereine) musste auch die örtliche Moschee, eine der ältesten in Kleinbasel, in das Gebäude verlegt werden, weil ihre bisherigen Räumlichkeiten nicht mehr geeignet waren. Unser Entwurf für die Moschee nahm die Ausrichtung gen Mekka als ihren Ausgangspunkt und sah ursprünglich eine eher zaghafte Öffnung in der Mitte des Bodens vor. Schon bald wurde uns klar, dass aus der Konstruktion eine Rippendecke hervorgehen würde, von der wir profitieren könnten. An diesem Punkt sind wir zu seitlichen Öffnungen im Fussboden übergegangen, die es uns ermöglichten, die nutzbare Fläche des ersten Stocks zu vergrössern und mit einem Zickzack-Grundriss elegant zwischen den Fenstern zu springen. Der Raum wird gemäss den örtlichen Traditionen der Moscheegemeinde fertiggestellt werden; wir entschieden uns dafür, ihn als einen rein geometrischen Raum zu belassen, der ausser seiner Ausrichtung keine Vorgaben für seine künftige Nutzung beinhaltet. Es ist ein Ort, aus dem man alles machen könnte, der aber eigentlich nur eine Moschee sein kann.

12. A Place of Worship

We have seen that the uses for the various spaces as proposed in our competition entry were adjusted later on in the project development phase. But changes to the planned uses of the building were not confined to the period between the competition brief and the submission of our proposal. It soon transpired that several other local uses also needed to be integrated into the building. Besides accommodating river-related uses (storage spaces for the ferry service and other local associations), the local mosque, one of the oldest in Kleinbasel, also had to be moved into the building because its existing premises were no longer suitable. Our mosque design took the direction of Mecca as its starting point and originally envisaged a rather timid opening in the middle of the floor. Soon enough we realized that the structure was going to produce a ribbed ceiling that we could profit from. At this point we switched to peripheral openings in the floor, which allowed us to increase the usable area of the first floor by lowering its level and elegantly jumping between windows with a zigzag floor plan. The room will be finished according to the local traditions of the mosque community; we decided to leave it as a purely geometrical space with no indication of its future use besides the clear orientation of the structure. It is a place that could be anything, but can almost only be a mosque.

Schematisches Modell der Moschee, 1:50 / Mosque model in schematic design, 1:50

Modell der Moschee in der Entwurfsentwicklung, 1:50 / Mosque model in design development, 1:50

Studie der Moschee aus den Bauunterlagen / Mosque study in construction documents

Studie der Moschee aus den Bauunterlagen / Mosque study in construction documents

13. Beleuchtung / 13. Light Me Up

Aber ein Gebäude ist mehr als die Summe seiner Nutzungen. Aus unseren Erfahrungen mit dem Parterre One haben wir gelernt, wie Beleuchtung ein echter Motor für die Identitätsbildung sein kann. Die Beleuchtung in den Arbeitsräumen der Kaserne verbindet Lampen mit Schallabsorption wie eine Art Lowtech-Kronleuchter.

Die Designelemente für die öffentlichen Bereiche mussten stärker wiedererkennbar sein: Die endgültige Form für die Leuchten im Bereich der Haupttreppe und der Plaza war ein vertikaler Zylinder, der Standard-Leuchtelemente schützt und ihnen Charakter verleiht. Für die Flure im Erdgeschoss nahmen wir die Akustikelemente als Ausgangspunkt für die Entwürfe, in der Hoffnung, wir könnten die Beleuchtung und die Akustik in einem Zug regeln. Als sich die vielen zurückgewiesenen Prototypen in unserem Büro zu stapeln begannen, fanden wir, dass es an der Zeit sei, die Akustik und die Beleuchtung getrennt zu behandeln und die Plaza-Leuchten für die Flure zu verwenden. Das hatte den Vorteil, dass nur ein primärer Entwurf übrig blieb die Kaserne-Leuchte, die jetzt sowohl im Inneren wie im Aussenbereich zu finden ist, wo sie ein starkes und stimmiges Image der Kaserne erzeugt.

But a building is more than the sum of its uses. From our experience at Parterre One we learnt how lighting can be a real identity driver. The lights in the work spaces at the Barracks interleave lamps with acoustic absorption, like low-tech chandeliers. The design elements for the public spaces needed to be more identifiable: the final design for the lighting of the main stairs and the plaza was a vertical cylinder that would protect and lend character to standard lighting elements. For the corridors on the ground floor we started with the acoustic element as a design generator in the hope that we might be able to deal with the lighting and acoustics simultaneously. When the many rejected prototypes started to stack up in our office, we decided it was time to separate the acoustics from the lighting and use the plaza lights in the corridors. This had the advantage of leaving just one main design for the lighting: the Barracks lamp, which can now be found both inside and outside, where it projects a strong and coherent image of the building.

Vorführmodell für Beleuchtung in der Entwurfsentwicklung / Lighting mock-up in design development

Vorführmodell aus Papier für Beleuchtung in der Entwurfsentwicklung / Paper mock-up of lighting in design development

Beleuchtungsstudie in der Entwurfsentwicklung / Lighting study in design development

Studie für Beleuchtung aus den Bauunterlagen / Lighting study in construction documents

14. Wie gross ist dieses Gebäude?

Wenn Sie noch einmal einen Blick auf die Leuchten auf dem Foto werfen, sehen Sie, dass sie ungefähr genauso gross sind wie die Leute, die sie halten. Sie mögen auch bemerkt haben, dass sie auf dem Rendering, wo keine Menschen zu sehen sind, die richtige Grösse zu haben scheinen. Ähnliches haben wir festgestellt, als die Bauphase des Projekts begann: Elemente, von denen wir wussten, dass sie korrekt proportioniert und gut dimensioniert waren, wirkten isoliert betrachtet riesig. Und dieses Gefühl hat nie nachgelassen. Vielleicht hat uns die Verbindung von dicken Wänden, hohen Decken und Renderings ohne Figuren dabei geholfen, mit der Grösse des Bauvorhabens zurechtzukommen, indem sie uns das Gefühl gab, das Gebäude sei kleiner, als es wirklich ist. Das hiess aber auch, dass die tatsächlichen Dimensionen des Gebäudes uns in der Bauphase überraschten: Die Fensternischen waren gross genug, um bequem eine Person aufzunehmen; die Plaza wirkte von unten betrachtet so gross wie eine Kathedrale. Dadurch hat sich unsere Auffassung des Gebäudes verändert. Auf einmal war die Idee der Massstäblichkeit, die für die alten Architekturgelehrten so wichtig gewesen ist, nicht mehr bloss ein theoretisches Konzept. Es war eine physische Realität, mit der man sich auseinandersetzen musste, wann immer wir einen neuen Raum schufen. Uns bestärkte das in der Auffassung, dass es beim Entwerfen um Proportion, Zirkulation und Materialität geht und nicht bloss um Fugen, Normen und Vorschriften – die Dinge, die den gegenwärtigen Architekturdiskurs so oft beherrschen.

14. How Big is this Building?

If you take another look at the light fittings in the photograph on the previous page you'll see that they're about the same size as the people holding them. You might also have noticed that they look about the right size in the rendering that doesn't feature any people. We noticed something similar when the construction phase of the project started: elements that we knew to be proportionally correct and properly dimensioned seemed huge when seen in isolation. And this feeling never stopped. Maybe the combination of thick walls, high ceilings and unpopulated renderings helped us cope with the scale of the project by giving us the impression that the building was smaller than it actually is. But this meant that the real dimensions of the building took us by surprise at the construction phase: the window recesses were large enough to comfortably accommodate a person; the plaza seemed as big as a cathedral when seen from below. This brought about a change in our conception of the building. Suddenly the notion of scale, so important to the old architectural scholars, was no longer just a theoretical concept. It was a physical reality that had to be confronted every time we created a new room. For us, this reinforced the idea that design is about proportion, circulation and materiality, not just joints, standards and regulations – the things that so often dominate contemporary architectural discourse.

Konzert in einem Projektraum / Concert in project room

Ursprüngliche Treppe im Foyer / Existing stairs as foyer

Die Plaza als öffentlicher Veranstaltungsort / Plaza as public venue

Konzert im Veranstaltungssaal / Concert in venue

15. Aufschlüsseln — 15. Breaking It Down

Unterschiedliche Arten, die Kaserne zu verstehen, halfen uns während der Entwicklungsphase des Projekts dabei, mit ihren vielen verschiedenen Aspekten zurechtzukommen. Dieser Prozess verfeinerte unsere Auffassung des Gebäudes, bis wir schliesslich in der Lage waren, uns die ultimative Frage zu stellen: «Was ist die Kaserne?» Jede unserer Herangehensweisen hat einen Teil der Antwort umrissen, so wie ein unsichtbarer Stern nur durch Veränderungen der Planeten in seiner Umlaufbahn beobachtet und verstanden werden kann. So haben wir uns im Wettbewerb darauf konzentriert, welche Räume sich nutzen liessen und welche Räume als Fluchtwege dienten; eine Betrachtungsweise des Gebäudes, die uns geholfen hat, etliche Quadratmeter nutzbaren Raumes dazuzugewinnen. Später setzten wir uns mit den denkmalpflegerischen Aspekten des Gebäudes auseinander, und es wurde wichtig zu unterscheiden, was alt und was neu war. Sodann mussten wir klären, inwieweit das Gebäude hinsichtlich der Quadratmeter und Nutzungen den Vorgaben und Standards entsprach. Noch später begannen wir, das Gebäude im Sinne von Räumen, die Nutzungen hervorbringen, und von Räumen, die Nutzungen aufnehmen, zu begreifen. Doch wenn man sich die Zeichnungen ansieht, sind diese Nutzungen bloss zugewiesene Farben innerhalb der Matrix des originalen Gebäudes. Der Bau bleibt derselbe. Er hat hier die vergangenen einhundertfünfzig Jahre gestanden, und er wird während der nächsten einhundertfünfzig Jahre zweifellos vielen anderen Zwecken dienen. In diesem Fall folgt nicht die Form der Funktion – die Funktion folgt der Form.

During the project development phase, different ways of understanding the Barracks helped us come to terms with its many different aspects. This process refined our conception of the building until we were finally in a position to address the ultimate question: 'What is the Barracks?' Each of the approaches we had taken outlined part of the answer, like an invisible star that can only be observed and understood through changes in the planets that orbit it. In the competition, for instance, we focused on which rooms could be used and which rooms were fire escapes; a conception of the building that helped us gain many square metres of usable space. Later we confronted the heritage aspects of the building, and it became crucial to know what was old and what was new. Then we had to understand how the building matched up to the figures and standards in terms of its square metres and uses. Later still we came to understand the building in terms of rooms that create uses and rooms that receive them. But looking at the drawings, these uses are just assigned colours within the matrix of the original structure. The building remains the same. It has been here for 150 years and will no doubt serve many other purposes over the next 150 years. In this case, form doesn't follow function – function follows form.

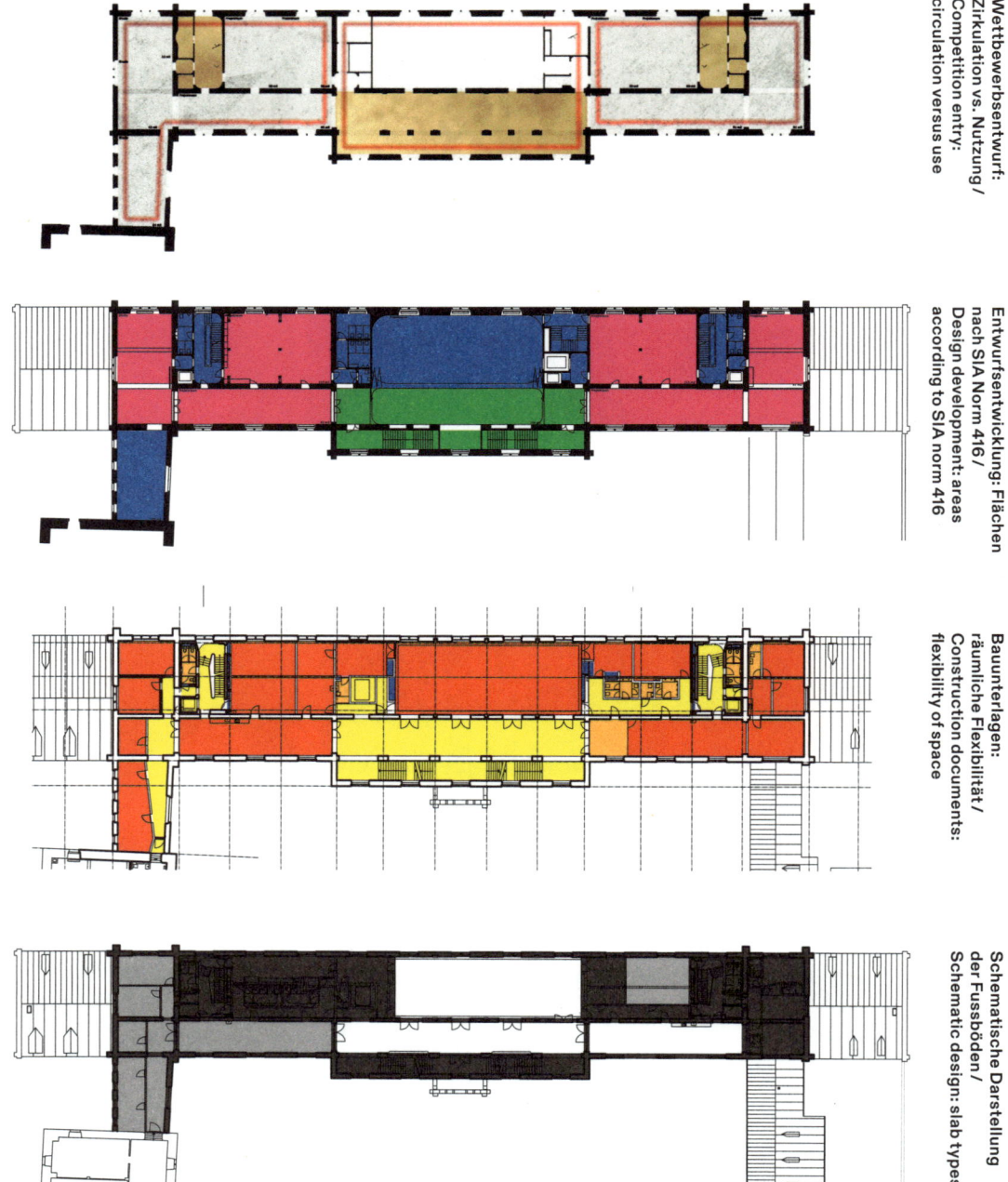

Wettbewerbsentwurf: Zirkulation vs. Nutzung / Competition entry: circulation versus use

Entwurfsentwicklung: Flächen nach SIA Norm 416 / Design development: areas according to SIA norm 416

Bauunterlagen: räumliche Flexibilität / Construction documents: flexibility of space

Schematische Darstellung der Fussböden / Schematic design: slab types

Ein Gebäude für alle und für das Neue
Die lange und turbulente Entstehungsgeschichte
des kHauses Kultur- und Kreativzentrum

Guy Morin

A Building for All – and for the New
The Long and Turbulent Genesis of the kHaus
Cultural and Creative Centre

Guy Morin

Guy Morin studierte von 1978 bis 1984 Medizin an der Universität Basel und bildete sich von 1985 bis 1992 als Arzt für Allgemeine Innere Medizin an verschiedenen Spitälern in Basel und am Institut für Sozial- und Präventivmedizin weiter. Von 1993 bis 2004 führte er eine eigene Hausarztpraxis im Basler St. Johann-Quartier. Von 1988 bis 2001 war er Mitglied des Grossen Rates des Kantons Basel-Stadt, von 1997 bis 2001 als Präsident der Gesundheitskommission. Nach seiner Wahl in den Regierungsrat im Jahr 2004 – als erstes Mitglied der Grünen Partei – war Guy von 2005 bis 2009 der Vorsteher des kantonalen Justizdepartements. 2008 und 2012 wurde Guy jeweils für vier Jahre zum Regierungspräsidenten des Regierungsrates des Kantons Basel-Stadt (2009–2017) gewählt. Als verantwortlicher Regierungsrat für die Kultur war er seit 2009 mit der Planung des Umbaus und der neuen Nutzung der Kaserne beschäftigt. Seit Mai 2017 ist er wieder in der Gruppenpraxis Warteckhof in Basel als Hausarzt tätig

Guy Morin studied medicine at the University of Basel from 1978 to 1984 and went on to train as a doctor of general internal medicine at various hospitals in Basel and at the Institute for Social and Preventive Medicine from 1985 to 1992. From 1993 to 2004 he ran his own family practice in the St. Johann district of Basel. From 1988 to 2001 he was a member of the Grand Council of the Canton of Basel-Stadt, where he chaired the health commission from 1997 to 2001. After his election to the cantonal government in 2004 – as the first Green Party member – Guy served as head of the cantonal justice department from 2005 to 2009. In 2008 and 2012 he was elected President of the Governing Council of the Canton of Basel-Stadt for two consecutive four-year terms (2009–2017). As the councillor responsible for culture he was involved in planning the refurbishment and repurposing of the old military barracks from 2009 on. In May 2017 Guy returned to work as a family doctor for the Warteckhof group in Basel.

A Building for All – and for the New

A year on from the fiftieth anniversary of the Barracks Cultural Association and the Barracks Community Interest Company, the remodelling of the building is now complete and the Barracks can finally be opened and filled with new life. The main building, designed by architect Johann Jakob Stehlin the Younger, was handed over to its first occupants in 1863. Before that, from the Middle Ages until the end of the sixteenth century, the Klingental site had been inhabited and animated by the nuns for whom the adjacent church and cloister were built. In the seventeenth century the ownership and administration of this cloister passed to the city. In the late seventeenth century it was taken over by the military, who stayed until 1966. Since then the Barracks has been used by the Barracks Cultural Association and various other cultural organizations and social institutions: I actually went to school in the Barracks at the Bäumlihofgymnasium; the theatre was housed here during the construction of its new building; and Globus was a tenant for a while. More recently the Barracks has been home to the Academy of Art and Design, various bridge provision schools, the Barracks Cultural Association, a mosque, a community centre, an indoor playground, artists' studios, the ferry association and so on. But the future of the Barracks has been the subject of public controversy and political debate in the cantonal parliament, the governing council and the municipal administration for more than fifty years now. Apparently there were at least fifty-two motions relating to the Barracks between 1986 and 2017. Various proposals have been submitted over the years: for parks and car parks, for demolition and preservation, for a local meeting point and a through-route to the Rhine. From 1967 to 1987 there were three groups advocating contradictory proposals, all of which were withdrawn in 1987. There were public competitions to solicit ideas, with sixty-nine submissions in 1972. The winning project was titled 'Stoh-lo' (let it stand), while the current mixed-use arrangement emerged under the motto 'Ent-stoh-lo' (let it grow), and this led to the foundation of the pro-Barracks association that later became the Barracks Community Interest Company. From 1997 to 2000 a project for innovation and collaboration called 'Werkstadt Basel' formulated an urban development action plan for which framework funding was approved by referendum in March 2000. It was in the context of this action plan that Martin Heller, artistic director of Expo.02, was able to carry out a preliminary study on the development of the Barracks complex on behalf of the government in 2006, when responsibility for the site was still with the municipal building department. The motivating factor here was the plan to move the Academy of Art and Design to the Dreispitz site by 2010.

This is where I come in. I can still remember sitting in council, debating the alternatives that Martin Heller had put before us. There were four options: we could let the Barracks develop naturally or turn it into an 'organism' or a 'hothouse' or a 'lighthouse'. We decided to turn it into a hothouse and agreed that the bridge provision schools and the Academy of Art and Design should vacate the main building to free it up for new uses. Looking back, it feels like the council had to make this decision about ten times before the schools actually moved out in 2017. With the reorganization of the administration in 2009 the Presidential Department assumed responsibility for the Barracks on behalf of the administration, and I assumed responsibility on behalf of the council.

Martin Heller had warned us: 'Any intervention on this site will be like operating on a living body.' Besides the cultural association, the site was still being used by a variety of more or less tight-knit communities that were quite happy getting on with life the way things were. It would be impossible to piece them all together like a jigsaw; they were just too independent. In future plans it would be important to integrate these disparate partial

Ein Gebäude für alle und für das Neue

Prozesse wichtig, diese verschiedenen Teilperspektiven in eine überzeugende Gesamtperspektive zu integrieren. Die Diskussionen im Kollegium waren schwierig, denn die Bestrebungen innerhalb der Verwaltung waren so divers wie die Anliegen und Vorstellungen innerhalb der Bevölkerung: Schulnutzung, Hotel, Gastronomie, gehobenes Wohnen, Durchbruch, Abriss, Öffnung, Park usw.

Dies war die Herausforderung, welche sich mir als verantwortlichem Regierungsrat ab 2009 stellte. Ich hatte zwei Strassen neben der Kaserne gewohnt, mit meinen Kleinkindern auf der Kasernenwiese gespielt und sah von Anfang an die Chance für das Kleinbasel und für die ganze Stadt: einen Ort oder Raum zu schaffen, einen Ort der Begegnung der verschiedensten Bevölkerungsgruppen, aus dem Quartier, aber auch aus der ganzen Stadt, einen Ort des Kulturschaffens, der Auseinandersetzung mit Kultur, einen Ort des Verweilens und Geniessens, des Kennenlernens anderer Kulturen, einen pulsierenden und lebendigen Ort, welcher aus sich heraus entsteht und lebt und keine Steuerung von aussen oder Intendanz braucht, sondern nur eine «administrative» Begleitung durch die öffentliche Hand. Das war vom ersten Wahlkampftag Ende 2008 bis zum Volksentscheid im Februar 2017 meine Vision.

Es war ein langer, teilweise steiniger Weg. Es galt zuallererst die Vielzahl der betroffenen Verwaltungsstellen (Planungsamt, Denkmalpflege, Immobilien Basel, Abteilung Kultur, Abteilung Jugend- und Familienförderung, Schulraumplanung, Allmendverwaltung, Kantons- und Stadtentwicklung, Messen und Märkte, Stadtgärtnerei usw.) auf einen gemeinsamen Nenner zu bringen. Dazu bedurfte es einer interdepartementalen Projektgruppe Kasernenareal (i-PEK), die eine unendliche Zahl von Sitzungen durchführte. Der Regierungsrat schlug in einem ersten Schritt den Abbruch des Zwischenbaus zwischen Kaserne und Klingentalkirche und eine Aufwertung des Klingentalwegleins vor. Gleichzeitig mussten wir mit «Kulturstadt Jetzt», den Initianten der Initiative «Öffnung zum Rhein», um eine einvernehmliche Lösung verhandeln. Wir versprachen, im Rahmen der Projektierung der Sanierung, des Umbaus und der Neunutzung des Hauptgebäudes eine «grosszügige Öffnung» und Durchgänge zur Verbindung des Kasernenhofs mit der Rheinpromenade zu prüfen. Der Projektierungskredit wurde vom Grossen Rat 2013 zugesprochen und die Initiative zum Glück aller zurückgezogen.

Die nächste Etappe war die Jurierung des Projektwettbewerbes. Neununddreißig eingegangene Projekte mussten geprüft werden. In der Jury waren ExpertInnen, aber auch Verwaltungsstellen wie die Kantons- und Stadtentwicklung, das Planungsamt, die Denkmalpflege, Immobilien Basel und die Abteilung Kultur und ein Vertreter der IG Kasernenareal für die zukünftigen NutzerInnen vertreten. In vielen Runden haben wir die eingegebenen Projekte in Bezug auf Nutzung, Stadtplanung, Öffnung zum Rhein, Denkmalschutz usw. geprüft. Immer auch mit dem Damoklesschwert im Hinterkopf, das Gebäude könnte unter Schutz gestellt und damit jeglicher Eingriff in die Grundstruktur verunmöglicht werden. Die Diskussionen mit den Vertretern der Denkmalpflege waren logischerweise am härtesten. Doch zum Glück waren sie kompromissbereit und sehr konstruktiv. Denn wenn wir ein zu «konservatives» Projekt prämiert hätten, wären grosse Widerstände bei den Interessensgruppen um «Kulturstadt Jetzt» zu erwarten gewesen. Andererseits mussten auch die Bedürfnisse der Quartierbevölkerung nach Ruhe und Immissionsschutz, der Kulturschaffenden nach einem Ort des kreativen Schaffens, des Quartiers nach einem Treffpunkt berücksichtigt werden. Eine schier unmögliche Aufgabe für die Planer, Architekten und für die Jury. Es gab sehr konservative Projekte ohne irgendwelchen Eingriff in die bestehende Baustruktur, futuristische Projekte wie ein Tunnel vom Kasernenareal

A Building for All – and for the New

perspectives into a convincing general view. The conversations we had in council were difficult because the efforts of the administration were as diverse as the ideas and concerns of the local population, who wanted schools, a hotel, restaurants, luxury apartments, a passage, demolition, an opening, a park and so on.

The next stage was judging the architectural competition. There were thirty-nine submissions to consider. The jury was made up of experts and officials from the regional and town planning department, the planning office, the heritage department, Immobilien Basel, the culture department and, on behalf of the future users, a representative from the Barracks Community Interest Company. The submitted projects were judged in several rounds that considered various aspects including utilization, town planning, architectural heritage and the opening to the Rhine. All the while we were aware that the Barracks might be listed as a scheduled monument at any moment, which would have ruled out any intervention into its basic structure. Of course, some of the most difficult conversations we had were with officials from the heritage department, but happily they were very constructive and willing to compromise. If we had awarded the competition to a 'conservative' project we knew we could expect significant resistance from 'Kulturstadt Jetzt!' and its associated interest groups. On the other hand we had to consider the needs of the local residents in terms of noise and emissions produced by cultural activities, the need for a place to do creative work and the need for a meeting place within the district – a near impossible task for planners, architects and jury alike. There were some very conservative projects that made no significant changes to the existing structure, and then there were futuristic projects including one with a tunnel from the Barracks to the Rhine and one with a major break at the west end of the building, on the Klingentalgraben side. The title of the winning entry by architects FOCKETYN DEL RIO STUDIO and engineers Schnetzer Puskas anticipated the positivity and integrating potential of their project: 'A Building for All – and for the New'. The convincing thing about this project was the way it combined all the various requirements: an opening onto the river, porosity, connections between the Barracks complex and the Rhine promenade, use of the building as a vibrant place for gatherings and cultural activities, preservation and careful treatment of the structure. Once the jury had made its decision I knew I could 'sell' this project to parliament, to the adminstration and to the general public. We were on the home stretch.

At no point in the subsequent political debates about the governing council's advice to approve a building credit of 42 million Swiss francs was the quality of the project by FOCKETYN DEL RIO STUDIO ever called into question. It was always a convincing project. But I had underestimated the expectations of the various communities that Martin Heller had identified. These groups made their views very clear in the consultations. They were all worried about being short changed when we came to plan the future utilization of the Barracks. Since the management concept and utilization planning were to be worked out with the future users in an open process during the construction phase, they had no way of knowing how things were going to turn out, so they all wanted assurances and concessions from the governing council. Others based their objections on potential running costs and the risk of additional state subsidies. The consultations lasted almost a year. Along with my colleague Hans-Peter Wessels, head of the municipal building department, I made the case for the project at several sittings of the planning and development committee and the culture and education committee. Finally, once parliament had approved the plans, we had to win a referendum. With a vision before us and a convincing project in hand, we

zur Rheinpromenade oder ein Projekt mit einem grossen Durchbruch im Westen des Gebäudes auf der Seite des Klingentalgrabens. «Ein Haus für alle. Und das Neue.», schon der Titel des Siegerprojektes des Architekturbüros FOCKETYN DEL RIO STUDIO und der Bauingenieure Schnetzer Puskas nahm die Strahl- und Verbindungskraft voraus. Das Projekt überzeugte durch die Vereinbarkeit der unterschiedlichsten Bedürfnisse: Öffnung zum Rhein, Durchlässigkeit, Verbindung des Kasernenareals mit der Rheinpromenade, Nutzung als pulsierender Ort des Zusammenkommens und des Kulturschaffens, Erhalt und sorgfältiger Umgang mit der Baustruktur. Beim Entscheid der Jury wusste ich, dieses Projekt kann ich der Regierung, dem Grossen Rat und der Bevölkerung «verkaufen»: Wir sind auf der Zielgeraden!

In der ganzen späteren politischen Diskussion über den Ratschlag des Regierungsrates mit einem Baukredit von rund 42 Mio. CHF wurde nie die Qualität des Projektes von FOCKETYN DEL RIO STUDIO infrage gestellt. Dieses hat von Anfang an überzeugt. Ich hatte aber die Bedürfnisse der verschiedenen «Communitys», wie Heller sie nannte, unterschätzt. In den Kommissionen kamen nun diese voll zur Geltung. Alle hatten die Befürchtung, sie kämen bei der Planung der zukünftigen Nutzung zu kurz. Da das Betriebskonzept und die zukünftige Nutzungsplanung in einem offenen Prozess, gemeinsam mit den künftigen NutzerInnen und im Verlauf der Bauphase entwickelt werden sollte, hatten alle Angst die «Katze im Sack» zu kaufen. Sie alle wollten Sicherheiten und Zugeständnisse des Regierungsrates. Andere stellten die zukünftigen Betriebskosten und die Gefahr von zusätzlichen staatlichen Subventionen in den Vordergrund ihres Widerstandes. Die Kommissionsberatung dauerte fast ein Jahr. Mein Kollege Hans-Peter Wessels, der Vorsteher des Baudepartementes, und ich setzten uns in einer Vielzahl von Sitzungen der Bau- und Raumplanungskommission und der Bildungs- und Kulturkommission für das Projekt ein. Zuletzt mussten wir nach der Zustimmung durch den Grossen Rat eine Referendumsabstimmung bestehen. Die Vision im Kopf und ein tolles, überzeugendes Projekt in der Tasche, haben wir alle Hürden übersprungen. Ich bin überzeugt, dass mit der Eröffnung des Hauptbaus der Kaserne der Bevölkerung von ganz Basel nicht nur eine «Brutstätte», sondern ein «Leuchtturm» geschenkt wird. Und ich bin überzeugt, dass eine grosse Zahl von «Communitys» das ganze Kasernenareal mit dem Hauptbau zu einem pulsierenden und lebendigen städtischen Ort verwandeln wird.

Der Erfolg dieser «Operation am lebenden Köper» verdanken wir einer Unzahl von Mitarbeitern und Mitarbeiterinnen in der Verwaltung. Stellvertretend nenne ich: Philipp Bischof, Thomas Kessler, Melanie Imhof, Sabine Horvath, Fritz Schumacher, Daniel Schneller, Christian Mehlisch, Thomas Fries usw., aber auch die Unterstützerinnen und Unterstützer der IG Kasernenareal, zuvorderst Philipp Cueni und Thomas Keller, alle UnterstützerInnen im Abstimmungskomitee wie Ruedi Bachmann und Martin Lüchinger und natürlich last but noch least das grossartige Projektteam um Hans Focketyn und Miquel del Río Sanín. Ihnen sei allen von Herzen gedankt.

cleared every hurdle. I'm convinced that the opening of the Barracks will give the people of Basel both a 'hothouse' and a 'lighthouse'. And I'm convinced that Basel's many communities will come together to turn the Barracks complex into a vibrant and animated urban destination.

The success of this 'operation on a living body' is thanks to a huge number of colleagues in the city administration. Here I just want to mention Philipp Bischof, Thomas Kessler, Melanie Imhof, Sabine Horvath, Fritz Schumacher, Daniel Schneller, Christian Mehlisch and Thomas Fries, though I could name many more. I also want to thank the supporters of the Barracks Community Interest Company, particularly Philipp Cueni and Thomas Keller; all the supporters of the referendum committee, especially Ruedi Bachmann and Martin Lüchinger; and last but not least the fantastic project team around Hans Focketyn and Miquel del Río Sanín. Many thanks to you all.

Pläne Plans 189

Rheinniveau Bestand — Existing River Level

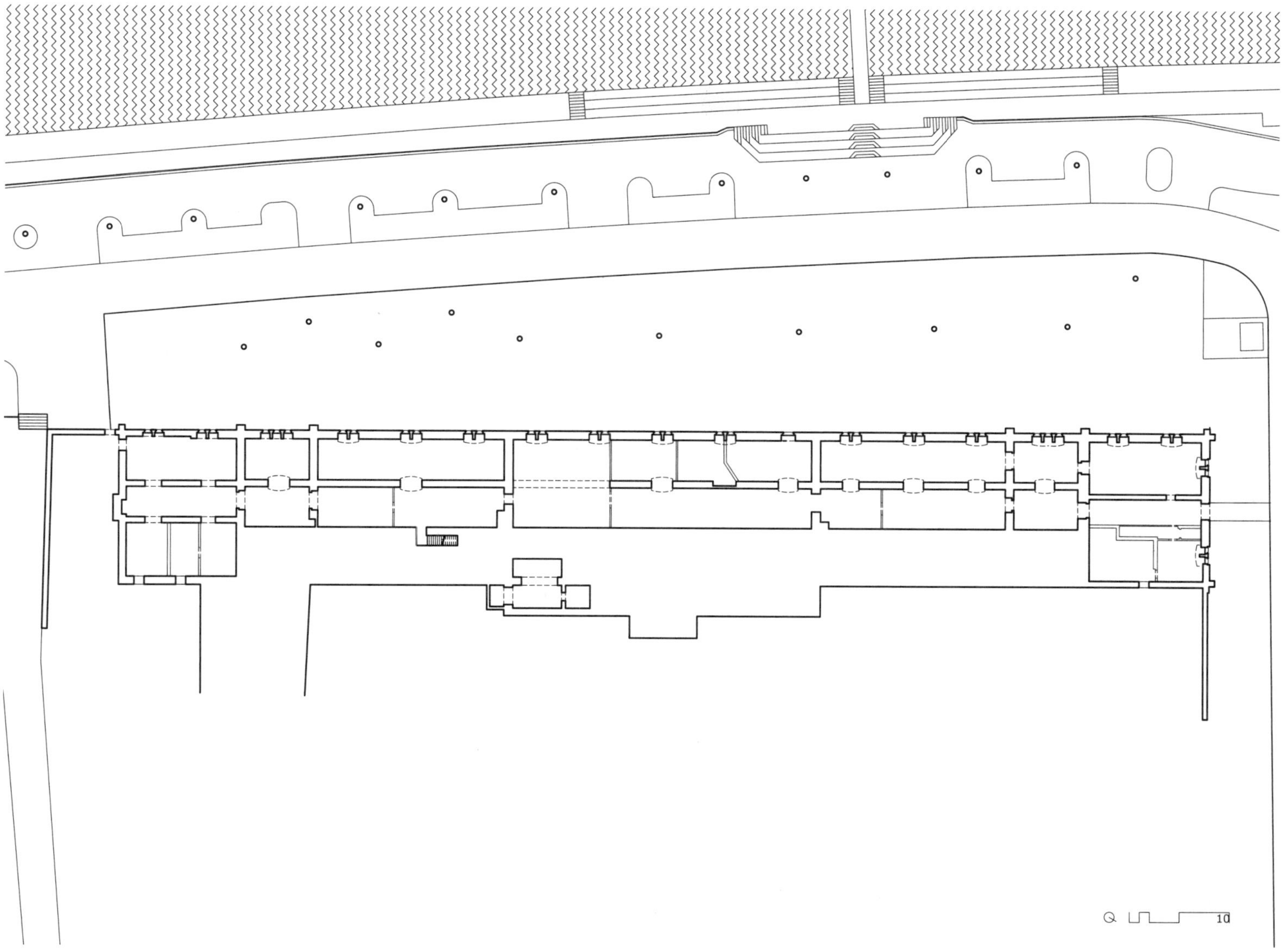

Rheinniveau neu — New River Level

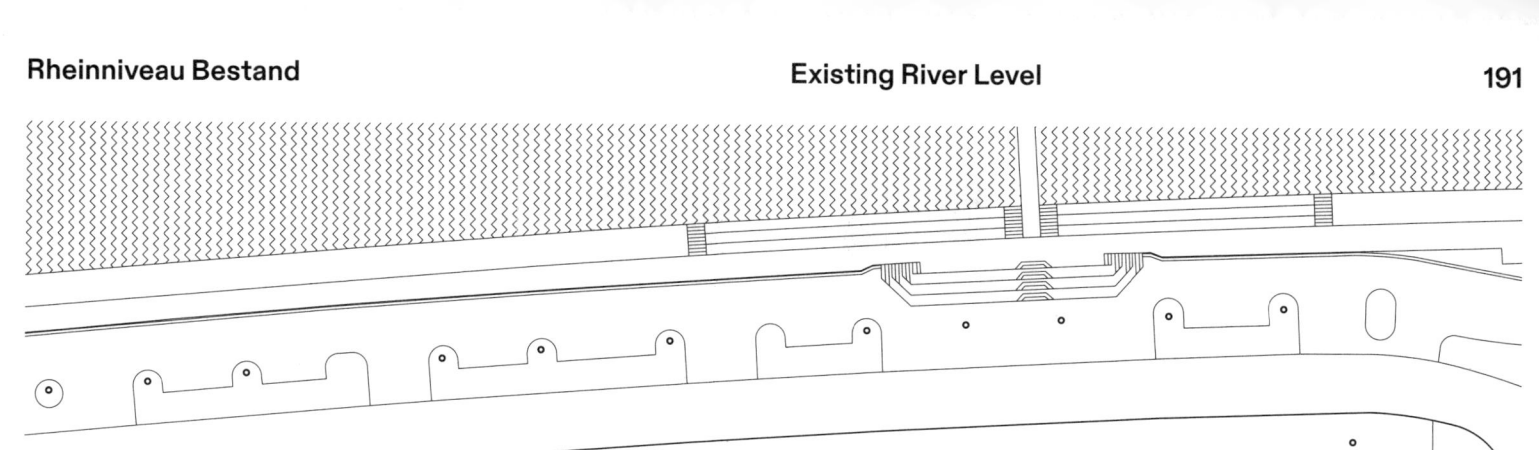

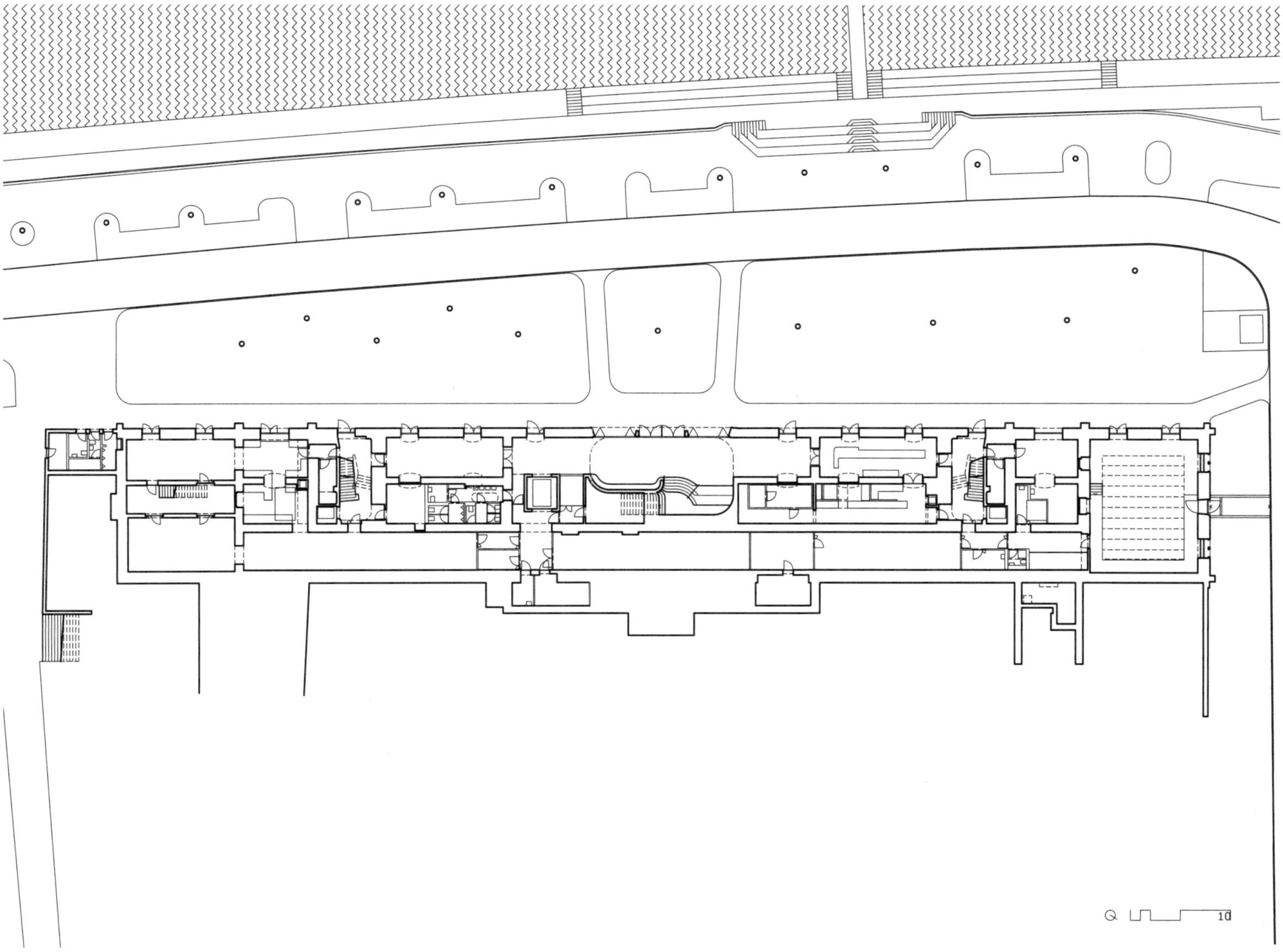

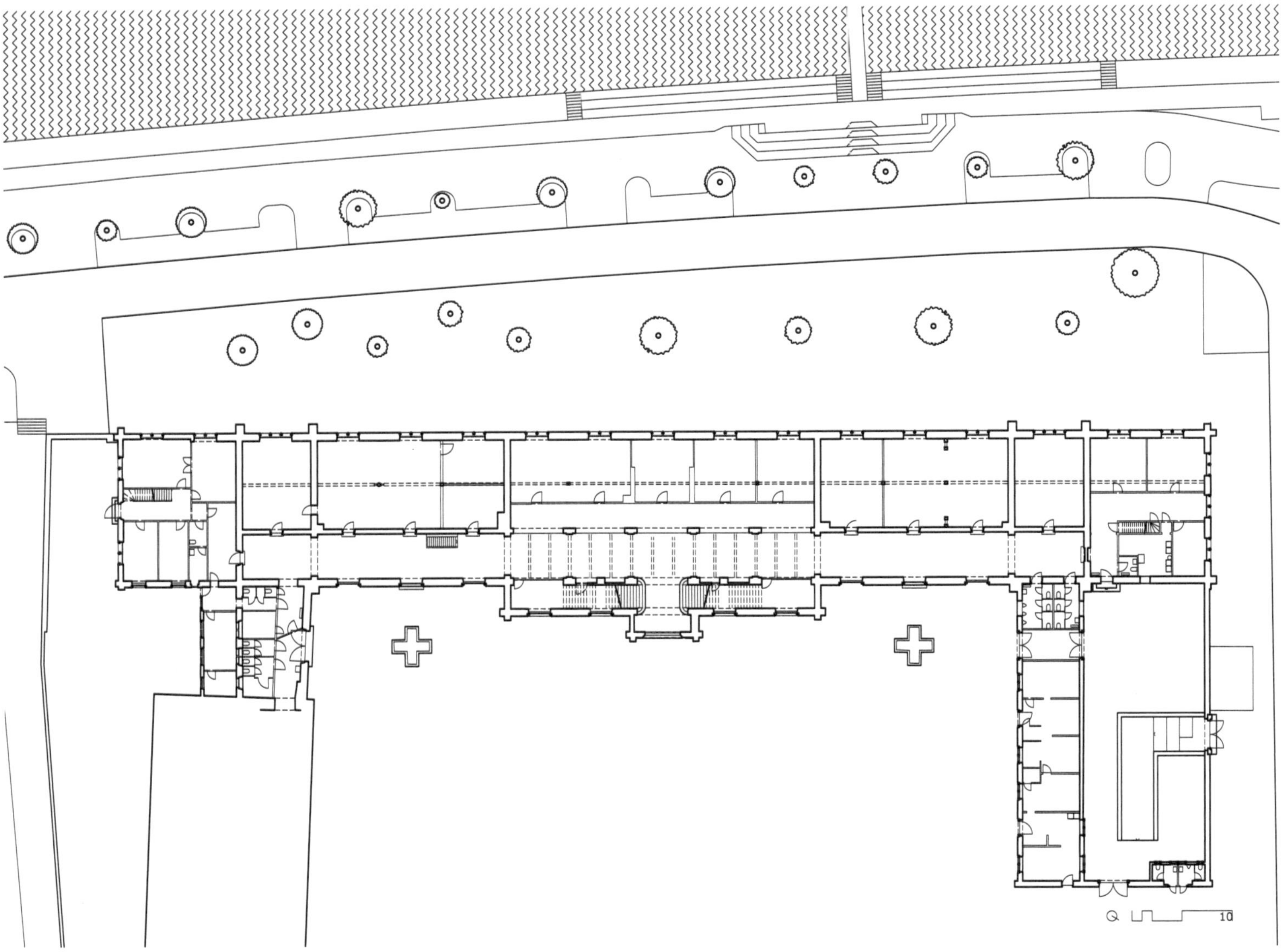

Hofniveau Bestand Existing Courtyard Level

Hofniveau neu New Courtyard Level

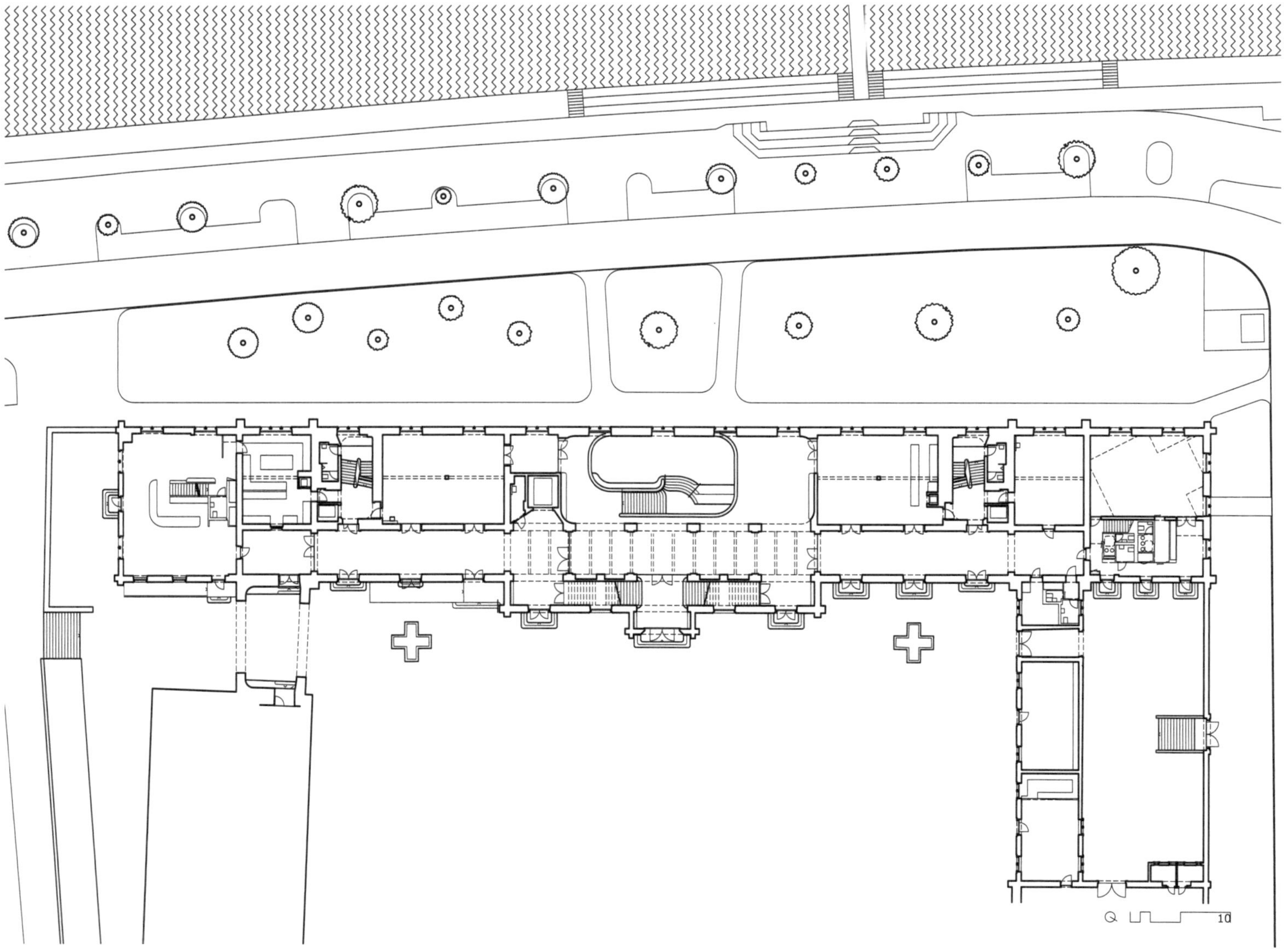

1. OG Bestand Existing First Floor

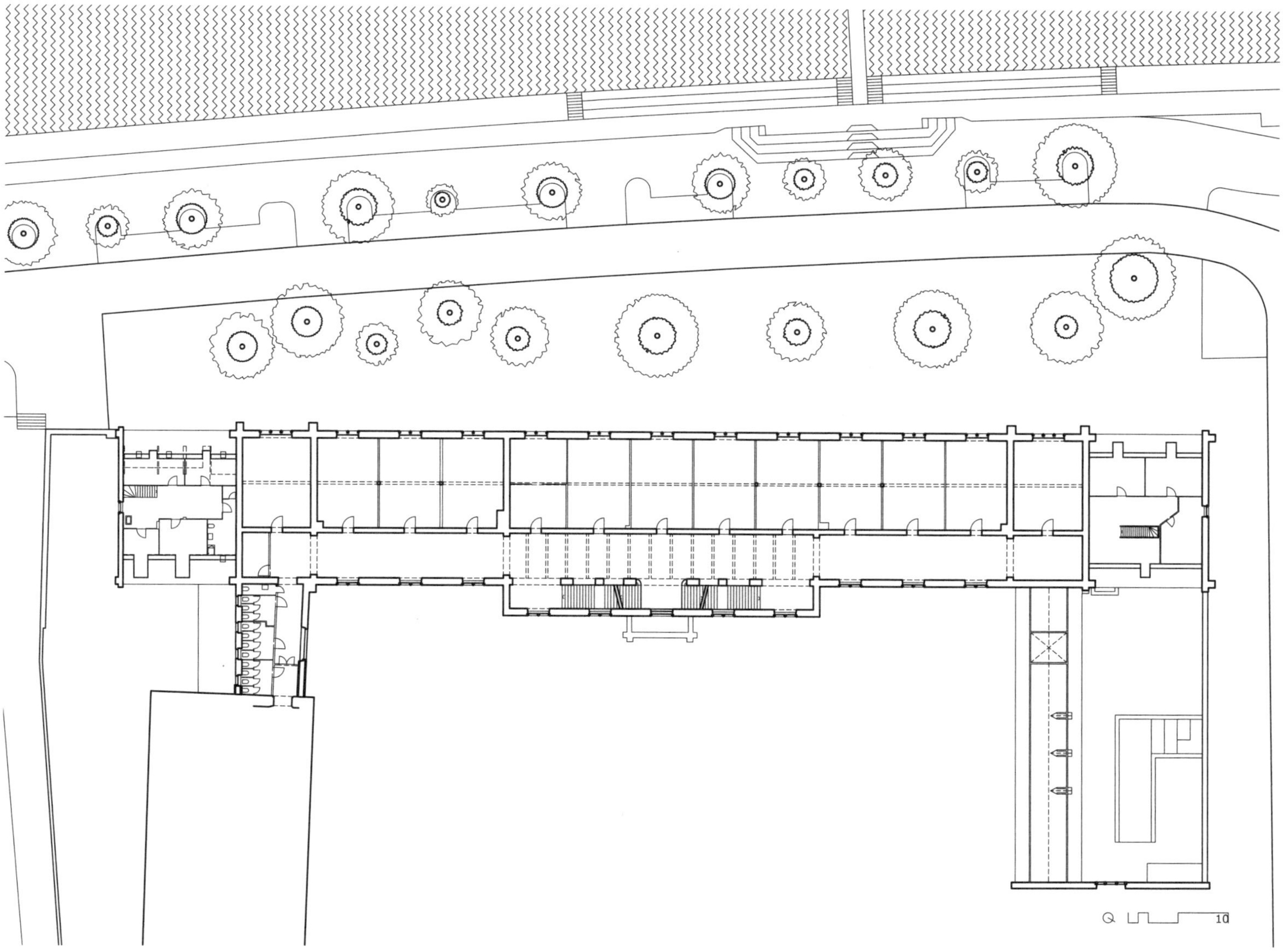

1. OG neu New First Floor

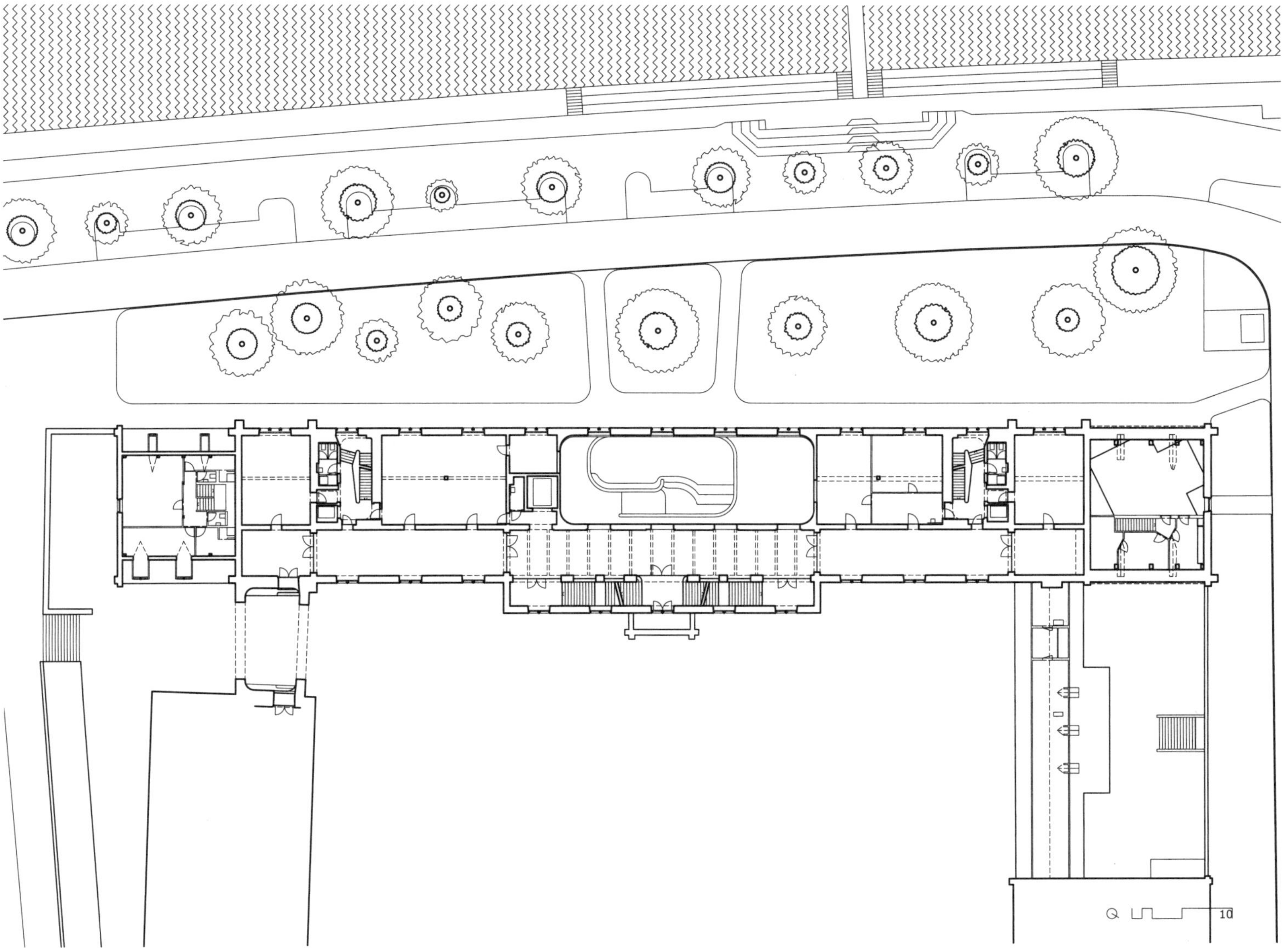

2. OG Bestand Existing Second Floor

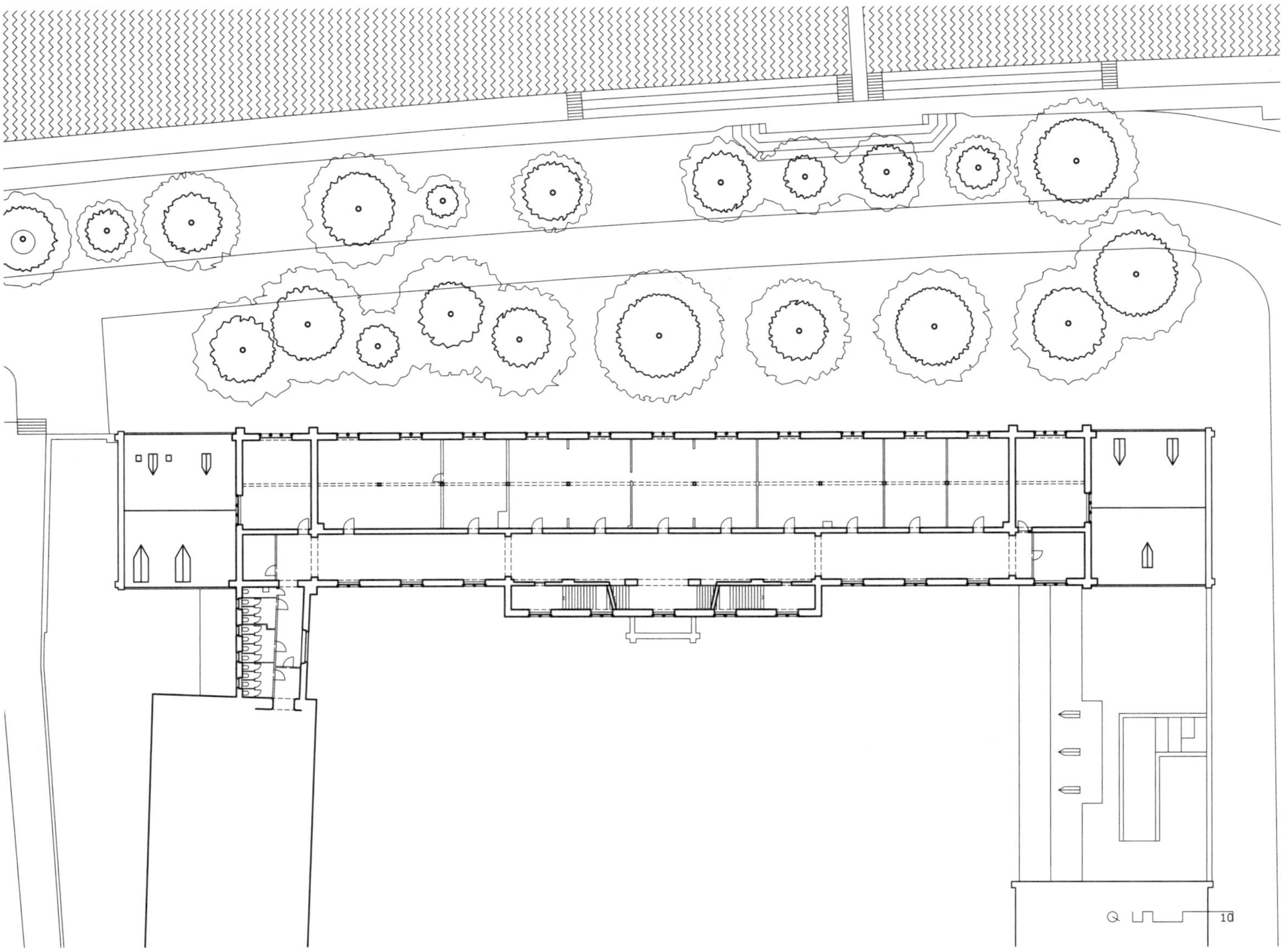

2. OG neu New Second Floor

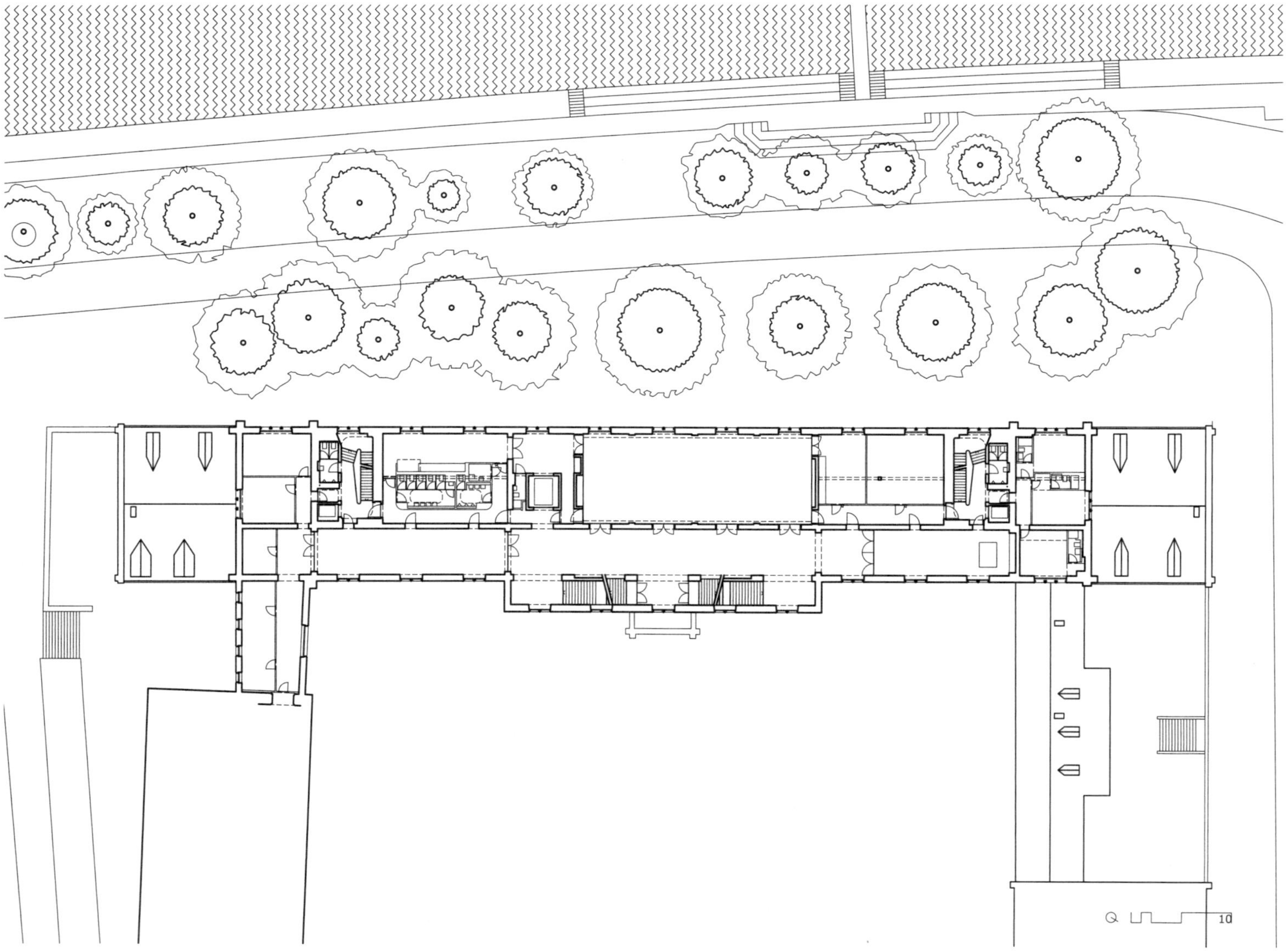

3. OG Bestand / Existing Third Floor

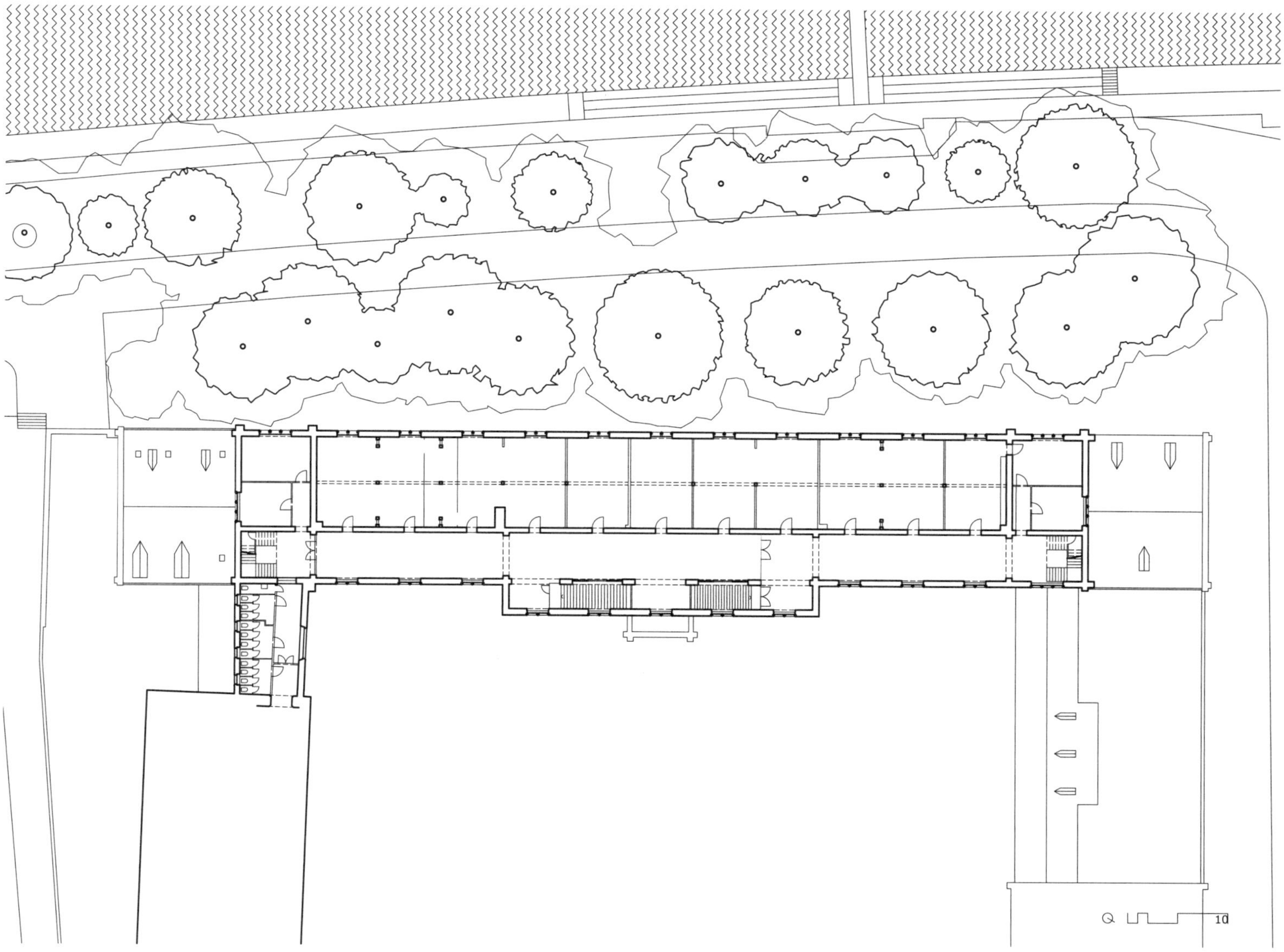

3. OG neu / New Third Floor

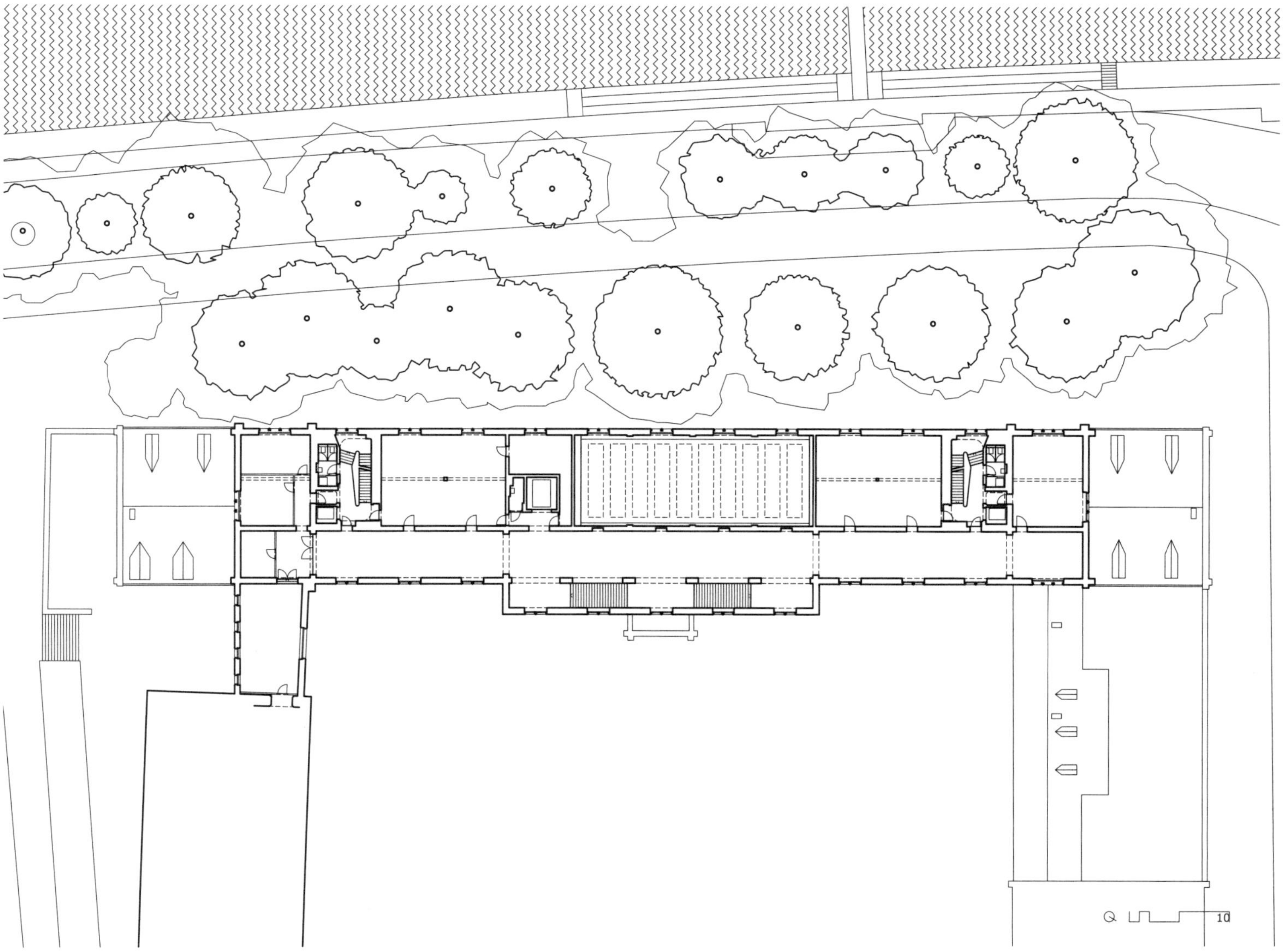

DG Bestand — Existing Attic

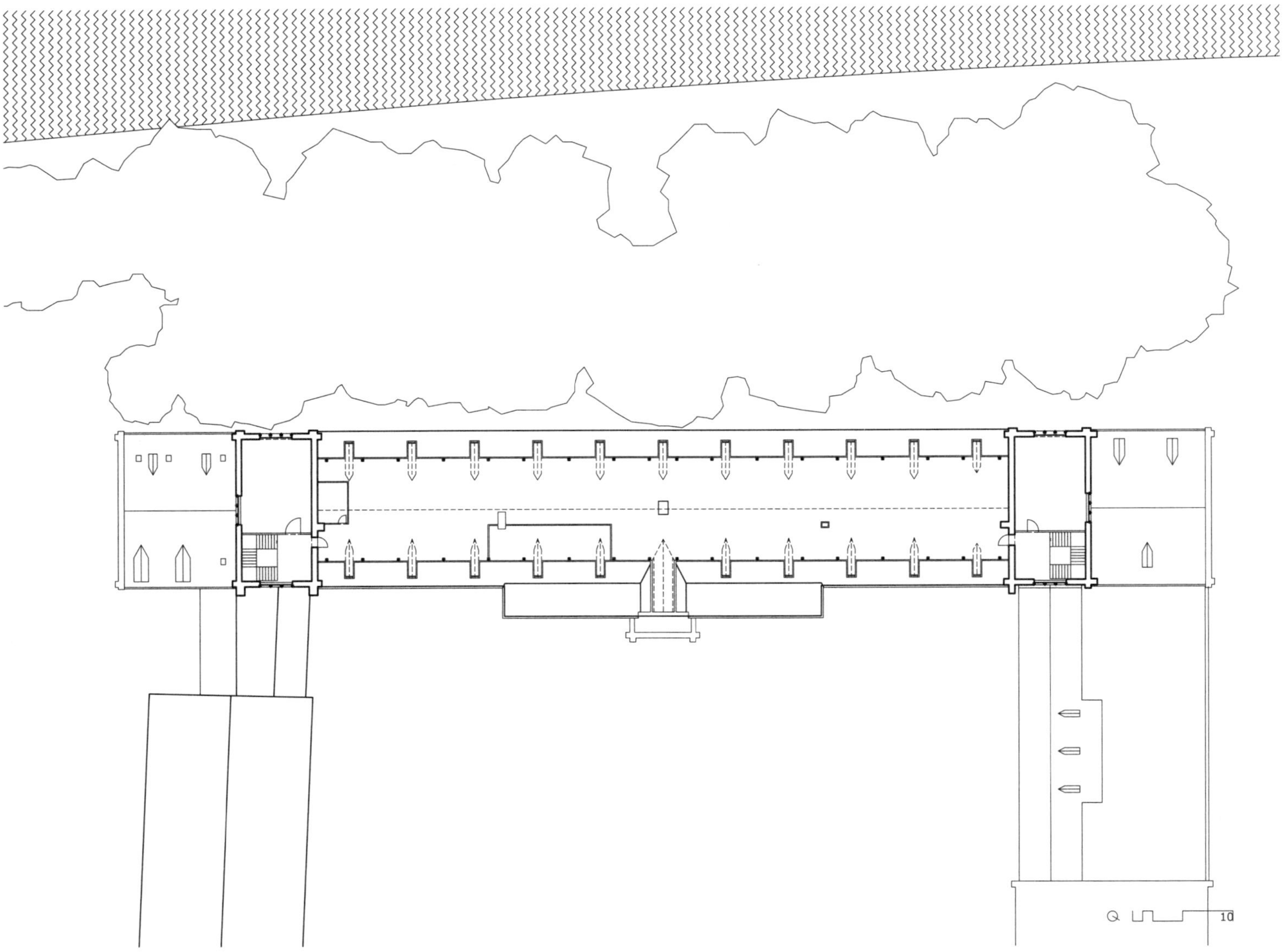

DG neu — New Attic

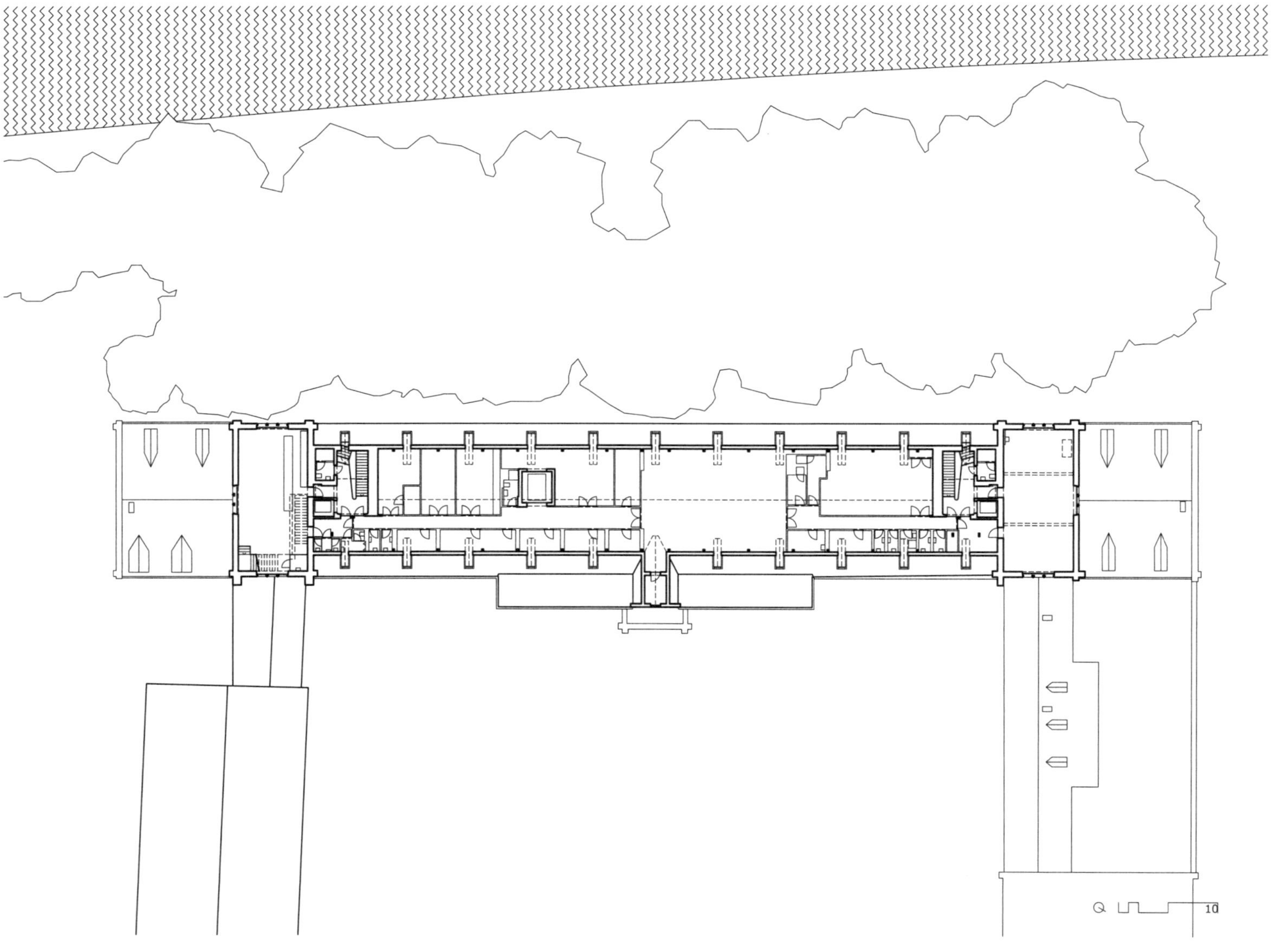

Dachaufsicht Bestand Existing Top View

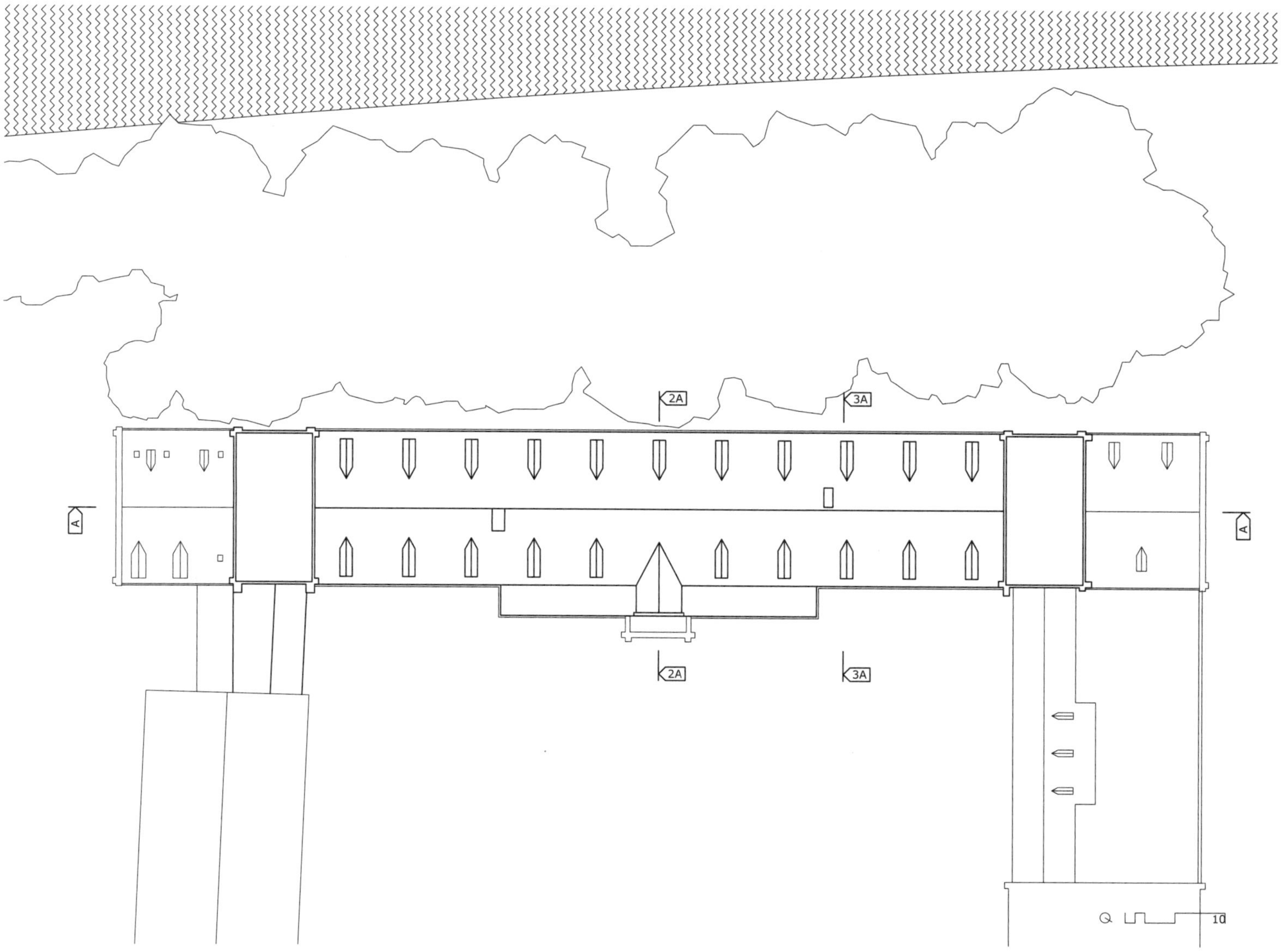

Dachaufsicht neu New Top View

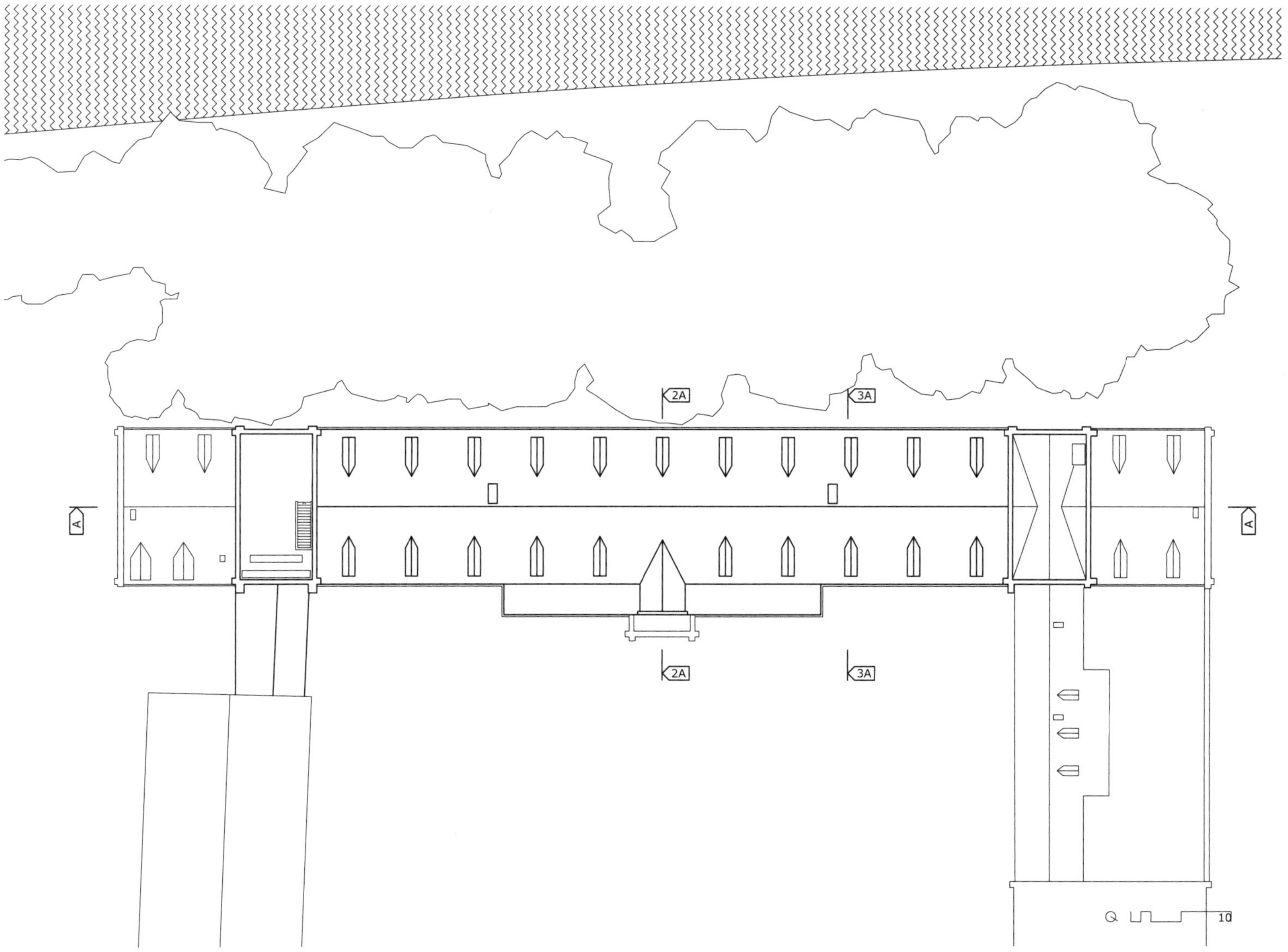

Nord Bestand	Existing North	Süd Bestand	Existing South

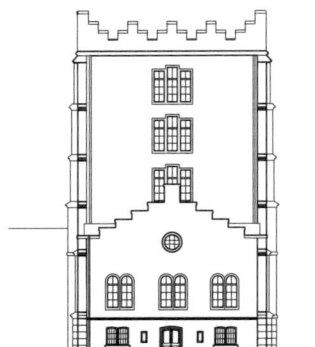 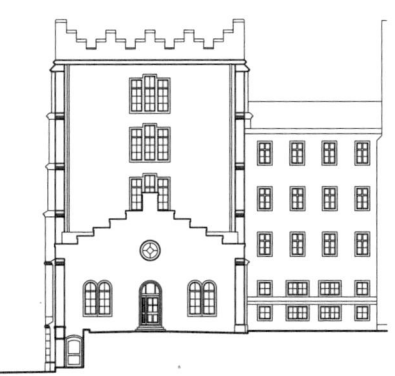

Nord neu	New North	Süd neu	New South

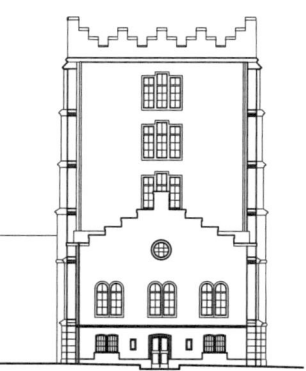 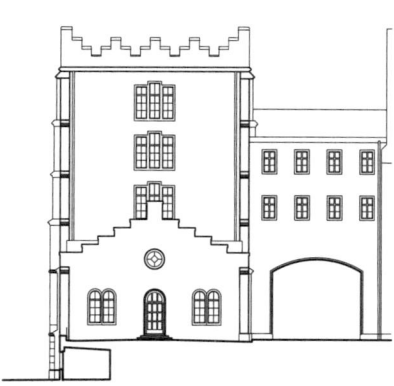

West Bestand   Existing West

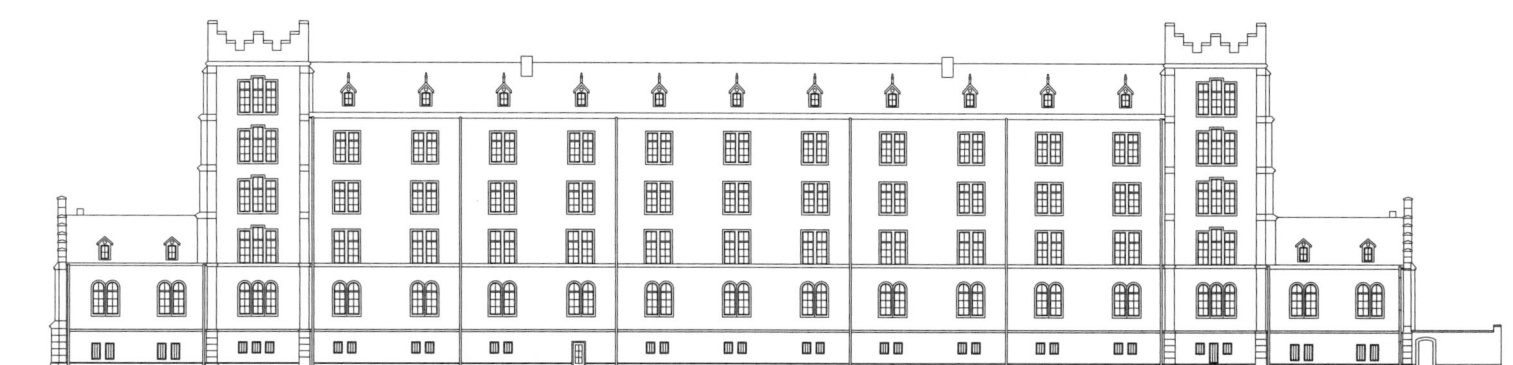

West neu   New West

Ost Bestand — Existing East — 200

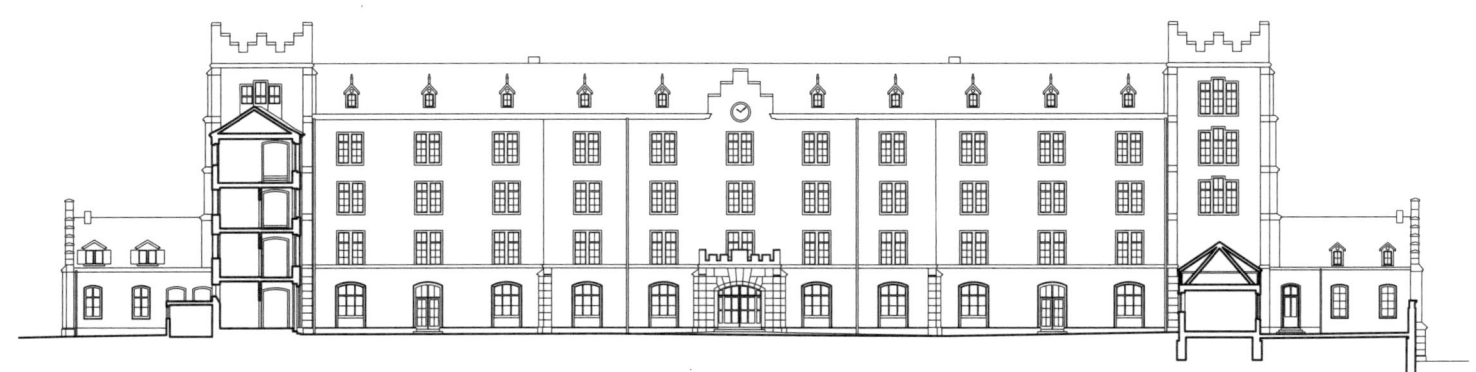

Ost neu — New East

Schnitt 3 Bestand   **Existing Section 3**   201

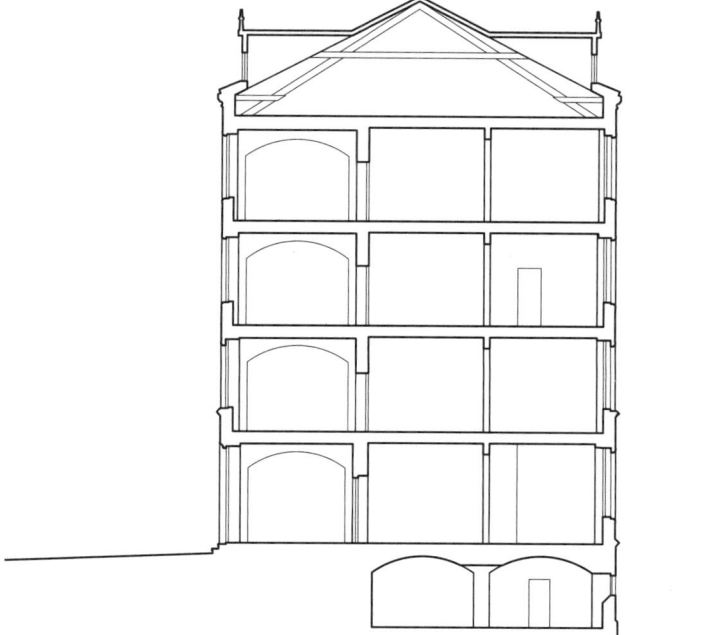

Schnitt 3 neu   **New Section 3**

Schnitt 2 Bestand **Existing Section 2**

Schnitt 2 neu **New Section 2**

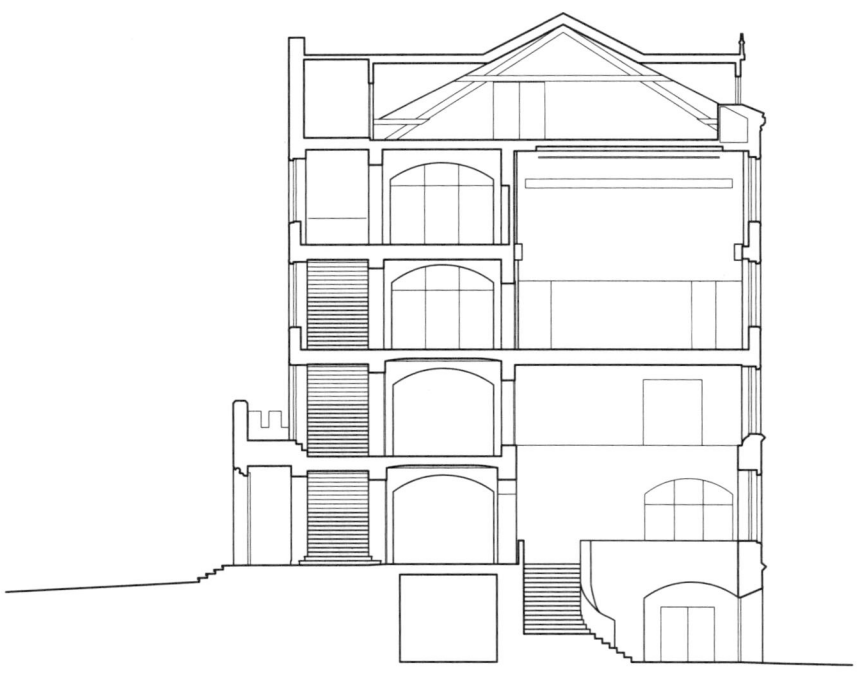

Schnitt A Bestand Existing Section A 203

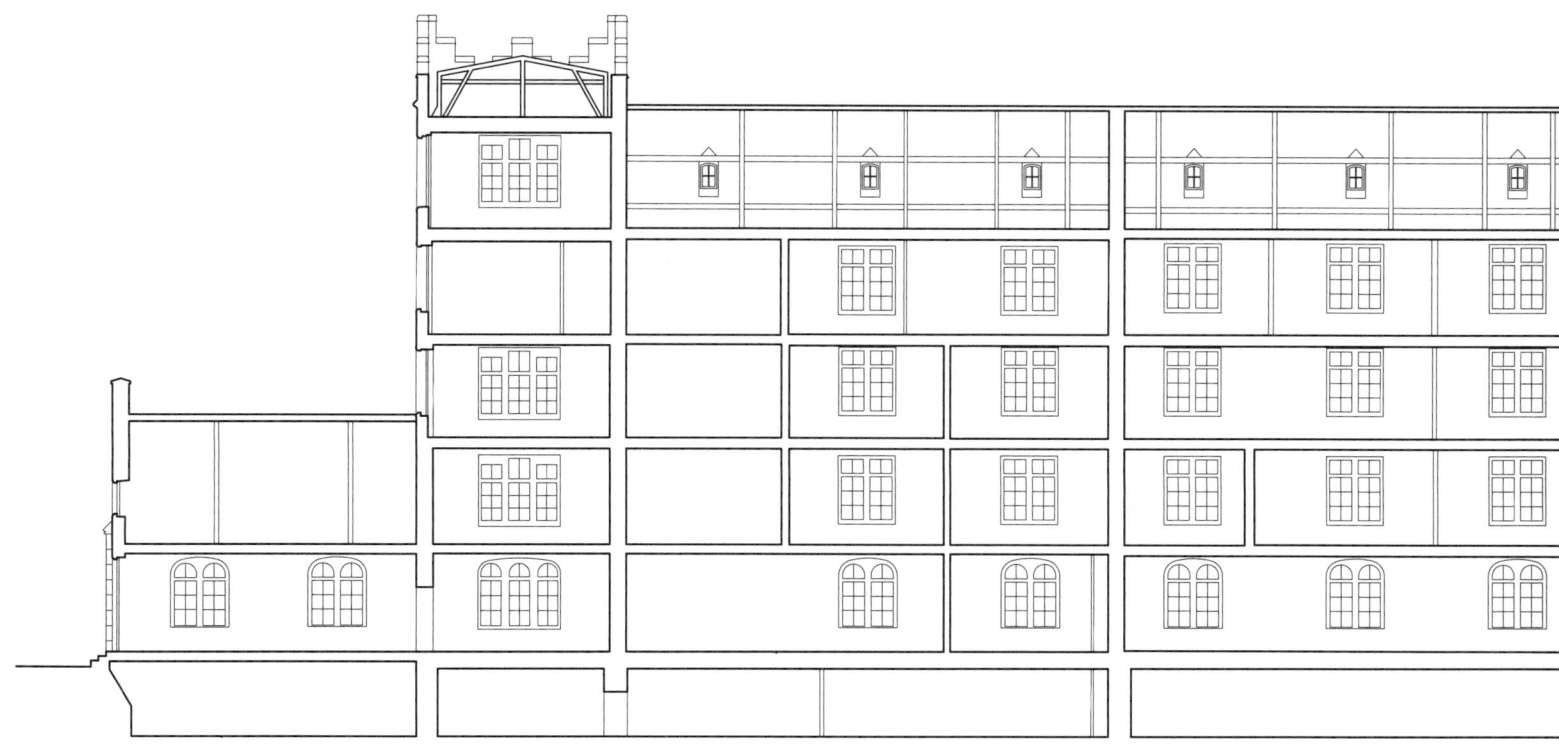

Schnitt A neu New Section A

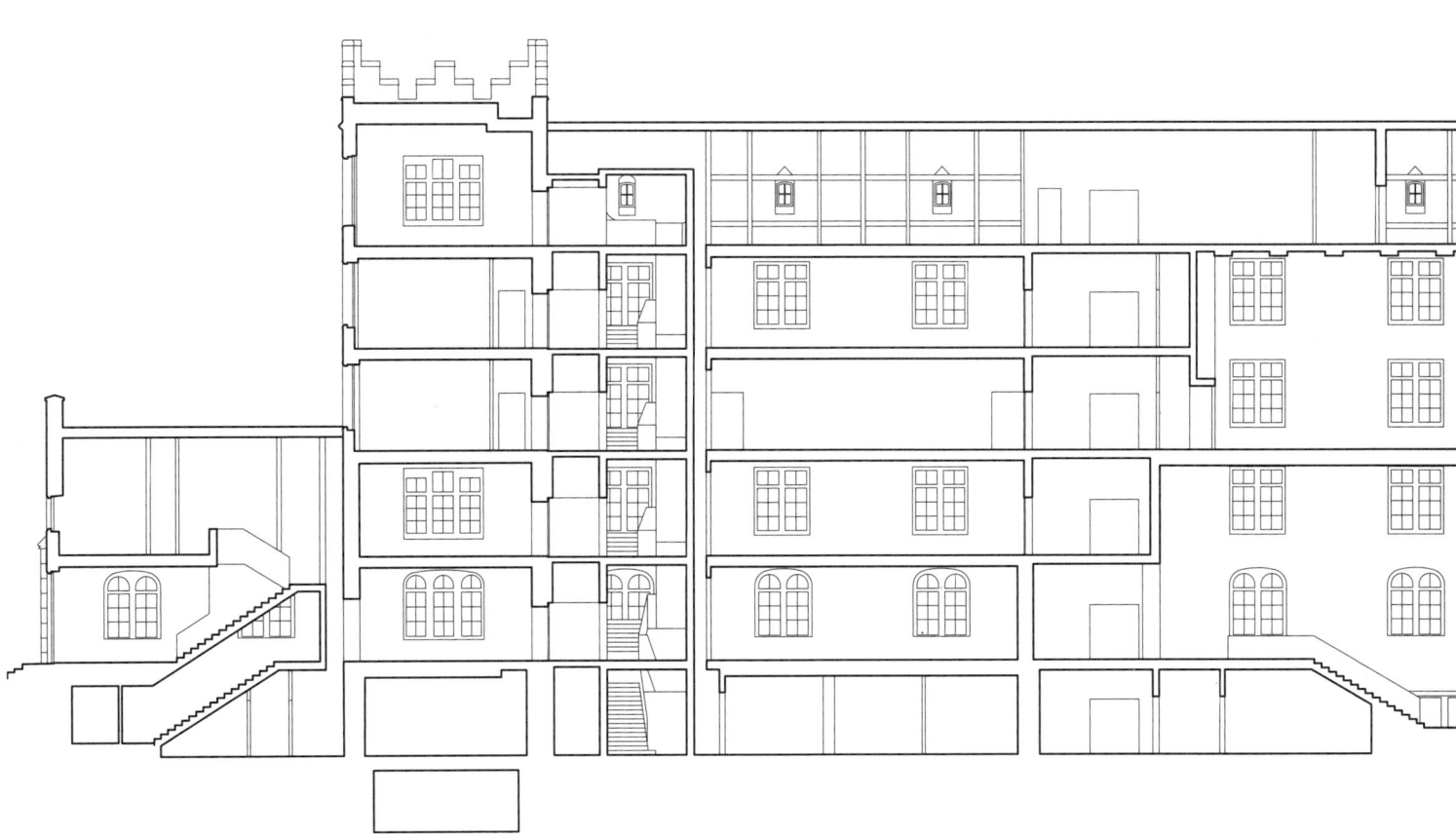

Schnitt A Bestand   **Existing Section A**   204

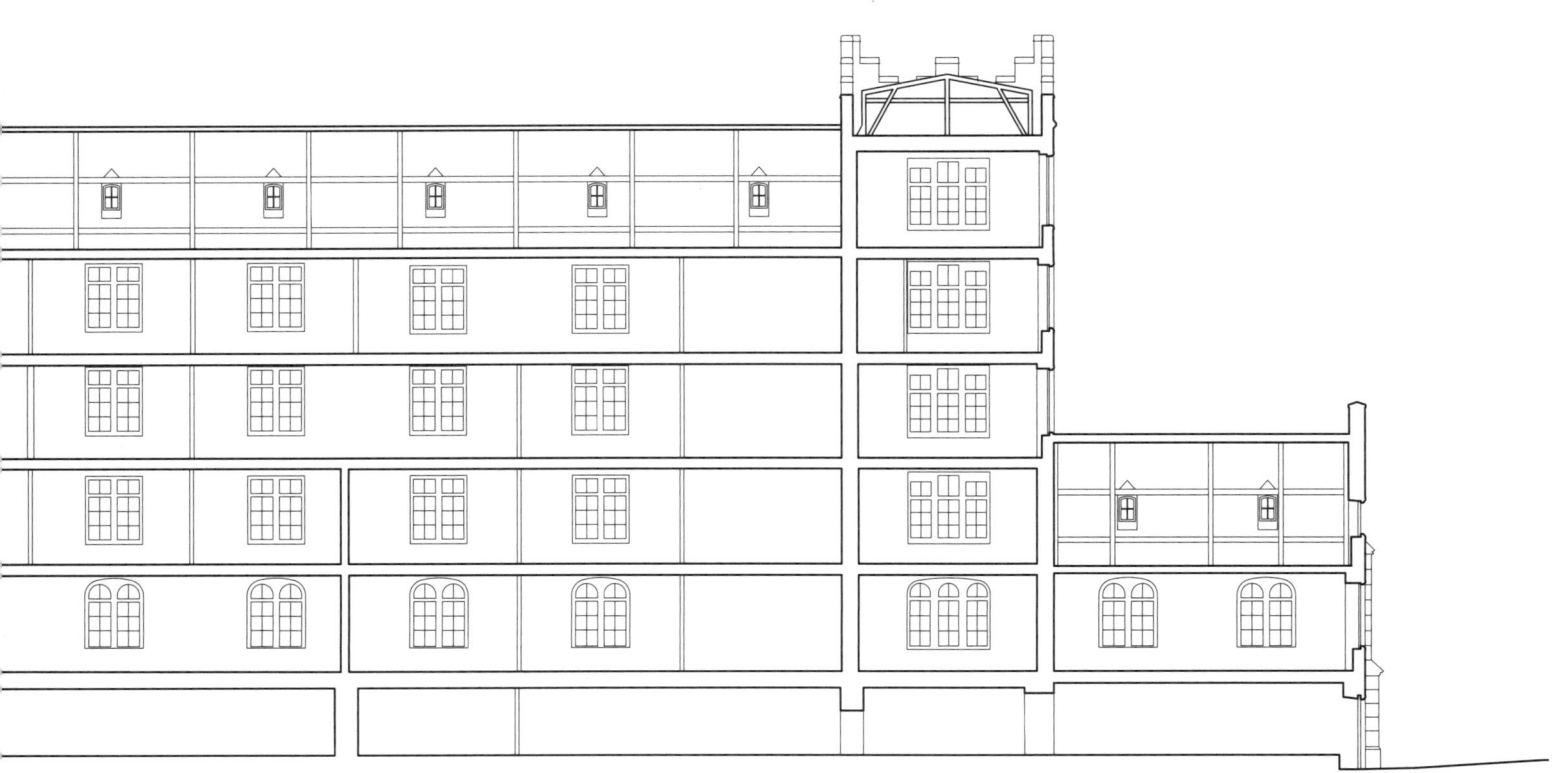

Schnitt A neu   **New Section A**

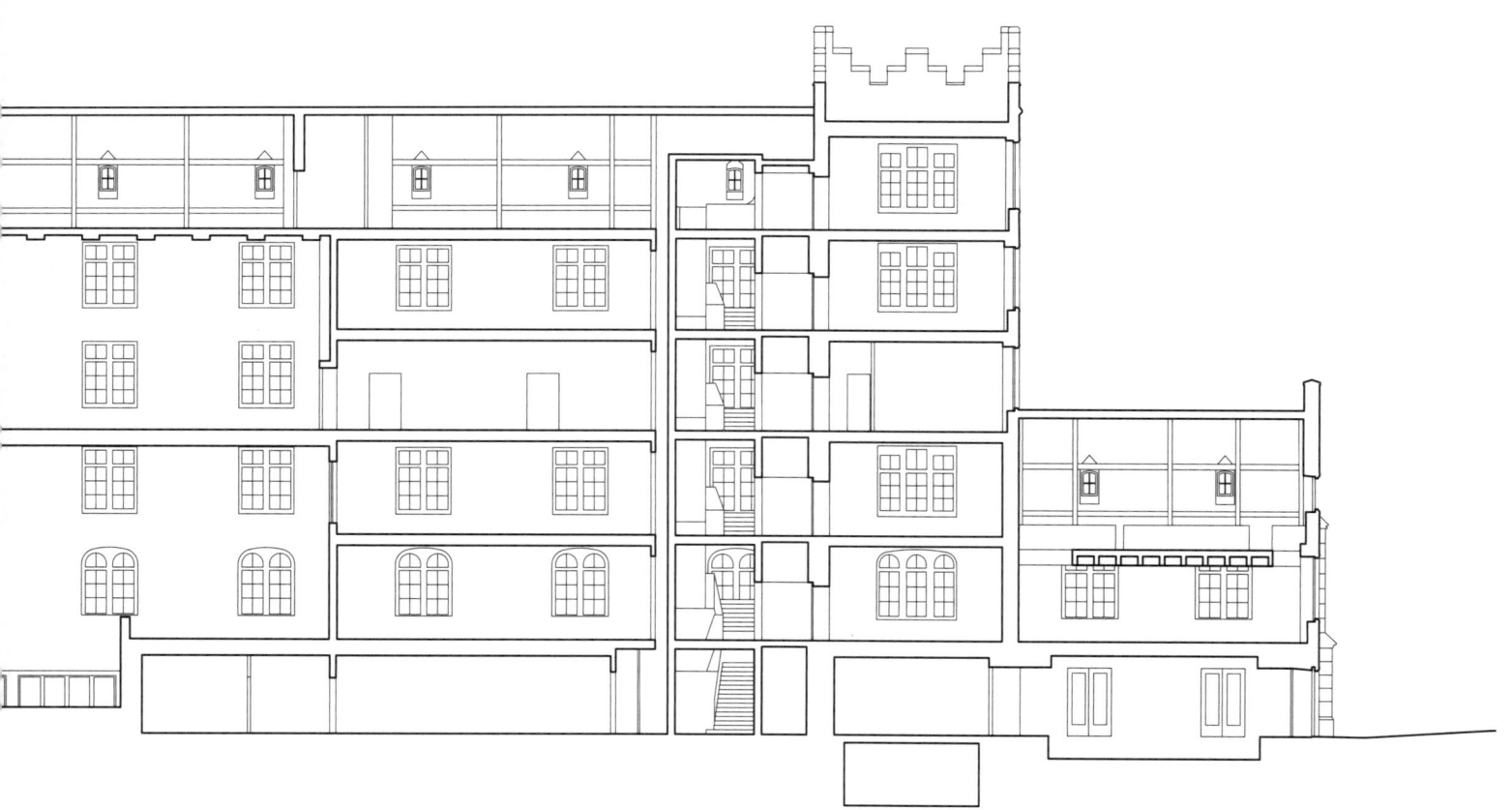

Komplexität und Widerspruch
bei der Kasernensanierung

Hans Focketyn

Complexity and Contradiction
in the Renovation of the Barracks

Hans Focketyn

Komplexität und Widerspruch

Räume öffnen und umfassen

In den Strebepfeilern des Restaurant-Kopfbaus vom Kasernenareal befinden sich im Sandstein eingebettet die Reste der Verankerungen eines ehemaligen Zauns. Bis 1966 verlief der Zaun entlang der Klybeckstrasse und grenzte den Kasernenhof von der Strasse ab. Die Wahl eines U-förmigen Hofs, welcher sich zur Strasse öffnet, ist kein Zufall. Durch diese Typologie entstand ein Fenster, durch welches das Militär seine Präsenz zur Schau stellen konnte. Gleichzeitig erhielten die BewohnerInnen der Stadt einen Einblick in einen für sie unzugänglichen und verbotenen Raum. Der abgesperrte leere Raum erzeugte bei den StadtbewohnerInnen eine grosse Sehnsucht danach, ihn für sich zu gewinnen und sich anzueignen. Mit dieser Sehnsucht wuchs auch der Wunsch nach einer neuen Dimension von Urbanität. Die seitherige Entwicklung des Kasernenareals kann somit auch als Geschichte der Eroberung des Areals durch die Öffentlichkeit und die Kultur erzählt werden. Solche grossen, luftleeren Räume in der Stadtstruktur (oft alte Industrieareale) sind Orte für eine zukünftige Stadtentwicklung. Üblicherweise befinden sie sich eher an der Peripherie; das Kasernenareal liegt hingegen sehr zentral, weshalb sich die Diskussion über die Umwandlung des Areals in den letzten fünfzig Jahren stark polarisiert hat. Diese «stillen» räumlichen Reserven dürfen nicht rücksichtslos aufgefüllt und Investorenprojekten überlassen werden. Stattdessen müssen sie sorgfältig erhalten und gleichzeitig verbunden, erlebbar und aneigbar gemacht werden. Welche Risiken von einem falschen Umgang mit Projekten wie diesem ausgehen können, hat bereits der im Jahr 1973 durchgeführte erste Ideenwettbewerb um das Kasernenareal mit seinen zahlreich eingereichten Tabula-rasa-Vorschlägen gezeigt. Der damals prämierte Projektvorschlag «Ent-stoh-la» hatte dies bereits verstanden und gezeigt, dass die Frage nach der Aufgabe der Umwandlung des Kasernenareals auf sehr komplexe Antworten stösst. Die Ideen und Konzepte des Projektvorschlags haben damals den ersten Grundstein für eine mögliche kulturelle Nutzung des Hauptbaus gelegt. Ebenfalls zum ersten Mal wurde die Idee einer zentralen und öffentlichen Durchgangshalle formuliert.

Robert Venturi beschrieb die Architektur als unvermeidlich komplex und widersprüchlich, weil sie die drei vitruvianischen Prinzipien Firmitas (Festigkeit), Utilitas (Nützlichkeit) und Venustas (Schönheit) vereinen muss. Er erkannte auch, dass dieses Paradigma sich mit fortschreitendem Zeitalter immer weiter verschärft, da die gegenwärtigen Anforderungen an Gebäude (programmatische Anforderungen, Tragwerk, technische Installationen, gesetzliche bauliche Auflagen) stets erhöht werden. In einem Umbauprojekt vervielfachen sich diese Anforderungen, und dadurch erhöht sich die Komplexität einer solchen Aufgabe. Bei einem Projekt wie dem Umbau der Kaserne sind alle diese Parameter vorhanden, und da es sich um ein Kulturzentrum handelt, werden die Widersprüche durch die Unschärfe und Geschmeidigkeit der Nutzeranforderungen zusätzlich auch noch dramatisch verstärkt. In diesen Widersprüchen steckt jedoch auch eine Chance. Sie beschreiben ein Spannungsfeld, in dem das Projekt sich durch das Schaffen von Substanz und Mehrwert entfalten kann. Dieses Spannungsfeld von Widersprüchen zieht sich durch das ganze Projekt durch – angefangen bei den städtebaulichen Aspekten des Projekts.

Typologisch gesehen ist ein Kasernenareal ein abgeschlossener, von der Öffentlichkeit abgetrennter Raum und somit das Gegenteil von einem öffentlichen Platz. Trotzdem scheinen diese zwei widersprüchlichen Typologien miteinander vereinbar zu sein: Ein geschlossenes Areal soll öffentlich werden, es soll verbinden und trotzdem als Ganzes bestehen bleiben. Ausgerechnet auf der

Complexity and Contradiction

Opening and Encompassing Spaces

Embedded in the sandstone piers of the restaurant building at the head of the Barracks complex are remnants of the fixings of a former fence. Until 1966 this fence ran along Klybeckstrasse, separating the street from the courtyard of the Barracks. The choice of a U-shaped courtyard that opened onto the street was no coincidence. This typology provided a window through which the military could present itself to the city. At the same time it also gave civilians limited visual access to a forbidden realm that remained physically inaccessible to them. For some residents of the city the fencing only generated a strong desire to appropriate this large empty space for themselves. With this desire grew the wish for a new urban dimension. The prior evolution of the Barracks complex can therefore be told as the history of its conquest by civil society and the cultural sector. Such large voids in the urban fabric (often old industrial areas) are the sites of future urban development. They tend to be located on the periphery, whereas the Barracks complex is very central, which is why the debate about the transformation of the area has been so polarized over the last fifty years. These 'silent' spatial reserves can't simply be given over to private capital and filled in without due consideration. They need to be carefully preserved and, at the same time, transformed into accessible, well-connected spaces that can be appropriated by the public. The risks associated with the mishandling of projects like this were already evident in the many *tabula rasa* proposals submitted to the first ideas competition for the Barracks complex in 1973. The winning project, titled 'Ent-stoh-lo' (let it grow), had realized this at an early stage and was able to demonstrate that the problem of transforming the Barracks would require some very complex solutions. The ideas and concepts contained in this proposal laid the foundations for a potential cultural use of the main building. It also contained the first formulation of the idea of creating a central foyer as a public thoroughfare.

Robert Venturi described architecture as being inevitably complex and contradictory because it has to reconcile the Vitruvian principles of *firmitas* (firmness), *utilitas* (utility) and *venustas* (beauty). He also realized that this paradigm only intensifies with the passing ages because our expectations of architecture (in terms of its functional, structural, technical and regulatory requirements) are constantly getting higher and higher. With a refurbishment project these requirements proliferate, which increases the complexity of the task. All these parameters are present in the renovation of the Barracks complex, and, since it is a cultural centre, the inevitable contradictions are dramatically amplified by the vagueness and malleability of the user requirements. But these contradictions also represent an opportunity. They describe a field of potential where the project can unfold through the creation of substance and value. This field of potential and contradiction encompasses the whole project, starting with its urban-planning aspects.

Typologically, a barracks site is an enclosed area that excludes the general public, so it is essentially the opposite of a public square. And yet these two contradictory typologies seem to be compatible with one another. An enclosed site is to be opened up; it is to become a thoroughfare but it also has to retain its integrity. The least permeable side of the Barracks is actually the side exposed to the largest number of people, along the Rhine promenade. This is where the most important through-route will be. In the vacant space at the heart of the site, careful changes to the characteristic elements that constitute its boundaries and interfaces with the fabric of the city will resolve the effective contradictions. There are two parts to this process: making connections and redefining uses. The choice of new uses and the form and placement

Komplexität und Widerspruch

Seite der Rheinpromenade, da wo die Öffentlichkeit am grössten ist, versperrt sich der Kasernenbau der Aussenwelt. An dieser Stelle soll die wichtigste Verbindung entstehen. Durch eine präzise Intervention an den identitätsstiftenden Elementen des luftleeren Raums im Zentrum des Areals (welche die Grenze und Schnittstelle zum Stadtgewebe bilden) sollen die hier wirkenden Widersprüche versöhnt werden. Dieser Prozess geschieht auf zwei Ebenen. Einerseits durch Verbinden und andererseits durch Umnutzen. Die Positionierung und Form der Verbindungen wie auch die Wahl der neuen Nutzungen lassen die Kaserne als Ensemble bestehen und wandeln sie gleichzeitig in einen städtischen Platz um. Aus diesem Grund funktioniert die Hauptverbindung zum Rhein durch den Hauptbau gleichzeitig als Passage und als Halle und ist somit nicht bloss Durchgang, sondern vielmehr auch ein Aufenthaltsort. Die seitliche Verbindung ist ein neues Tor, das sich in seinen Dimensionen an die bestehenden und wichtigen öffentlichen Durchgänge in Basel anlehnt. So bleibt der Zusammenhang der einzelnen Häuser des Kasernen-Ensembles erhalten und gleichzeitig wird eine grosse Öffnung geschaffen.

Das Aufgreifen von Widersprüchen und das Verbinden von Neuem mit dem Bestand sind Vorgehensweisen, die sich durch den ganzen Prozess dieses Projekts ziehen.

Strukturen koexistieren und spielen zusammen

Bauten werden oft als statisch angesehen, in Wirklichkeit sind sie jedoch dem sich ständig wiederholenden, unvermeidbaren und unsteten Prozess der Erneuerung ausgesetzt. Bei einer Sanierung, bei der die Nutzung unverändert bleibt, stellt sich oft die Frage, inwieweit das sanierte Gebäude noch dem Original entspricht – besonders wenn man die einzelnen Bauteile im Detail betrachtet. Wie viel «Ersatz» verträgt die Bausubstanz? In asiatischen Baukulturen werden Tempel und historische Bauten, die fast ausschliesslich aus Holz bestehen, nach und nach erneuert. Somit bleibt nur die Form historisch erhalten. In der schweizerischen Denkmalpflege wird das Konzept des Substanzerhalts verfolgt. Aus diesem Grund wurden beispielsweise die bestehenden Balken des Hauptbaus mit neuen Balken aufgedoppelt. So können sie erhalten werden und entsprechen den gegenwärtigen statischen Anforderungen. Der Bestand wird bewahrt und gleichzeitig mit einem neuen Element kombiniert. Beide bleiben erkennbar, stehen für sich selbst und funktionieren zusammen.

Bei der Sanierung eines Gebäudes ist es also selbstverständlich, dass durch das Koexistieren und Zusammenarbeiten von neuen und bestehenden Elementen ein neuer Zustand in der Bausubstanz generiert wird. Man kann sich dementsprechend die Frage stellen, ob ein solches Phänomen auch auf typologischer Ebene möglich ist. Ist die Typologie unantastbar und in Stein gemeisselt? Ist sie die DNS eines Gebäudes? Oder kann sie wie die Balken aufgedoppelt werden? Um Antworten darauf zu finden, muss man sich die Lebensläufe der Bauten genauer anschauen. Diese verraten oft, dass sie in ihren Lebzeiten bereits mehreren Umwandlungen unterzogen wurden. Der Kasernenhauptbau ist diesbezüglich keine Ausnahme. Das Gebäude wurde die ersten hundert Jahre als Militärkaserne genutzt und in einer späteren Phase als Schule. Weil die Typologie des Kasernenbaus Ähnlichkeiten mit der Typologie eines klassischen Schulbaus aufwies, war eine Umnutzung als Schule einfach. Ohne grosse Eingriffe vorzunehmen, konnten durch das Zusammenlegen von zwei Kammern Klassenzimmer geschaffen werden. Obwohl die Umnutzung der Kaserne als Schule gut funktionierte, war sie trotzdem kein optimaler Schulbau. Für die Umnutzung der Kaserne in ein Kulturzentrum stellt sich die gleiche Frage: Wie kann ein Kasernenbau zu

Complexity and Contradiction

of the connections will preserve the Barracks ensemble while also transforming it into a public realm. For this reason the main route to the Rhine through the main building also functions as a foyer. More than just a thoroughfare, it's also a place to be. The route through the south side of the site is a new passageway with dimensions based on other important public gates in Basel. So a large new opening is created while the coherence of the individual parts of the ensemble is maintained. Apprehending contradictions and combining old and new are approaches that recur throughout the project.

Structures Coexisting and Interacting

Buildings are often seen as being static, but in reality they're subject to the inevitable, constantly recurring and erratic process of renewal. When a refurbishment is carried out without any significant changes to the use of the building, people often ask to what extent the building still resembles the original – particularly when they look at the individual parts of the building in detail. How much of the original fabric of the building can sensibly be replaced? In Asiatic building cultures, temples and other historic buildings (which are usually made of wood) are renewed little by little over decades and centuries. This means that only the historic form is preserved. Swiss principles of historic conservation call for the preservation of the substance of a building. This is why the existing beams of the main building have been sistered with new beams; the old beams can be retained and modern structural requirements are still met. The existing substance is preserved and at the same time combined with a new element. The two are mutually independent and can be distinguished from one another, but they work together.

When renovating a building, then, it stands to reason that the coexistence and interaction of new and existing elements produces a new state in the substance of the building. So we can ask whether such a phenomenon is also possible at the typological level. Is a typology inviolable, set in stone? Is it the DNA of a building? Or can it be sistered with companion elements, like those beams? To answer these questions you have to take a closer look at the life of the building in question. Often this will reveal that the building has already undergone several transformations in its lifetime. The main Barracks building is no exception. For its first hundred years it was used as a military barracks. Later it was used as a school. Since the typology of a barracks building is in some respects similar to that of a classic school building, turning the Barracks into a school was relatively straightforward. Classrooms were created without any major interventions, simply by combining two rooms. The repurposed Barracks worked well as a school, but it wasn't an ideal school building. The repurposing of the Barracks as a cultural centre poses the same question. How can a barracks be transformed into a cultural centre? It can't just be a cultural centre inside a barracks building or a barracks with a cultural centre; it has to be both of these and more. And for that there has to be some consideration of how the new uses will affect the typology of the building. Repurposing the Barracks as a cultural centre will require more significant interventions than its repurposing as a school. The typology of the Barracks will be characterized as a broad corridor flanked with rooms. Vertical access will be via a broad central stairway. The width of the corridor is due to the fact that all the soldiers had to be able to march out together, but also because it was used as a common room and a work space. The seemingly rigid cellular structure of the Barracks is the polar opposite of the spatial flexibility of a cultural centre. A cultural centre needs infrastructure, adaptable spaces of various dimensions, meeting places, quiet spaces, public areas and large, empty spaces for events.

Komplexität und Widerspruch

einem Kulturzentrum werden? Es soll weder ein Kulturzentrum in einem Kasernenbau sein, noch eine Kaserne mit Kulturzentrum, sondern beides gleichzeitig und noch mehr. Dazu muss der Einfluss der neuen Nutzung auf die Typologie des Gebäudes betrachtet werden. Die Umnutzung eines Kasernenbaus zu einem Kulturzentrum benötigt einen stärkeren Eingriff als die Umnutzung zur Schule. Die Typologie des Kasernenbaus wird durch einen breiten und von Kammern flankierten Gang charakterisiert. Die vertikale Erschliessung erfolgt über eine breite und zentral gelegene Treppenanlage. Die Breite des Ganges ist nicht nur dadurch bestimmt, dass früher alle Soldaten gleichzeitig heraus marschieren können mussten, sondern diente auch als Aufenthalts- und Arbeitszone. Diese starr wirkende Zellenstruktur einer Kaserne ist der räumlichen Flexibilität eines Kulturzentrums entgegengesetzt. Ein Kulturzentrum braucht Infrastruktur, unterschiedlich grosse und anpassbare Flächen, Treffpunkte und Orte, an die man sich zurückziehen kann, öffentliche Bereiche und nicht zuletzt grosse luftleere Räume für Veranstaltungen.

Die Lösung für den beschriebenen Widerspruch wurde im Projekt durch eine Anpassung der Typologie, genauer durch die neue Erschliessung des Hauptbaus, gefunden. Zwei neue Treppenkerne ermöglichen dank ihrer Positionierung innerhalb des Kammerrasters eine Entfluchtung aller Räume eines Geschosses durch ihre vertikale Erschliessung. Von seiner ursprünglichen Funktion entlastet, kann der Gang stattdessen vollständig als Nutzfläche gebraucht werden. Im EG funktioniert der Gang noch in seiner ursprünglichen Form, er erschliesst unterschiedliche öffentliche Nutzungen und wird zu einer inneren Strasse. Die Gänge in den Obergeschossen können jederzeit wieder für ihre originale Funktion genutzt werden. Die neue und die ursprüngliche Erschliessung können somit gleichzeitig bestehen bleiben. Die Positionierung der zwei neuen Treppenkerne verstärkt ausserdem die bestehende Dreiteiligkeit (Mitteltrakt und zwei Seitenflügel) und lässt drei Häuser in einem entstehen, welche gleichzeitig unabhängig und im Zusammenspiel funktionieren können. Aus der Mehrstimmigkeit der Typologien entsteht eine «Polytypolgie». Dieses Konzept ermöglicht es, dass Neues und Bestehendes zusammen harmonisch erklingen und ihr Klang mehr als die Summe ihrer selbst ausmacht.

In Bezug auf die Positionierung des Veranstaltungsraums und der zentralen Durchgangshalle musste erst der Widerspruch zwischen der bestehenden kleinteiligen Kammerstruktur der Kaserne und dem Bedarf nach zwei grossen, leeren Räumen gelöst werden. Bei klassischen Bauten, die mit Mauerwerk und Holzbalkendecken konstruiert worden sind, liegt die Flexibilität in der Vertikalen und nicht etwa wie bei modernen Betonbauten in der Horizontalen. Die beiden Räume können deshalb aufeinander gestapelt in der Kammerebene zwischen der Fassadenmauer und der Wand zum ehemaligen Gang ihren Platz finden. Im Saal sind die aus Beton gegossenen vertikalen und horizontalen Verstrebungen der Mauerwerkfassaden sichtbar und deuten auf das aufgelöste Raster der Kammern hin. Die Breite und Grosszügigkeit der zentral gelegenen Haupttreppe entspringt nun nicht nur einem rein funktionalen Zweck. Da sie den Zugang zum Saal bildet, nimmt sie auch einen repräsentativen Charakter an und wird zu einer zeremoniellen Treppe aufgewertet.

Materialien verschmelzen

Die Definition der neuen Öffnungen und der gesamten Materialität basiert ähnlich wie die Grundrissorganisation auf einem Zusammenspiel von Bestand und neuen Elementen mit ihren jeweiligen Funktionen. Aus diesem Grund wurde für den seitlichen Durchgang und für die neue Öffnung zum Rhein die zeitlose Formsprache des

Complexity and Contradiction

In this project the described contradiction was resolved by adapting the typology, specifically by improving access to the main building. Two new service and circulation cores are located within the room matrix so that all the rooms on one floor can be evacuated via these vertical access points. Having been relieved of their original function, the corridors are now available as usable floor space. On the ground floor the corridor still serves its original purpose, providing access to various public spaces as an internal street. The corridors on the upper levels can be used for their original purpose at any time. So the new and the original circulation spaces coexist. The placement of the two new cores also reinforces the existing tripartite structure of the building (one central block with two lateral wings), effectively creating three buildings in one, each of which can operate independently and in conjunction with the others. These polyphonic typologies give rise to a single 'polytypology' – a concept that allows existing and new elements to work in harmony to produce something more than the sum of their parts.

When deciding on the placement of the venue and the central plaza there was a contradiction to be resolved between the compartmentalized structure of the small existing rooms and the need for two large empty spaces. In historic buildings with masonry walls and wooden beam floor structures the flexibility lies in the vertical plane, not the horizontal plane, as it would in a modern concrete building. The two large spaces could therefore be stacked on top of each other in the void formerly occupied by the rooms between the river facade and the internal wall to the corridor. From within the venue the verticals and horizontals of the cast concrete bracing can be seen on the surfaces of the internal masonry walls. These concrete elements recall the matrix of rooms that once filled the space. Similarly, the generous width of the central staircase also springs from more than purely functional concerns. As the main access to the venue it has a representative character and is ennobled as a ceremonial staircase.

Merging Materials

Like the organization of the ground plan, the creation of new openings and the whole materials concept is based on the interaction of existing material and new elements with their respective functions. This is why the lateral passageway and the central opening to the Rhine use the timeless formal language of the segmental arch, which can also be found over the other entrances to the building on the courtyard side. The form of the segmental arch in the connecting building also reinforces the gate-like effect of the lateral passageway. Analogous to the existing stone surrounds, this aperture is edged with red pigmented concrete. This not only has a tectonic and structuring function, as with the old sandstone surrounds (where the forces in the masonry are diverted via relieving arches); it also combines the static and ornamental functions in one.

Both in the choice of the segmental arch and in the geometry of its recession into the building, the opening of the new entrance on the Rhine side makes reference to the classical portal of the main entrance from the courtyard. The huge span of this opening clearly contradicts the existing structure. It would be structurally impossible with a masonry relieving arch and thus expresses the merger of what would usually be separate functions.

Inside the building the concrete lintels required for the new openings are shaped as surrounds. These have different designs in order to achieve a hierarchy of spaces. On the ground floor, in the most public areas, they are red and profiled. On the upper levels they are left in grey and their profiles are plain and flat. This hierarchization is subordinated to the order of the existing building, which is

Komplexität und Widerspruch

Stichbogens gewählt, welche auch bei den anderen Gebäudeeingängen auf dem Areal zu finden ist. Bei der seitlichen Öffnung im Verbindungsbau unterstützt die Form des Stichbogens zusätzlich die Torwirkung. Analog zu dem Steingewände ist die Öffnung dort mit einem rot eingefärbten Beton umrandet. Dieser hat nicht nur eine tektonische und strukturierende Funktion wie bei den bestehenden Sandsteingewänden (wo effektiv Kräfte im Mauerwerk durch einen Abfangbogen abgeleitet werden), sondern kombiniert die statische und ornamentale Funktion in einem.

Bei der neuen Öffnung auf der Rheinseite wird neben der Wahl der Stichbogenform auch mit der in die Tiefe gezogenen Geometrie der Öffnung ein Bezug zum klassischen Portal des Haupteingangs auf dem Kasernenplatz hergestellt. Die überdimensionierte Breite der Öffnung steht hier im deutlichen Widerspruch zur bestehenden Konstruktion. Sie wäre mit einem aus Mauerwerk bestehenden Abfangbogen statisch nicht lösbar und bringt damit die Verschmelzung der üblicherweise getrennten Funktionen zum Ausdruck.

Im Inneren des Gebäudes sind die nötigen Betonstürze für die neuen Öffnungen als Gewände geformt. Diese werden differenziert ausgebildet, um eine erkennbare Hierarchisierung der Räume zu schaffen. Im Erdgeschoss, wo die Öffentlichkeit am grössten ist, sind sie rot und profiliert. In den Obergeschossen bleiben sie grau, und ihr Profil ist einfach und flach. Diese Hierarchisierung ordnet sich den Regeln des bestehende Gebäudes unter, deshalb werden im Erdgeschoss gewisse architektonische Elemente unterstrichen: Die Türen haben Sandsteinrahmen, die Stützen sind aus Gusseisen, die Decke im Mittelrisalit weist Kassetten auf. Weiter oben, in den weniger öffentlichen Geschossen, verschwinden diese Attribute.

Die Oberflächen im Gebäude sind charakterisiert durch die Koexistenz von alten und neuen Materialien. Zu den bestehenden Oberflächen zählen zum Beispiel die schwarzen Gussasphaltböden oder die gestrichenen Jutetapeten an den Wänden. Diese werden erhalten und lokal repariert. Durch ihren Erhalt bestimmen sie den Grundton für die neuen Materialitäten. Der neue, leicht glänzende Waschputz in der Plaza übernimmt die Textur des Aussenputzes und die Farbe des bestehenden Innenputzes. Somit entsteht aus den daraus resultierenden mineralischen Oberflächen ein lebendiges Spiel aus Schatten und Licht, wodurch der öffentliche Charakter des Raumes unterstrichen wird. Der rote, geschliffene Hartbeton des Plazabodens nimmt sowohl die Farbe des ursprünglichen roten Sandsteinbodens als auch die Glätte des später eingebauten Gussasphalts auf. Durch das Schleifen des Hartbetons werden die sich darin befindenden Kieselsteine sichtbar, deren Farbe und Material an die Kopfsteine in den Durchgängen des Areals erinnert. Die ehemaligen und existierenden Zustände der Materialien verschmelzen miteinander und definieren dadurch eine neue Materialität.

Vom Massstab des Areals bis hin zur Oberfläche der Wände – auf allen Ebenen wirken widersprüchliche Anforderungen und komplexe Prozesse. Dies ist die grosse Herausforderung und gleichzeitig die Chance des Projektes. Aus den koexistierenden Widersprüchen entstand ein weites Spannungsfeld, in dem das Projekt seinen starken und präzisen architektonischen Ausdruck finden konnte. So konnte unter Einbezug des Bestandes etwas Neues entstehen, das einheitlich und ausgeglichen zugleich ist. Denn auf diese Weise formt sich die Identität eines Ortes, die Substanz einer Stadt, der Geist eines Hauses. Das Neue entsteht aus und mit der Geschichte und formt Kultur.

Complexity and Contradiction

why certain elements on the ground floor are emphasized: the doors have sandstone surrounds, the lintels are cast iron, the ceiling in the central section is coffered. These attributes disappear in the less public areas on the upper levels of the building.

The surfaces in the building are characterized by the coexistence of old and new materials. The existing surfaces include, for example, the black asphalt floors and the painted jute wall coverings. These will be retained and repaired as necessary. The retention of these elements sets the tone for the new materials. The soft sheen of the new scrubbed plaster in the plaza takes on the texture of the external render and the colour of the existing internal plasterwork. The resulting mineral-based surfaces create a vibrant interplay of light and shadow that reinforces the public character of the space. The red polished concrete of the plaza floor has the colour of the original sandstone slabs and the smoothness of the later asphalt flooring. The polishing of the hard concrete reveals the pebbles in the matrix, which in turn recall the colour and substance of the cobblestones in the thoroughfares. The past and present states of these materials merge into a new materiality.

From the scale of the site to the surfaces of the walls, at every level there are complex processes and contradictory requirements. That's the challenge and, at the same time, the opportunity of this project. Its coexisting contradictions have created a broad field of potential from which the project has been able to draw a strong and clearly defined architectural expression. Something balanced, coherent and new has been created here with reference to the existing fabric. This is how the identity of a place, the substance of a city, the spirit of a building takes shape. The new arises from and with history – and culture emerges.

Impressum / Imprint

Projekt / Project

kHaus Basel: Umbau und Sanierung des Hauptgebäudes der Kaserne Basel / kHaus Basel: transformation and refurbishment of the main building of the Military Barracks in Basel

Bauherrschaft / Client

Gebäudeeigentümer /
Building owner:
Finanzdepartement des Kantons Basel-Stadt, Immobilien Basel-Stadt

Bauherrenvertretung / Projektmanagement / Client representative / project management:
Bau und Verkehrsdepartement des Kantons Basel-Stadt, Städtebau & Architektur

Nutzervertretung /
User representative:
Präsidialdepartement des Kantons Basel-Stadt, Kantons- und Stadtentwicklung & Abteilung Kultur

Planungsteam / Planning team

Generalplanung / General planner:
Arge Kaserne Hauptbau
(FOCKETYN DEL RIO STUDIO GmbH + Caretta Weidmann Baumanagement AG, Basel + Schnetzer Puskas Ingenieure AG), vertreten durch / represented by Miquel del Río Sanín und Florian Wochel.

Architekten / Architect

FOCKETYN DEL RIO STUDIO GmbH, Basel, Miquel del Río Sanín + Hans Focketyn

Architektinnen und Teilprojektmanagerinnen / Architect and project manager:
Letizia Fürer, Anna Katharina Kuhli

ArchitektInnen / Architects:
Anđela Brašanac, Iris Carratalá, Hajdin Dragusha, Cristina Fernández, Francesco Maria Di Giuseppe, Tomás Guerra, Xenia Heid, Walter Hajduk, Marco Huwiler, Santiago Martínez, Jaime Peiró, Raphaël Rattier, Xavier Uriach Parellada, Christian Vetsch

Zeichner / Draughtsman:
Aljoscha Lanz

PraktikantInnen / Interns:
Vida Amani, Silvia Amat, Felipe Bermúdez Murillo, Jonathan Bürgel, Marion Cruz, Marina Dold, Tomas Echeverri, Juan Pablo Gallego, Dalila Ghodbane, Marco Lenherr, Alastair Lock, Pierre Marmy, Sebastian Muñoz, Manuela Navarro, Joshua Thompson

Bauleitung / Site supervision:
Caretta Weidmann Baumanagement AG, Basel

Tragwerksplanung / Structure:
Schnetzer Puskas Ingenieure AG

Gesamtkosten / Total cost:
CHF 46,000,000

Gebäudevolumen /
Building volume SIA 416:
36,340 m^3

Geschossfläche / Gross area SIA 416:
9,394 m^2

Nettofläche / Net area SIA 416:
7,067 m^2

Chronologie / Chronology

2013 Wettbewerb / Competition
2014 Planungsbeginn / Planning start
2018 Baubeginn / On-site construction start
2022 Fertigstellung / Completion

Impressum / Imprint

Publikation / Publication

Autoren / Authors:
FOCKETYN DEL RIO STUDIO

Herausgegeben von / Edited by:
Claudia Mion

Übersetzung / Translation:
Rainer Donandt, Jonathan Blower

Lektorat / Copy editing:
Rainer Donandt, Jonathan Blower

Korrektorat / Proofreading:
Dorit Aurich, Colette Forder

Konzept und Gestaltung /
Graphic design:
Pascal Storz & Fabian Bremer

Satz / Typesetting:
Hannes Drißner

Lithografie, Druck und Bindung /
Pre-press, printing, and binding:
DZA Druckerei zu Altenburg GmbH

© 2023 Focketyn del Rio Studio GmbH, Basel, und / and Park Books AG, Zürich

© 2023 für die Texte / for the texts: die Autorinnen und Autoren / the authors

© 2023 für die Fotografien / for the photographs:
- Laurian Ghinitoiu: S./pp. 1–12, 213–224
- Adrià Goula: Umschlag und S./Cover and pp. 81–99, 101–104, 125–158, 171, 172, 173
- Petr Khraptovich: S./pp. 28, 31, 32, 37–43, 100, 181
- Vasil Lagos: S./pp. 17, 27, 36
- Maris Mezulis: S./pp. 47–56
- Postkarte Ak-fundus.ch: S./p. 107
- Staatsarchiv Basel-Stadt: BSL 1013 1-2842 1 und / and BSL 1013 1-6991 1 (Fotograf / photographer: Hans Bertolf) S./p. 108.
- Originalzeichnungen aus dem Stehlin'schen Familienarchiv / Original drawings from the Stehlin'sches Family Archive (Historischer Bestand / Historical collection, Foto / photo: FOCKETYN DEL RIO STUDIO) S./p. 116
- Quelle / source: Open Air Basel S./p. 115
- Schnetzer Puskas Ingenieure AG; neu gezeichnet von / redrawn by Tomás Guerra Henao: S./pp. 75–77
- FOCKETYN DEL RIO STUDIO: Modelle, Bilder und Zeichnungen / Models, renderings and drawings: S./pp. 109–110, 168–182; ausser Bilder S./except renderings pp. 109, 110, 170, 174, 177, 178 (SBDA); pp. 169, 177 (DL+); Zeichnungen für das Buch von / Drawings for the book by Tomás Guerra Henao & Felipe Bermúdez Murillo, nach dem Konzept von / after concept by Miquel del Río Sanín: S./pp. 64–72; 112; 191–204

Park Books
Niederdorfstrasse 54
8001 Zürich
Schweiz / Switzerland
www.park-books.com

Park Books wird vom Bundesamt für Kultur mit einem Strukturbeitrag für die Jahre 2021–2024 unterstützt.

Park Books is being supported by the Federal Office of Culture with a general subsidy for the years 2021–2024.

Alle Rechte vorbehalten; kein Teil dieses Werks darf in irgendeiner Form ohne vorherige schriftliche Genehmigung des Verlags reproduziert oder unter Verwendung elektronischer Systeme verarbeitet, vervielfältigt oder verbreitet werden.

All rights reserved; no part of this publication may be reproduced, stored in a retrieval system or transmitted in any form or by any means, electronic, mechanical, photocopying, recording, or otherwise, without the prior written consent of the publisher.

ISBN 978-3-03860-256-9

Unterstützung / Sponsors

Dieses Buch ist mit der grosszügigen Unterstützung der folgenden Sponsoren entstanden / This book was produced with the generous support of the following sponsors:
- Basel-Stadt / The city of Basel: Präsidialdepartement Kanton Basel-Stadt: Katrin Grögel, Marc Bättig, Lukas Ott, Niklaus Hofmann, Andrea Kinkel. Immobilien Basel-Stadt: Assunta Sonderegger Herzog, Anita Mannhardt, Christian Mehlisch
- Ingenieurbuero / Structural engineer: Schnetzer Puskas Ingenieure & Ingenieurbuero. Team partner in charge: Kevin Rahner. Team: Dario Affolter, Charles Binck, Pascal Gerecke, Christian Heinzel, Yannick Hofmann, Olivier Lichtenthaler, Miran Misic, Rina Sahatciu, Julia Schmerling, Martina Schmid
- Gerber-Vogt AG
- Stefan Graf

Präsidialdepartement des Kantons Basel-Stadt
Kantons- und Stadtentwicklung